www.toptagungslocations.de
www.toptagungslocations.at
www.toptagungslocations.ch
www.topeventlocations.de
www.topeventlocations.com

Besondere Tagungs- und Eventlocations 2025

Herausgeber:
Thomas Kühn

Unter Mitwirkung von:
Uta Müller
Katrin Nauber-Happel
Raphael Werder

GABAL

Impressum

Besondere Tagungs- und Eventlocations
21. Ausgabe 2025
Herausgeber: Thomas Kühn
ISBN 978-3-89749-498-5

Sedanstraße 23, 97082 Würzburg

Durchführende Projektagentur:

re|pe|con

repecon Medien- und PR-Konzeptionen
Sedanstraße 23, 97082 Würzburg
Inhaber: Reinhard Peter
Projektleitung: Silke Sperl-Sauer
Grafik und Satz: Carina Tews, Tekgül Arnold
Webmaster technisch: Alexander Funk, Fa. Funk.it
Druck: Schleunungdruck, Marktheidenfeld
Redaktionsschluss: 14. November 2024
Alle Angaben wurden sorgfältig recherchiert.
Dennoch kann für eventuelle Übertragungs- und
Druckfehler oder inzwischen eingetretene Änderungen
keine Gewähr übernommen werden.

Das Titelbild wurde uns freundlicherweise von
Die geheime Welt von Turisede (Seiten 32/33) zur Verfügung gestellt.

Inhaltsverzeichnis

Folgerichtige Entwicklung!

Thomas Kühn
Herausgeber

Welche Botschaft kann dieses Editorial im Jahr 2025 vermitteln? Was kann aktuell Geltung haben, in das Thema der „Besonderen Tagungs- und Eventlocations" einführen und gleichzeitig zu einem Erkenntnisgewinn führen? Schließlich: Hat die Präsentation von Tagungs- und Eventlocations – zumal in einem Buch – überhaupt eine Relevanz in einer Zeit, in der gesellschaftspolitische Themen in immer schnellerem Takt gesetzt werden, in der Politisches zu Kulturellem wird und das Kulturelle immer auch politisch gesehen wird und in der die Fülle aktueller, existenziell wichtig Nachrichten Planungen durcheinanderwirbelt, sie gar unmöglich macht? Und in der auch die letzten Bastionen, die scheinbar ewigen Werte und Wahrheiten, infrage gestellt werden, in der Tradiertes und Traditionen scheinbar keinen Wert mehr besitzen und in der schließlich der Staat als organisierende und versorgende Konstante nur noch reagiert und das Heft des Handelns verloren hat – weil Reformen scheitern, der Klimaumbau nicht bewerkstelligt werden kann, weil die wichtigsten (und nur europäisch zu lösenden) Aufgaben an unterschiedlichen Sichtweisen scheitern, weil die Suche nach Existenziellem, etwa der eigenen bezahlbaren Wohnung, zur nicht beherrschbaren Herausforderung wird und weil schließlich die Kernfrage, die nach dem wirtschaftlichen Leitbild, nach der ökonomischen Grundlage all dessen, nicht oder nur unzureichend beantwortet ist. Was also wäre es wert, aufgeschrieben zu werden?

Mir scheint es wichtig zu erkennen, wie immens groß die Herausforderungen sind, mit welcher Dynamik Prozesse eingeleitet und Zielsetzungen formuliert werden. Das bedeutet, nochmals die Genese in Erinnerung zu rufen, den Blick zurück zu wagen: Vor nicht einmal 25 Jahren rückte das Thema der Besonderen Tagungs- und Eventlocations in den Fokus. Die Veranstaltungsbranche blickte wie elektrisiert auf eine ehemalige Benediktinerabtei unweit des rheinland-pfälzischen Koblenz, nach Maria Laach. Dort trafen sich im Spätherbst des Jahres 2002 circa 200 Führungskräfte aus Hotellerie und Gastronomie zum 5. Führungskräftekongress der Hoteldirektorenvereinigung Deutschland e. V. (HDV). Landauf und landab staunte die Branche: Die Mütter und Väter der Tagungswirtschaft, die Brains der Tagungsbranche treffen sich in einem Kloster? Nicht in einem der Mitgliedsbetriebe? Sie geben nicht den Vorzügen exzellenter Hoteltagungsbedingungen den Vorzug, sondern arbeiten in einem Kloster? Die schlichte Antwort lautete „ja": Zum Thema passend war ein Ort gefunden, der das Finden von Lösungsansätzen beförderte, eine besondere Tagungslocation, kein immun wirkender Konferenzsaal. Und was vor einem knappen Vierteljahrhundert noch revolutionär und neu anmutete, ist heute längst zum Arbeitsalltag der Veranstaltungsbranche geworden. Das Axiom lautet: „Besondere Kommunikationssituationen benötigen besondere Räume". Das damalige Motto der HDV lautete „Einkehr" – und kein Ort schien den HDVlern geeigneter zu sein als die Möglichkeiten, die eine Abtei zur Kontemplation bietet.

Seitdem hat sich eine gewaltige Entwicklung vollzogen, neben klassischen Veranstaltungsorten haben sich Tagungs- und Eventlocations einen festen Platz in der

Veranstaltungsszenerie erobert und sind heute nicht mehr wegzudenken. In der Nachschau ist zu konstatieren, dass diese Entwicklung nahezu folgerichtig war! Während noch in den „Nullerjahren“ eine scheinbar ungebremste Aufbruchstimmung herrschte, der wirtschaftlichen Aufwärtsentwicklung nichts im Wege zu stehen schien und Forschung und Entwicklung verheißungsvolle Innovationen initiierten, scheint spätestens seit den „Coronajahren“ eine nicht nur wirtschaftliche Skepsis vorzuherrschen. Will man den im Wochenrhythmus öffentlich präsentierten Studien Glauben schenken, zeichnet die gesellschaftliche, ökonomische und soziale Realität ein Bewusstsein, in dem sich der „Gefühlszustand Angst“ zur dominierenden Befindlichkeit entwickelt hat – individuelle Versagensängste paaren sich mit genereller Zukunftsangst und die Sorge um den Arbeitsplatz und das Ersparte gehen eine unheilige Allianz mit der Sorge vor Umweltzerstörungen ein, Traditionsunternehmen müssen mangels Perspektive schließen oder werden an anonyme Fondsgesellschaften veräußert.
Das nimmt nicht wunder. Die mediale Präsenz apokalyptischer Szenarien, das verantwortungslose Spiel mit falschen oder gefälschten Nachrichten und unkalkulierbare Zukunftsvisionen vermengen sich zu einer unheilvollen, täglich präsentierten Melange. Und mehr und mehr geraten Meldungen über Innovationen, Möglichkeiten, aber eben auch Gefahren der sogenannten „Künstlichen Intelligenz“ in den Fokus: War es zunächst noch beispielsweise die Verzückung über die Tatsache, dass die KI-generierte schulische Hausarbeit zusätzliche Freiräume schaffen könnte, dass Autorinnen und Autoren in ungeahnten Geschwindigkeiten Texte erstellen könnten (und können), bricht sich nach und nach die Erkenntnis Bahn, dass diese Technologie mit extremen Risiken behaftet ist, dass ein Markt entsteht (oder doch schon entstanden ist?), der dringend staatlich reguliert werden müsste, aber derzeit nicht reguliert werden kann, weil sich Politik und Wirtschaft nicht auf eine gemeinsame Strategie einigen können … Wen wundert's?
Dass bei all den Entwicklungen, den zahlreichen Diskussionen darüber und nicht zuletzt den zahlreichen Anstrengungen, der Problemflut Lösungsansätze entgegenzusetzen, menschliche, soziale Bedürfnisse vielfach unbeachtet sind und deshalb eine nicht zu unterschätzende Fehlerquelle darstellen, unterstreicht die Relevanz der Wahl richtiger Veranstaltungsorte, allemal von besonderen. Denn: In dem Maße, wie soziale, wirtschaftliche und politische Herausforderungen größer werden und wachsen, steigen auch die Herausforderungen an kommunikative Arbeitssituationen, die aufgrund ihrer individuellen Besonderheiten nachhaltig, in Erinnerung bleibend sind.
Die vorliegende 25. Ausgabe des Buches „Besondere Tagungs- und Eventlocations in Deutschland“ vermittelt einen Eindruck von der Leistungsfähigkeit, der Vielfalt und den zahlreichen Gestaltungsmöglichkeiten, die sich Ihnen als Nutzer erschließen.
Ich lade Sie herzlich zum Blättern, Stöbern und Entdecken ein!

Ihr
Thomas Kühn
Herausgeber

GABAL

INSPIRATION TRIFFT PRAXIS

Unsere neuen Bücher im Frühjahr

ISBN 978-3-96739-225-8

ISBN 978-3-96739-224-1

ISBN 978-3-96739-223-4

ISBN 978-3-96739-232-6

ISBN 978-3-96739-233-3

ISBN 978-3-96739-234-0

ISBN 978-3-96739-230-2

ISBN 978-3-96739-227-2

Leseproben und noch mehr neue Bücher finden Sie auf www.gabal-verlag.de!

gabal-verlag.de
gabal-magazin.de

Programme, die aus dem Rahmen fallen

Teambuildings sind, das zeigen Umfragen wie auch Erfahrungswerte unserer Locations, in den letzten Jahren ein immer wichtigerer Bestandteil von Tagungen und anderen Firmenveranstaltungen geworden. Doch die Liste an möglichen Programmen ist oft begrenzt – und Planer sind für ihre Teams auf der Suche nach neuartigen, ausgefallenen Ideen.

Ein spannendes und abwechslungsreiches Rahmenprogramm ist das i-Tüpfelchen einer erfolgreichen Tagung. Es sorgt dafür, dass sie nachhaltig im Gedächtnis bleibt, verleiht den Teilnehmern neue Energie und fördert das Arbeiten im Team. Allerdings sind die Erwartungen der Teilnehmer gestiegen und manche „Evergreens" sorgen längst nicht mehr für Begeisterung und Euphorie. Aber es gibt auch ausgefallenere Programme, die nicht jeder Tagungsgast schon mehrmals erlebt hat. Hier stellen wir einige vor.

Eine erfrischend „andere" Variante der Team-Challenge: Die Ritterolympiade entführt die Teilnehmer ins Mittelalter.

Ritterolympiade auf Schloss Neufahrn

Olympiaden in verschiedenen Varianten sind beliebte Teambuilding-Maßnahmen am Rande einer Tagung. Johannes Kolbinger, Direktor von Schloss Neufahrn bei Landshut, hat ein ganz besonderes Konzept entwickelt: Er entführt die Teilnehmer mit einer Ritterolympiade in die faszinierende Welt des Mittelalters. Das unterhaltsame und spannende Spektakel findet im nachgebauten historischen Dorf im Schlossgarten statt. Je nach Gruppengröße werden die Teilnehmer in Teams eingeteilt oder treten als einzelne Olympioniken gegeneinander an.

Bei Disziplinen wie Bogenschießen, Erbsenspucken, Axt- und Hufeisenwerfen sowie beim Nussknacken sind Kreativität, Teamgeist und Geschicklichkeit gefragt. An jeder Station werden Punkte gesammelt, und am Ende wird das Siegerteam oder der Sieger gekürt. Auf Wunsch können Unternehmen kleine, firmenspezifische Preise beisteuern. Der krönende Abschluss des Teamevents ist ein zünftiges Rittergelage in historischem Ambiente. In den drei Gewölbekellerräumen des Schlosses können gleichzeitig bis zu drei Gruppen verpflegt werden. Das Interesse ist groß: „Im Schnitt haben wir sechs Ritteressen pro Woche", be-

richtet Kolbinger. Zur Auswahl stehen vier Menüs mit deftigen Speisen wie Schweinehaxen und Rippchen. Und zur Begrüßung gibt es für alle „Ritter auf Zeit" einen Kelch Met.
Die 600 Jahre alte Schlossanlage mit 54 Zimmern, einem schmucken Innenhof und idyllischem Schlossgarten bietet die Kulisse für Tagungen und Firmenevents mit historischem Flair. Die fünf Tagungsräume sind mit modernster, interaktiver Tagungs- und Präsentationstechnik ausgestattet.

Schafe hüten im Hotelcamp Reinsehlen

Tagen mit Tieren – was nach naiver Ponyhof-Romantik klingt, kann einen wertvollen Beitrag zum Teamzusammenhalt und zur Entwicklung von Führungsqualitäten leisten. Helko Riedinger, Geschäftsführer Hotelcamp Reinsehlen bei Schneverdingen, kann das bestätigen. Bei ihm gehören die Heidschnucken fest zum Rahmenprogramm für Tagungsgäste: „Anfangs sind viele skeptisch, doch dann erleben wir, wie sie schnell als Team zusammenwachsen. Besonders interessant ist es zu sehen, wie unterschiedliche Charaktere beim Schafehüten verborgene Stärken entdecken."
Die Schafe stammen von der Schäferei Schmidt aus der Umgebung. Die „Schäfer" – die Teilnehmer – übernehmen gemeinsam die Aufgabe, bis zu 1.000 Tiere quer durch die Lüneburger Heide zu treiben. Die Route führt über eine Brücke, entlang einer Straße und von A nach B. Den Schafen ist es einerlei, ob sie es mit dem Firmenvorstand oder dem Azubi zu tun haben – hier zählt nur Teamarbeit. Was bei einem echten Schäfer leicht

Den bis zu 1.000 Tieren ist es einerlei, ob sie es mit dem Vorstand oder dem Azubi zu tun haben – hier zählt nur Teamarbeit.

© Foto ILLERHAUS Marketing

Dass die selbst gebauten Schlitten einer Einrichtung gespendet werden können, entspricht dem Kundenwunsch nach Sinnstiftung und einem Mehrwert beim Team-Event.

aussieht, erfordert von den Laien viel Konzentration und Kommunikation. Zum Glück steht ihnen der erfahrene Hütehund zur Seite. Wenn das Team mal ins Stocken gerät oder die Tiere ausbüxen, hilft er aus. Nach jeder Etappe der drei- bis vierstündigen Hüteaktion gibt es eine Feedback-Runde und so wächst das Team immer mehr zusammen.

Für die Tagung selbst bietet das Hotelcamp Reinsehlen ausreichend Rückzugsorte inmitten einer 25 Hektar großen Naturlandschaft. Den Gästen stehen unterschiedliche Räume zur Verfügung, darunter lichtdurchflutete Hallen für größere Gruppen, die technisch umfassend ausgestattet, variabel aufteilbar (37–338 m^2) und durch großzügige Foyers miteinander verbunden sind. Im separaten „Atelier" mit Innenhof treffen sich kleine Klausurgruppen und im 70 Quadratmeter großen Zelt NaturRaum sowie den drei Lounges genießen die Teilnehmer Meetings an der frischen Luft. Zum Gesamtkonzept gehören 91 Doppelzimmer in ökologisch gebauten Häusern im Lodge-Stil sowie ein Gasthaus, in dem Gerichte mit Zutaten aus der Region serviert werden.

Schlittenbauen im Parkhotel Wallgau

Im Parkhotel Wallgau in Oberbayern haben Tagungsgäste die Gelegenheit, ihre handwerklichen Fertigkeiten auf kreative Weise unter Beweis zu stellen: beim Schlittenbauen. Wenn die Teilnehmer in kleinen Gruppen an ihrem Wintergefährt basteln, werden Kindheitserinnerungen wach. Das Schlittenbauen entspreche dem Kundenwunsch nach Sinnstiftung und einem Mehrwert beim Team-Event, erklärt Corsin Parolini, dessen Event-Agentur Alpin Convention das Programm organisiert. Zunächst werkeln die Teilnehmer gemeinsam unter professioneller Anleitung und zum Abschluss erhalten die fertigen Schlitten einen Brandstempel mit dem Firmenlogo. Weitere Highlights sind die Testfahrt als Rodelwettbewerb und die feierliche Übergabe der Holzschlitten an eine gemeinnützige Organisation. Schlittenbauen ist Spaß mit Tiefgang, gleichzeitig werden die Teilnehmer für Nachhaltigkeit sensibilisiert und können etwas Gutes tun. „Es geht darum, den Menschen zu zeigen, dass Teamarbeit und ein gemeinsames Ziel über den beruflichen Kontext hinaus auch gesellschaftliche Wirkung haben können", so Parolini.

Das Parkhotel Wallgau in der Nähe von Garmisch empfängt die Gäste im traditionellen bayerischen Chaletstil. Das Hotel bietet gemütliche 90 Zimmer, darunter 34 Suiten und elf Apartments. Vier Tagungsräume mit Kapazitäten für drei bis 50 Teilnehmer schaffen einen atmosphärischen Rahmen für Meetings und Workshops. Im Restaurant „Alte Stube" genießen die Gäste Speisen, die von lokalen Traditionen inspiriert sind. Für besondere MICE-Events steht die urige Golf-Alm im kanadischen Blockhausstil als Location für bis zu 80 Gäste etwas außerhalb von Wallgau zur Verfügung.

Teilnehmer der Bauernolympiade mögen die Kombination aus Spaß, Herausforderung und der Möglichkeit, mehr über nachhaltige Landwirtschaft zu erfahren.

Bauernolympiade in Speidel's BrauManufaktur

Speidel's BrauManufaktur in Hohenstein auf der Schwäbischen Alb bietet Tagungsgästen mit der Bauernolympiade ein authentisches und interaktives Erlebnis. Der ungewöhnliche Wettbewerb auf der Bioland-Hofkäserei Rauscher in Ödenwaldstetten stärkt den Teamgeist und motiviert die Teilnehmer für neue Herausforderungen. Unter der Anleitung des Hofbauern nehmen sie drei Stunden lang an Disziplinen wie Wettmelken, Strohballenrollen sowie Geruchs- und Geschmackstests teil. Außerdem können sie ihr Geschick im Umgang mit Albbüffeln, beim Traktorfahren und beim Gummistiefel-Weitwurf unter Beweis stellen. „Die Teilnehmer mögen die Kombination aus Spaß, Herausforderung und der Möglichkeit, mehr über nachhaltige Landwirtschaft zu erfahren", erklärt Christina Speidel, Geschäftsführerin und Inhaberin der BrauManufaktur. Übrigens: Bier gibt es während des Events nicht – stattdessen werden, passend zur ländlichen Atmosphäre, Most, Apfelschorle und Milch ausgeschenkt.

Der Deutschen liebstes alkoholisches Getränk prägt Speidel's BrauManufaktur dagegen schon seit 1763, als die Geschichte des Hauses als „Brau-, Brenn-, Back- und Umspannstation" auf dem Postkutschenweg von Stuttgart an den Bodensee begann. Heute umsorgt Speidel in 10. Generation mit ihrem Team die Gäste und bietet ihnen 40 gemütliche Zimmer, schwäbische Küche und eine moderne Tagungslocation mit ergonomischem Mobiliar, Highspeed-Internet und digitalem Multifunktionsboard in historischem Ambiente.

Riesenfloß bauen im 360 Grad Teamgeist Resort

Ein Teamevent für Großgruppen zu finden, ist nicht immer einfach. Da kommt das rund vierstündige Floßbau-Event der Teamgeist GmbH gerade richtig. Frei nach den Romanhelden Tom Sawyer und Huckleberry Finn bauen die Teilnehmer im 360 Grad Teamgeist Resort im Herzen des Naturparks Dahme-Heidesee gemeinsam ein trag- und schwimmfähiges Floß. Zur Verfügung stehen

Schwimmkörper, Baumstämme, Bretter und Seile, zusätzlich gibt es eine kleine Knotenkunde. Auf der anschließenden Testfahrt auf dem See wird das Floß getauft und die Unternehmensflagge gehisst. Am Ende bauen die Teilnehmer das Floß gemeinsam zurück. Der Event ist von April bis Oktober verfügbar, vorausgesetzt, die Seen sind eisfrei und das Wasser hat eine angenehme Temperatur. Im Winter gibt es die Variante „Miniaturfloßbau".

Die Teamgeist GmbH ist an zwölf Standorten in der gesamten DACH-Region vertreten. Im August 2024 eröffnete sie das 360 Grad Teamgeist Resort am Wolziger See in der Nähe von Berlin. In diesem Kreativort sollen Teams abseits des hektischen Arbeitsalltags Energie tanken, Ideen entwickeln und gestärkt als Einheit zurückkehren. Das Resort kombiniert Arbeits- und Erholungsbereiche in einer naturnahen Umgebung, die speziell für kreative Prozesse, Teambuilding und agile Arbeitsmethoden entwickelt wurde. In den 20 multifunktionalen „Fusion Rooms" und einem 360-Grad-KI-Erlebnislabor finden Workshops, Meetings und kreative Zusammenarbeiten statt. Das klare, naturnahe Design des Resorts mit 23 individuellen Apartments vermittelt eine Atmosphäre, die sowohl zur Ruhe als auch zur Kreativität anregt.

Das rund vierstündige Riesenfloß-Event eignet sich perfekt, um das Wir-Gefühl von großen Gruppen zu stärken.

Teambuildings, die in Erinnerung bleiben: in Europas größter Escape-Room-Anlage im Setting der 1920er-Jahre.

Zeitreise in der Eloria Erlebnisfabrik

Die 1920er Jahre haben durch die ARD-Serie „Babylon Berlin" neuen Kultstatus erlangt. In diesem historischen Setting erwartet die Besucher in der Eloria Erlebnisfabrik & Eventlocation in der ehemaligen Waschkaue der Zeche Prosper II in Bottrop eine spannende Zeitreise. Auf der mit mehr als 1.600 Quadratmetern größten Escape-Room-Anlage Europas betreten die Teilnehmer eine komplette Stadt im Stil der 1920er Jahre. Aufgrund der riesigen Fläche können bis zu 300 Personen gleichzeitig spielen. Schauspieler in originalgetreuen Kostümen lassen die Stadt lebendig werden und bieten gleichzeitig Hilfestellung bei den Rätseln. Die Teilnehmer tauchen in detailgetreue Nachbildungen urbaner Alltagssituationen ein: Sie finden sich in einem Hotel, einer Bank, einer Zeitungsredaktion oder sogar im Gefängnis wieder und müssen anspruchsvolle Rätsel lösen und Geheimnisse lüften. Am Ende wartet eine Siegerehrung auf die besten Teams. Je nach Gruppengröße gibt es verschiedene Spielmodi. Kleingruppen lösen in 60 bis 120 Minuten spannende Rätselmissionen und größere verdienen innerhalb eines festgelegten Zeitfensters durch das Lösen von Aufgaben oder Rätseln Spielgeld, mit dem sie zu den reichsten Bürgern der Stadt aufsteigen. Wer am Ende das meiste Geld hat, gewinnt.

Die gesamte Kulisse kann auch exklusiv für Firmenfeiern und andere Events gemietet werden. Tagungsgästen stehen fünf Räume von 80 bis 350 Quadratmetern sowie zwei ergänzende Barbereiche zur Verfügung.

Boxenstopp auf dem Hockenheimring

„Auf die Plätze, fertig, los!" – so lautet das Motto beim Firmenevent „Pitstop" auf dem Hockenheimring in der Nähe von Mannheim. Die Zweier- oder Viererteams treten im Wettlauf gegen die

Hier geht es oft um Zehntelsekunden! Der Firmenevent „Pitstop" setzt auf Teamwork, schnelle Kommunikation und Hand-in-Hand-Arbeit.

Zeit an: Handschuhe anziehen, Schlagschrauber packen und dann die Räder am Original-Formel-1-Showcar wechseln. Der spannende Wettbewerb setzt auf Teamarbeit, schnelle Kommunikation und Hand-in-Hand-Arbeit. Denn wer gut zusammenarbeitet, kann die Reifenwechsel schneller absolvieren. Pro Stunde können bis zu 40 Personen mitmachen. „Die besten Teams schaffen einen Reifenwechsel in weniger als zehn Sekunden, die Champions liegen bei rund sechs Sekunden", berichtet Marco Corbari, Leiter der Event-Locations im Hockenheimring.

Doch was wäre ein Motorsport-Event ohne die Möglichkeit, selbst im Rennwagen zu sitzen? Beim „Race Room Seats"-Event können die Teilnehmer diesen Traum verwirklichen. In Rennsimulatoren, ausgestattet mit bis zu 24 Screens und rassigen Sportsitzen, liefern sie sich virtuelle Rennen auf dem Hockenheimring. Der Event ist als Paket mit vier Simulationsläufen, einem Scoreboard sowie einem Techniker/Moderator buchbar. „Dieser Baustein wird auch deswegen so gerne genutzt, weil die Rennstrecke oft ausgebucht ist oder die Streckenmiete über den Vorstellungen des Kunden liegt", sagt Corbari. Trotzdem ist es für viele Teilnehmer ein unvergessliches Erlebnis, zumindest virtuell über den Hockenheimring zu flitzen.

Unter dem Motto „more than racing" umfasst die Location 15 Räume für 20 bis 2.000 Personen mit einer Eventfläche von 4.000 Quadratmetern. Übernachten können die Besucher in 45 Zimmern direkt am Hockenheimring sowie in weiteren 600 in der näheren Umgebung.

Die Autorin

Susanne Freitag blickt auf mehr als 25 Jahre im Journalismus zurück. Nach einem Ausflug in die Musikbranche als Press Editor bei Sony Music in Frankfurt wechselte sie 1996 in die Touristik und wurde Redakteurin bei der touristischen Fachzeitschrift Touristik aktuell und später bei Travel One. Seit 2005 ist sie freie Journalistin und schreibt regelmäßig für verschiedene Geschäfts- und Luxusreisenmagazine, den Burda Verlag sowie als Partner der Redaktionsgemeinschaft SRT für Tageszeitungen und Online-Portale. Außerdem ist sie für die Pressearbeit der Fluggesellschaften Air France und KLM in Deutschland verantwortlich.

Vorjahressieger verteidigen ihre Plätze

Zum bereits 12. Mal waren im Zeitraum Juli / August 2024 deutschlandweit Veranstaltungsplaner aufgerufen, ihre Favoriten bei der Wahl der besten Tagungs- und Eventlocations 2024 zu bestimmen. Ausgezeichnet wurden die Sieger am 29. September 2024 im Hotelcamp Reinsehlen. Während die Vorjahressieger in den Kategorien „Tagungslocation" sowie „Eventlocation" ihre Plätze verteidigen konnten, sind in den TOP 10 interessante Neueinsteiger zu finden.

Zum wiederholten Male auf der Siegerbühne vereint: Die Abordnung des Vogel Convention Centers (links) und des Refugiums im Schloss Steinburg.

Welch eine Location für eine Preisverleihungsveranstaltung! In Reinsehlen, in der Idylle der Lüneburger Heide, gibt es keine unmittelbaren Nachbarn, nur Flora, Fauna und ganz viel Weite. Von den Zimmern des im Lodge-Stil erbauten Hotelcamps genießt man phänomenale Blicke in die freie Landschaft. Früh Eingetroffene hatten die Gelegenheit, die Heide-Natur bei eigens arrangierten Rahmenprogrammen zu entdecken. Viel Spaß kam beim „Schnucken schubsen" auf, bei dem das Ziel darin bestand, eine große Herde Heidschnucken koordiniert zu treiben. Daneben stand eine Fahrt zu besonders schönen Aussichtspunkten mit dem nostalgischen „Heide-Bulli" auf dem Programm, und auch ein Natur-Spaziergang, bei dem Yoga-Atemtechniken geübt wurden, erfreute sich großen Zuspruchs. Als wäre es Teil der Inszenierung, sorgte sogar noch ein voll entwickelter Regenbogen am norddeutschen Himmel kurz vor Beginn der Auszeichnungsveranstaltung für eine farbenfrohe Einstimmung auf das Geschehen.

Die Ergebnisse des Wettbewerbs 2024

KATEGORIE EVENTLOCATION

1. **Vogel Convention Center**
   97082 Würzburg
   www.vcc-wuerzburg.de (Siehe S. 154)
2. **LERN & DENKER werkStadt**
   47802 Krefeld
   www.mercure.com (Siehe S. 66)
3. **FIFTY HEIGHTS**
   60327 Frankfurt a.M.
   www.fiftyheights.com (Siehe S. 74)
4. **Klimahaus® Bremerhaven**
   27568 Bremerhaven
   www.klimahaus-bremerhaven.de (Siehe S. 46)
5. **Mainfrankensäle Veitshöchheim**
   97209 Veitshöchheim
   www.mainfrankensaele.de (Siehe S. 156)
6. **Technik Museum Speyer**
   67346 Speyer
   www.eventmuseum.de (Siehe S. 86)
7. **Alte Weberei**
   72766 Reutlingen
   www.alteweberei.events
8. **Congress Centrum Würzburg**
   97070 Würzburg
   www.wuerzburg-b2b.de (Siehe S. 146)
9. **UNESCO-Welterbe Zollverein**
   45327 Essen
   www.zollverein.de/eventlocations/eventlocations-der-stiftung/ (Siehe S. 60)
10. **ELORIA Erlebnisfabrik**
    46238 Bottrop
    www.eloria.de (Siehe S. 64)

KATEGORIE TAGUNGSLOCATION

1. **Refugium/Schloss Steinburg**
   97080 Würzburg
   www.steinburg.com (Siehe S. 150)
2. **Buhlsche Mühle**
   76275 Ettlingen
   www.buhlsche-muehle.de (Siehe S. 118)
3. **Böhmesaal**
   29614 Soltau
   www.hotel-park-soltau.de (Siehe S. 48)
4. **Burkardushaus – Tagungszentrum am Dom**
   97070 Würzburg
   www.burkardushaus.de (Siehe S. 144)
5. **Gasometer Pforzheim**
   75175 Pforzheim
   www.buhlsche-muehle.de (Siehe S. 116)
6. **TurmQuartier Sparkasse Pforzheim Calw**
   75172 Pforzheim
   www.turmquartier.de (Siehe S. 114)
7. **Erwin-Piscator-Haus**
   35037 Marburg
   www.erwin-piscator-haus.de (Siehe S. 54)
8. **Volkshaus Jena**
   07743 Jena
   www.volkshaus-jena.de
9. **Congress Park Hanau**
   63450 Hanau
   www.cph.de (Siehe S. 80)
10. **Exerzitienhaus Himmelspforten**
    97082 Würzburg
    www.himmelspforten.net/ (Siehe S. 152)

Get-together mit Blick auf die herrliche Natur rund ums Hotelcamp Reinsehlen.

In der **Kategorie Tagung** konnte sich das Refugium im Schlosshotel Steinburg zum wiederholten Male im 70 Locations umfassenden Bewerberfeld durchsetzen. Mit dem „Refugium“ verfügt die auf dem weltberühmten Weinberg „Würzburger Stein“ thronende Location über sechs hochmoderne Veranstaltungsräume, ein Plenum mit angeschlossener Bankettküche sowie über Gruppenräume und eine hochkomfortabel ausgestattete Kochschule namens „Culinarium“. Auf den zweiten Platz gewählt wurde die **Buhlsche Mühle Tagungszentrum Ettlingen** – ursprünglich eine Papiermühle, wurde das Anwesen aufwändig um- und ausgebaut und im Jahr 2005 als Tagungs- und Ausstellungszentrum eröffnet. Platz 3 geht an den **Böhmesaal** im Hotel Park Soltau. Mit hochwertiger Präsentations- und Kommunikationstechnik ausgestattet, bietet dieser auf 380 m² Raum für maximal 300 Teilnehmer.

Das **Vogel Convention Center** verteidigte ebenso seinen ersten Platz aus dem Vorjahr in der **Kategorie Event**. Am Rande Würzburgs gelegen, handelt es sich um einen perfekten Ort für Veranstaltungen jeder Art, an dem sich die sachliche Industriearchitektur in jede gewünschte Atmosphäre verwandeln lässt. Ein engagiertes Team sowie erstklassige Veranstaltungs- und Filmtechnik machen vom Konzert über Jahreshauptversammlungen bis hin zu stimmungsvollen Events vor Ort, digital oder hybrid, alles möglich. Die Folgeplätze belegen die **LERN & DENKER werkStadt,** ein im Jahr 2015 eingerichteter Veranstaltungsbereich im Mercure Tagungs- & Landhotel Krefeld, in dem auf 400 m² drei technisch besonders hochwertig ausgestattete Räume zur Verfügung stehen, sowie auf Platz 3 das **FIFTY HEIGHTS,** ein in der 50. Etage des Tower 185 in der Frankfurter Innenstadt gelegener Veranstaltungsraum. Für Events mit Wow-Effekt in 185 Metern Höhe zur Verfügung stehen zum einen eine lichthelle und technisch bestens ausgestattete Veranstaltungsfläche indoor sowie zwei voneinander unabhängige Außenterrassen mit jeweils knapp 400 m² Nutzfläche.

Anspannung und Vorfreude liegen in der Luft: Wie hoch klettern die Balken der Locations?

Kompetenz in Tagung und Marketing

Sämtliche hier beschriebenen Locations wurden von einem kompetenten Autorenteam in einem mehrstufigen Verfahren ausgewählt und bewertet. Jeder einzelne Autor ist bereits seit Jahren journalistisch im Bereich Weiterbildung, Training und Tagung tätig.

Thomas Kühn

ist Herausgeber von „Besondere Tagungs- und Eventlocations" sowie „30 Minuten für die erfolgreiche Tagungsplanung" und Mit-Autor von „Die besten Tagungshotels in Deutschland". Er studierte Germanistik und Geschichte, schreibt Reisereportagen und veröffentlichte in Kunden- und Fachzeitschriften Beiträge u. a. zur deutschen Tagungslandschaft. Thomas Kühn ist Inhaber von Concept Potsdam, einem Professional Congress Organizer.

Uta Müller

ist Inhaberin des Redaktions- und Pressebüros Kontext. Nach dem Volkswirtschaftsstudium arbeitete sie zehn Jahre als Redakteurin und Chefredakteurin im Max Schimmel Verlag, Würzburg. Seit dem Jahr 2000 ist sie freie Wirtschaftsjournalistin und veröffentlicht Fachbeiträge u. a. in „impulse", „ProFirma" sowie „wirtschaft und weiterbildung". Pressetexte für die Reise-, Tagungs- und Hotelleriebranche gehören seit langem zu ihrem Aufgabengebiet.

Katrin Nauber-Happel

arbeitet als freie Autorin in ihrem Textbüro „Profitexte" in Essen. Nach dem Studium der Germanistik, Pädagogik und Soziologie war sie zunächst für die Presse- und Öffentlichkeitsarbeit verschiedener Bildungseinrichtungen und des BDVT zuständig und schreibt seit 2000 freiberuflich schwerpunktmäßig zu Themen des Tagungs- und Veranstaltungsmarktes.

Raphael Werder
betreut als Chefredakteur diverse MICE-Branchenmagazine wie TOP 250 Germany inside, MICE Start und LERNRAUM. Nach dem Studium der Philosophie und Literatur sowie Weiterbildungen in Marketing, Projektmanagement und Eventmanagement arbeitete er einige Jahre in der Verlagsbranche, bevor er sich für die individuell geführte deutsche Tagungshotellerie begeisterte. Zudem ist er freiberuflich als Redakteur, Texter und Musiker tätig.

Reinhard Peter
Inhaber

Die Projektorganisation

„Besondere Tagungs- und Eventlocations“ mit Buch, Internetportal und ergänzenden Dienstleistungen wird durch die Projektagentur „repecon“ mit Sitz in Würzburg durchgeführt.

Die Firma repecon ist seit 2002 als Fachagentur für Tagungshotels und Eventlocations sowie Dienstleister im Hotel- und Weiterbildungsmarkt auf dem Markt.

Zu den bekanntesten Labels zählen „TOP 250 Germany – Die besten Tagungshotels in Deutschland“, „Exzellente Lernorte“, „Besondere Tagungs- und Eventlocations“ oder „Top-Wellnessoasen“. Regelmäßige Publikationen wie „LERNRAUM“, „TOP 250 Inside – Magazin für die deutsche Tagungshotel-lerie“ oder auch das Magazin „MICE Start“ sorgen für weitgehende Vernetzung in diesen Zielgruppen.

In den vergangenen Jahren baute Inhaber Reinhard Peter für die verschiedenen Hotelmedien ein Team von rund 20 festen und freien Mitarbeitern auf.

Inzwischen vertrauen rund 350 Hotels und Locations in ganz Europa auf die Media-Dienstleistungen von repecon.

AUSGABE 2026

Die Vorbereitungen für die Ausgabe 2026 „Besondere Tagungs- und Eventlocations“ haben bereits begonnen!

Sie möchten uns gerne eine Tagungslocation vorschlagen, die unser Autorenteam für eine Aufnahme in das Buch prüfen soll? Nutzen Sie das „Empfehlungsfeld“ auf www.toptagungslocations.de oder schreiben Sie uns einfach Ihren Vorschlag an:

„Besondere Tagungs- und Eventlocations“
c/o repecon Medien- und PR-Konzeptionen

Sedanstraße 23
97082 Würzburg

Tel. +49 931 809928-35
E-Mail: info@toptagungslocations.de

Ihre Ansprechpartner:
Reinhard Peter
Silke Sperl-Sauer
Nicola Hofmann

© Foto xtrakt media / Jonathan Ziegler

Das Team von repecon (v.l.): Nicola Hofmann, Raphael Werder, Marion Kaufmann, Ingo Nachtigall, Petra Peter, Tekgül Arnold, Silke Sperl-Sauer, Wolfgang Wünsch, Carina Tews, Reinhard Peter, Birgit Werner und Frederic Peter.

REPECON ZAHLEN UND DATEN

gegründet 2002 durch Reinhard Peter

Sitz in Würzburg

eigene Labels:

- „TOP 250 Germany – Die besten Tagungshotels in Deutschland" (seit 2002)
- „Besondere Tagungs- und Eventlocations" (seit 2004)
- „Top-Wellnessoasen" (seit 2006)
- „TOP 250 Inside – Magazin für die deutsche Tagungshotellerie" (seit 2015)
- „Exzellente Lernorte" (seit 2016)
- „Hotel-Helden" (seit 2018)
- „repecon-Akademie" (seit 2018)
- „MICE Start" (seit 2021)
- „HoLoy" (seit 2022)

sowie Kooperationen u.a. bei

- Sonderheft Tagen von HAUFE Lexware
- GABAL-Speaker-Abende

Besondere Tagungs- und Eventlocations im Porträt

Tagungen oder Events: Jede Veranstaltungsform erfordert spezifische Bedingungen, die aus einem Mix von Einzelfaktoren bestehen. Räume, Servicekompetenz, Technik sowie Technikanschlüsse und auch ästhetische Komponenten verdichten sich zu einem „Gesamtbild". Das Ihnen vorliegende Buch vermittelt 67 Gesamtporträts von Tagungs- und Eventlocations und hilft Ihnen, für Ihre Veranstaltung den geeigneten Rahmen zu finden.

Weiterbildung ist seit Jahren ein bedeutender Wirtschaftsfaktor: Mehr als 70.000 Institute, Verbände, Organisationen, Stiftungen, Akademien, Vereine, Trainer, Berater, Verkaufsförderer und Personalentwickler sind auf diesem Markt allein in Deutschland tätig. Sie offerieren Jahr für Jahr mehr als 500.000 unterschiedliche Weiterbildungsangebote. Für deren Umsetzung stehen innerbetriebliche Schulungszentren, Tagungslocations mit besonderem Ambiente und auf die Durchführung von Tagungen spezialisierte Hotels zur Verfügung.

Ein ähnliches Bild zeichnet die Eventszene. Eine schier unüberschaubare Zahl von Eventagenturen offerieren ihre Dienste bei der Organisation und Gestaltung von Präsentationen, Bankettveranstaltungen, Themenpartys und Shows, allerdings werden für diesen Veranstaltungsbereich keine belastbaren statistischen Angaben erhoben. Bereits seit Jahren sind Veranstalter, Unternehmen, Agenturen, Institute und Trainer das Ziel oftmals aufwändiger Marketingoffensiven von Anbietern. Entstanden ist ein unübersichtlicher Angebotsdschungel, in dem die Orientierung, also das Finden des zum Veranstaltungsziel „passenden" Veranstaltungsortes, nahezu unmöglich ist. Keine effiziente Orientierungshilfe liefern die auf dem Markt befindlichen Nachschlagewerke. Piktogrammlastig listen sie lediglich im Telegrammstil „hardfacts" wie Raumgröße oder Verkehrsanbindung auf, die konkreten Bedürfnisse von Tagungsveranstaltern bleiben dabei unberücksichtigt.

Insbesondere in den letzten Jahren machen immer wieder „besondere Tagungs- und Eventlocations" von sich reden. Der Grund: In dem Maß, wie sich Verkaufs- und Marketingstrategien verfeinerten, stiegen die Erwartungen und Anforderungen an gestaltbare Kommunikationssituationen. Die „Location" als „Transporteur" von Kommunikationszielen war entdeckt. Denn, so der schlussfolgernde Satz: Besondere Kommunikationssituationen benötigen besondere Räume. Mit der Folge, dass sich Unternehmen bzw. deren Marketing- und Verkaufsabteilungen auf die Suche nach Veranstaltungsorten machten, nach Räumen, die ursprünglich nicht für diesen Zweck konzipiert wurden, die sich aufgrund vorhandener Potenziale jedoch hervorragend dafür eignen: Tagungslocations für Seminare, Konferenzen, auch für Klausuren, Meetings oder gar für Kongresse. Aber auch Eventlocations für Bankette, Präsentationen, Messen oder Produktschulungen. Das Ihnen vorliegende Buch beschreibt und bewertet solche Locations, die von einem erfahrenen Autorenteam deshalb als „besonders" eingeschätzt wurden, weil sie aufgrund ihrer Gesamtanmutung, ihrer präsenten Historie, ihres Ambientes oder ihrer Originalität für sich in Anspruch nehmen können, Veranstaltungsziele in besonderer Art und Weise zu unterstützen.

Das Buch „Besondere Tagungs- und Eventlocations" versteht sich als Ergänzung zum Geschwisterprodukt „Die besten Tagungshotels in Deutschland". Dem aufmerksamen Nutzer wird nicht entgehen, dass beide Bücher durchaus Parallelen hinsichtlich Gestaltung und Systematik aufweisen.

Orientierungshilfen

Die Porträts in diesem Buch sind auf die Fragen und Bedürfnisse von Veranstaltungsteilnehmern und Veranstaltungsorganisatoren abgestellt. Zum einen enthalten sie objektive Fakten: Adressen, Ansprechpartner, Raum- und Hotelkapazitäten und Verkehrsanschlüsse dienen der ersten Orientierung. Zum anderen sind alle porträtierten Locations subjektiv dargestellt und spiegeln persönlich Erlebtes von Journalisten wider, die nach bestem Wissen und Gewissen ihren Eindruck von dem jeweiligen Veranstaltungsort aufgeschrieben haben.

Geeignete Tagungsformen

Der Begriff der „Tagung" ist ein Oberbegriff, der eine große Vielfalt unterschiedlicher Tagungsformen zusammenfasst. Fünf Kategorien (Seminar, Konferenz, Klausur, Kongress und Meeting) stellen Unterbegriffe dar und vermitteln – nutzerorientiert – eine Vorstellung davon, für welche Tagungsform die porträtierte Location besonders geeignet ist. Die Definitionen dazu werden im Kasten auf Seite 28–29 genannt.

Geeignete Eventformen

Ähnlich wie der Begriff der „Tagung" bezeichnet der Begriff „Event" eine Vielzahl von unterschiedlichen Veranstaltungsvarianten; auf deren detaillierte Definitionen wird an dieser Stelle bewusst verzichtet, weil sich die genannten Kategorien selbst erklären. Hingewiesen wird jedoch darauf, dass die Vielzahl möglicher Varianten unter Oberbegriffen zusammengefasst wird.

- **Bankette** – dazu zählen auch: Galaveranstaltungen, Partys, Themenpartys, repräsentative Empfänge, Bälle, Hochzeiten

- **Kulturelle Veranstaltungen** – dazu zählen auch: Filmvorführungen, Theater, Musikveranstaltungen

- **Präsentationen** – dazu zählen auch: Messen, Produktpräsentationen, Pressekonferenzen, Ausstellungen, Hausmessen, Verkaufsveranstaltungen

Eine besondere Tagungslocation ist geeignet für die Durchführung von ...

- **Großveranstaltungen** – dazu zählen auch: Showveranstaltungen, Konzerte, Multimediashows, Matinees, Sportveranstaltungen, Kick-off-Veranstaltungen

- **Vorträge** – dazu zählen auch: Workshops, Preisverleihungen, Incentives

Catering

Unumstritten ist, dass jede Tagung und jedes Event einer gastronomischen Versorgung bedarf. Die Darstellung unterscheidet zwei Grundvarianten. „Frei wählbar" bedeutet, dass dem Veranstalter keinerlei Beschränkungen bei der Wahl des Caterers auferlegt werden. „Gebunden" bedeutet, dass das Location-Management vertragliche Beziehungen mit einem oder mehreren Anbietern pflegt und Veranstalter sich zwingend diesen vertraglichen Bindungen unterwerfen müssen. Veranstaltern wird empfohlen, diese Frage einer detaillierteren Betrachtung anlässlich einer Reservierungsanfrage zu unterziehen.

Hotel-Kapazitäten

Es liegt in der Natur der Sache, dass Tagungen und Veranstaltungen auch auf Übernachtungskapazitäten angewiesen sein können. Die Darstellung listet Zimmerkapazitäten in drei Entfernungen: Es wird davon ausgegangen, dass 1.000

... SEMINAREN

wenn sie die Voraussetzungen für lernintensive Tagungen mit bis zu 25 Teilnehmern bietet. Lernunterstützende Medien und Hilfsmittel (Pinnwände, Flipcharts, Projektoren u.Ä.) können innerhalb von 24 Stunden beschafft werden oder sind vorhanden. Tageslicht in den dafür zur Verfügung stehenden Räumen ist unverzichtbar, eine ergonomische Möblierung ist ebenso wichtig. Möglichkeiten für individuelle Pausengestaltungen sowie für Arbeiten in kleineren Gruppen werden ebenfalls vorgehalten.

... KONFERENZEN

wenn sie die Voraussetzungen für kommunikationsintensive Tagungen mit bis zu 150 Teilnehmern bietet. Zeitgemäße Vortrags- und Präsentationsmedien können innerhalb von 24 Stunden beschafft werden oder sind vorhanden. Tageslicht und die Darstellung unterschiedlicher Lichtszenarien im Konferenzraum sind ebenso wichtig wie eine ergonomische Möblierung. Die Verpflegung der Konferenzteilnehmer wird entweder von der Location selbst oder einem Caterer geleistet. Für mehrtägige Konferenzen gibt es ortsnahe Logisofferten.

... KLAUSUREN

wenn sie die Voraussetzungen bietet, in einem ablenkungsfreien und ruhigen Umfeld Tagungen mit bis zu 20 Teilnehmern veranstalten zu können. Besondere technische Anforderungen bestehen nicht, jedoch sollte die Möglichkeit gegeben sein, einen Sekretariat-Service einzurichten. Die besonders hochwertige Ausstattung naher Logis-Offerten sowie gehobene gastronomische Angebote sind wünschenswert, da Klausuren in der Regel Führungskräften vorbehalten sind. Individuelle Rückzugszonen und ruhige Orte für Vier- oder Sechsaugengespräche sind von Vorteil.

... KONGRESSEN

wenn sie die Voraussetzungen bietet, mehrtägige Tagungen mit bis zu 1.000 Teilnehmern durchführen zu können. Allerhöchste Ansprüche gelten hinsichtlich des Vorhandenseins der notwendigen Technik (z.B. Licht- und Beschallungsanlagen, Dolmetscherkabinen). Weitere (Tagungs-)Räume für die Arbeit einzelner Gruppen sowie ausreichend große Präsentationsflächen sind unverzichtbar. Neben der intensiven technischen Betreuung durch entsprechend qualifiziertes Personal empfiehlt sich auch die Zusammenarbeit mit einem professionell arbeitenden Caterer. Für mehrtägige Kongresse sind ausreichende Logis-Offerten unverzichtbar.

... MEETINGS

wenn sie die Voraussetzungen bietet, Tagungen mit einer überschaubaren Teilnehmerzahl durchzuführen, deren Zielstellung es ist, schnelle und unmittelbare Problemlösungen herbeizuführen. Die zeitliche Begrenztheit (max. 8 Stunden) von Meetings macht das Vorhandensein von nahen Hotels unter Umständen verzichtbar. Gute Verkehrsanbindungen sowie kurzfristige Buchungsmöglichkeiten sind von großem Vorteil.

... EVENTS

wenn sie die Voraussetzungen bietet, in besonderem Maße „Emotionen“ bei Besuchern der Veranstaltung zu wecken. Die Veranstaltungsarten sind dabei weit gefasst, von Vorträgen über Präsentationen bis hin zu Bankettveranstaltungen und Incentives. Beachten Sie dazu die Hinweise auf der Seite 27–28 unter „Geeignete Eventformen“.

Meter Entfernung eine Distanz ist, die per Fuß zu bewältigen ist. Der Weg zwischen Location und Hotel bis zu fünf Kilometern scheint unproblematisch per Shuttle realisierbar, 15 Kilometer Distanz sind ein deutliches Zeichen dafür, dass Transportprobleme nur mit einem erheblichen Aufwand an Zeit und Organisation zu bewältigen sind. Grundsätzlich wurde bei den Angaben davon ausgegangen, dass sich die Tagungs- und Übernachtungskapazitäten kongruent darstellen.

Das Besondere

In der im Porträtteil platzierten Übersicht werden die Besonderheiten der jeweiligen Location noch einmal auf einen Blick hervorgehoben. Hier sind die Vorzüge des Tagungsortes dargestellt, um den Nutzern eine bessere Orientierung zu ermöglichen. Darüber hinaus wird unterstellt, dass die porträtierte Location weitere positive Aspekte vorweisen kann, die zum Gelingen einer Tagung wesentlich beitragen können.

Die Location ...

... stellt im Rahmen eines Kurzporträts dar, welchem ursprünglichen oder momentanen Zweck der Veranstaltungsort diente oder dient.

Das Locationporträt

Für die Locationbeschreibungen zeichnet jeweils ein Journalist oder eine Journalistin verantwortlich. Sie entsteht nach dem persönlichen Besuch vor Ort und erhebt auch den Anspruch einer Qualitätseinschätzung; Marktinformationen, persönliche Kompetenz, geführte Gespräche und Beobachtungen während des Besuches fließen in das Porträt ein. Dabei sind die Tagungsräume und deren Ausstattung, die installierte Medientechnik und der Gesamteindruck der Location von besonderem Interesse. Allergrößte Beachtung wird der Serviceleistung und der Sachkompetenz der Mitarbeiterinnen und Mitarbeiter zuerkannt. Die Lage und die Umgebung sowie die Erreichbarkeit des Veranstaltungsortes werden ebenfalls im Rahmen der Reportage berücksichtigt, nicht selten spielt die Geschichte der Landschaft oder der Stadt sowie des Tagungsortes eine gewichtige Rolle. Das Angebotsverhalten sowie der Internetauftritt der Location fließen in die Darstellung des Gesamteindruckes ein. Die Kurzreportagen stellen insbesondere den „Geist" der jeweiligen Location, das Spezifische, das, was sie zum Unverwechselbaren macht, in den Mittelpunkt der Darstellung.

Die Fotos

Vier Fotos zu jeder Location ergänzen die Rubriken und den Porträtteil. Sie tragen zur Vermittlung eines Gesamtbildes bei und sind geeignet, eine Vorstellung vom Veranstaltungsort, von den Räumlichkeiten sowie den Möglichkeiten, die auch das Umfeld bietet, zu entwickeln.

2025

67 besondere Tagungs- und Eventlocations im Überblick

Die geheime Welt von Turisede

Das vergessene Volk der Turiseder soll vor knapp 1.000 Jahren in der Zentrallausitz, irgendwo zwischen dem Spreewald, dem polnischen Bunzlau und dem niederschlesischen Görlitz, gesiedelt haben. Deren Lebensweise wieder zu revitalisieren, hat sich eine Gruppe von Enthusiasten um Jürgen Bergmann verschrieben. Entstanden ist eine grüne Abenteuerwildnis voller verschlungener Wege, Geheimgänge und Wunderlichkeiten, mit einem Baumstammlokal und dem Theater „Krönum“. Durch die spielerische Verbindung zwischen Kunst, Kultur und Natur ist die Welt von Turisede der passende Ort für kreative Fachtagungen. So präsentiert beispielsweise im November die geheime Welt von Turisede die „Fachtagung der Querdenker“, ideal geeignet für Freizeitparkbetreiber, Architekten, Zoodirektoren, Amtsleiter, Künstler, Spielträumer und Interessierte; Andrea Grudda, Jürgen Bergmann und Kelvin Autenrieth haben hier schon referiert. Die Atmosphäre könnte geeigneter nicht sein: Es gibt keine geraden Linien, keine geometrisch korrekten Formen, dafür ist aber alles aus echtem turisedischem Baustoff, aus Holz, gefertigt. Weitgereiste, die die Gastfreundschaft der Turiseder mehrere Tage in Anspruch nehmen, wohnen in Baumhäusern und können sich davon überzeugen, dass das Slawenvolk bereits allen erdenklichen Luxus kannte – vom Wasserklosett über Kitchenetten bis hin zu komfortablen Liegemöglichkeiten. Das sind die Rahmenbedingungen, die Veranstalter in der geheimen Welt der Turiseder vorfinden, wenn sie kreative Workshops oder außergewöhnliche Events im Turisederland planen. Denn: Diese Welt übt natürlich eine große Faszination auf Gäste aus, die überträgt sich jedoch auch auf Firmenmitarbeiter und Kreative. Für deren Arbeitsprozesse stehen neben dem Semibarum, einem Tagungsraum nebst einer Break-out-Zone, auch das Krönum, das „Theater zum Essen“, sowie eine Reihe von Grillplätzen und „Beratungsorten“ auf dem 10 Hektar großen Gelände zur Verfügung. Gruppen mit bis zu 200 Teilnehmern können im Reich der Turiseder ihrer Phantasie freien Lauf lassen, Projekte entwickeln oder an ihrer Teamfähigkeit arbeiten. Grenzüberschreitend stehen dafür im polnischen Teil Bielawa Dolna auch ein Escaperoom sowie eine Camera obscura zur Verfügung. *Thomas Kühn*

TAGUNG/EVENT

Besonders geeignete Tagungsformen:
Seminare, Konferenzen, Meetings

Besonders geeignete Eventformen:
Bankette, kulturelle Veranstaltungen, Präsentationen, Großveranstaltungen, Vorträge, Incentives

Räume:

Raumzahl:	3
Raumgrößen:	100 – 500 m²
Kapazität:	199 Pers.

HOTEL-KAPAZITÄTEN

im Umkreis von 15 km	500 Zimmer
Eigener Logisbereich	70 Zimmer

CATERING

gebunden

A 4: 30 km

Fern: Dresden, 100 km
Nah: Görlitz, 15 km

Dresden: 100 km

DIE LOCATION ...

... ist Teil des Betriebsgeländes der Künstlerischen Holzgestaltung Bergmann GmbH, deren Produkte (Baumhäuser, Kunstobjekte und Holzinstallationen) über ein hohes Maß an „Kreativpotential“ verfügen. Sie ist eine grüne Abenteuerwildnis voller turisedischer Wunderlichkeiten sowie mit zahlreichen Möglichkeiten für die Durchführung außergewöhnlicher Tagungen und Events.

Die geheime Welt von Turisede

DIE GEHEIME KULTURINSEL EINSIEDEL WELT VON TURISEDE

DAS BESONDERE

Das Projekt präsentiert sich **naturnah und grenzüberschreitend** in den Neißeauen nördlich von Görlitz sowie in dem benachbarten Erlebnisdorf Bielawa Dolna.

Für Gruppen, die mehrere Tage die Gastfreundschaft der Turiseder nutzen, stehen Übernachtungsmöglichkeiten, auch Gemeinschaftsunterkünfte, im **ersten Baumhaushotel Deutschlands** zur Verfügung.

Jährlich findet die **Fachtagung „Erlebnisinszenierungen“** im Abenteuerfreizeitpark statt.

02829 NEISSEAUE, OT ZENTENDORF

Kulturinsel Einsiedel 1
Tel. +49 35891 491-13
buchung@turisede.de
www.turisede.com

Die Limbacher Stadthalle erzählt eine lange Geschichte! Ihre interessante und abwechslungsreiche Historie reicht bis in das Jahr 1826 zurück, die Anfänge sind in dem damals errichteten Gasthof „Zum roten Hirsch" zu finden. Der wurde beständig erweitert und umgebaut, seine Besitzer wechselten regelmäßig. Die wichtigste Zäsur in jüngerer Geschichte erlebte das Haus im Jahr 2001, als die Stadt Limbach die wohl umfangreichsten und aufwändigsten Sanierungsarbeiten und Erweiterungsbauten ausführen ließ. Drei Jahre später wurde das Ensemble dann der Öffentlichkeit übergeben und fungiert seitdem als regionales Veranstaltungszentrum sowie als Tagungs- und Eventlocation mit überregionaler Bedeutung. Signifikant ist das Zusammenspiel von Altem und Neuem – möglich macht das eine beeindruckende Glaskonstruktion: Sie verbindet nicht nur den historischen Teil, das Gebäude des traditionellen ehemaligen Hotels „Hirsch", mit dem modernen Stadthallenbau, sondern dient im Innern auch als repräsentatives und lichthelles Entree, das gleichermaßen knapp 50 m² Aktionsfläche für Präsentationen und Ausstellungen bietet. Von besonderem Interesse dürften die zwei ebenerdig gelegenen Säle des Hauses sein – jeweils separat nutzbar, lassen sie sich mittels einer flexiblen Trennwand auch miteinander verbinden und bieten in summa knapp 800 m² Raum und Platz für eine Vielzahl von Veranstaltungsformaten. Flexibel möblierbar steht darüber hinaus im Großen Saal eine fest installierte Bühne zur Verfügung. Die Einbeziehung der historischen Gebäudesubstanz gewährleistet zusätzlich nutzbare Flächen: Die Kapazitäten der 200 m² großen Hirschbar im ursprünglichen Hotelbau können ebenfalls in Veranstaltungsplanungen einbezogen werden – als gastronomisch nutzbare Fläche oder für separate Veranstaltungsteile. Künstlergarderoben und Lagerräume finden sich ebenfalls ebenerdig. Weitere zwei miteinander kombinierbare Tagungsräume stehen im Obergeschoss der Stadthalle zur Verfügung. Tagesbelichtet und mit moderner Technik ausgestattet sind sie kleineren Veranstaltungsformaten vorbehalten, alternativ stehen sie als Gruppenarbeitsräume für Konferenzen zur Verfügung. Die Limbacher Stadthalle knüpft an die Tradition des Ortes an und schreibt sie zeitgemäß fort. *Thomas Kühn*

Lange Tradition!

TAGUNG/EVENT

Besonders geeignete Tagungsformen:
Seminare, Meetings

Besonders geeignete Eventformen:
Bankette, kulturelle Veranstaltungen, Präsentationen, Großveranstaltungen, Vorträge, Messen

Räume:

Raumzahl:	5
Raumgrößen:	100 – 1300 m²
Kapazität:	1.000 Pers.
Präsentationsfläche:	1.300 m²

HOTEL-KAPAZITÄTEN

im Umkreis von

1 km	50 Zimmer
5 km	85 Zimmer
15 km	340 Zimmer

CATERING

gebunden

A 4: 3 km
A 72: 3 km

Fern: Chemnitz Hbf., 14,5 km
Nah: Burgstädt, 7,5 km

Dresden: 88 km
Leipzig: 103 km

DIE LOCATION ...

... ein modernes Veranstaltungszentrum, das nach umfassenden Sanierungs- und Erweiterungsarbeiten, die im Jahr 2004 erfolgreich abgeschlossen wurden, als regionales Veranstaltungszentrum fungiert, jedoch auch für Tagungs- und Eventveranstaltungen überregionale Bedeutung hat. Signifikant ist die Verbindung von Altem und Neuem – das Gebäude des einstigen Hotels „Hirsch" ist mit dem Neubau durch eine beeindruckende Glasarchitektur verbunden.

Stadthalle Limbach-Oberfrohna

STADTHALLE
Limbach-Oberfrohna

DAS BESONDERE

Die Stadthalle Limbach präsentiert sich als **modernes Veranstaltungszentrum mit unverkennbar historischen Bezügen** – funktional eingerichtet und ausgestattet, sind alle Anforderungen an eine moderne und zeitgemäße Tagungs- und Eventlocation erfüllt.

Die **Flexibilität der Räume,** die **moderne Medientechnik** sowie zahlreiche Möglichkeiten für **diverse Möblierungen** ermöglichen es, in der Stadthalle Limbach zahlreiche Veranstaltungsvarianten umzusetzen.

09212 LIMBACH-OBERFROHNA

Jägerstraße 2
Tel. +49 3722 469319
info@stadthalle-limbach.de
www.fzlo.de

© Foto Alex Huefner

Die ersten Strahlen der aufgehenden Morgensonne vertreibt, was die Nacht gelassen hat – Nebel steigt über dem Wasser auf, Entenfamilien suchen noch ihr Frühstück, das der klopfende Specht in der Ferne längst gefunden hat. Eine Gruppe macht sich für die erste Fahrt mit Kanus auf dem stillen Wasser bereit, deutlich sichtbar an den orangenen Schwimmwesten. Sie werden drei Tage im „360° by teamgeist“ in Heidesee, südlich von Berlin, nahe Königswusterhausen verbringen, Outdoorerfahrungen sammeln und zum Team zusammenfinden, garantiert! So oder ähnlich wäre das Setting zu beschreiben, das sich am Ufer des Wolziger Sees, eines der vielen Seen im Schutzgebiet Naturpark Dahme-Heideseen, seit August 2024 nahezu täglich abspielt. Denn: Nach vielen Jahren der Planung und reger Bautätigkeit konnte das Team um Isabel und Michael Haufe, die Macher und Inhaber von Deutschlands wichtigsten Spezialisten für Teambuildings, der Teamgeist GmbH, eine Location eröffnen, deren Konzept als einzigartig gelten kann! Unmittelbar am Seeufer gelegen ist ein Campus entstanden, dessen Mittelpunkt von einem architektonisch beachtenswerten Gebäude dominiert wird: Im lichthellen Fusion House werden Ankommende begrüßt und finden ihre, teilweise miteinander kombinierbaren Tagungsräume. Ergonomisch eingerichtet und stilistisch im Norden Europas verortet fügen sich auch die 53 Appartements und Zimmer in diesen Kontext – Wohnen und Arbeiten überlappt sich funktional. Wichtiger als das Interieur allerdings ist das „Drumrum“, die zahlreichen Möglichkeiten, die das weitläufige Gelände und die spektakuläre Natur bieten! Jahreszeitlich unabhängig setzen die Outdoorprofis maßgeschneiderte Konzepte um – mit der 30-jährigen Erfahrung und einer beeindruckenden Hard- und Software: Neben Segelbooten und Kanus, Drachenbooten, Flößen und Bogenschießanlagen können auch Remote- und Hybridevents mit bis zu 2.000 Teilnehmenden umgesetzt werden. Egal ob Führungskräftetrainings, „Agile Teams“, Teamoffsides, Strategie- und Visionsworkshops – der Umsetzung anspruchsvoller zukunftsweisender Veranstaltungskonzeptionen, die der Entwicklung des „Wir-Gefühls“ dienen und den Teamspirit als Erfolgsgarant in den Mittelpunkt stellen, sind (nahezu) keine Grenzen gesetzt. *Thomas Kühn*

Einzigartig – und natürlich!

TAGUNG/EVENT

Besonders geeignete Tagungsformen:
Seminare, Klausuren, Kongresse, Meetings

Besonders geeignete Eventformen:
kulturelle Veranstaltungen, Vorträge, Präsentationen, Großveranstaltungen, Incentives, Messen

Räume:

Raumzahl:	5
Raumgrößen:	30 – 140 m^2
Kapazität:	200 Pers.

HOTEL-KAPAZITÄTEN

im Umkreis von

5 km	25 Zimmer
15 km	200 Zimmer
Eigener Logisbereich	53 Zimmer

CATERING

gebunden

A 12: 15 km

Fern: Flughafen BER, 35 km
Nah: Friedrichsdorf, 8 km

Berlin-Brandenburg:
35 km

DIE LOCATION ...

... ist ein im August 2024 eröffneter Outdoorcampus. Die unmittelbare Nähe zu Berlin sowie die faszinierend schöne Natürlichkeit des Dahme-Seengebietes sind wesentliche Standortvorteile der Location, die von den erfahrenen Veranstaltungsprofis der Teamgeist GmbH betrieben wird.

360° by teamgeist

DAS BESONDERE

Die **Konzentration aller Möglichkeiten und Veranstaltungsvariationen** an einem – verkehrsgünstigen, naturnahen – Standort, ideale Verkehrsanbindungen und die Hauptstadtnähe machen das „360° by teamgeist“ zu einem einzigartigen Ort mit gewaltigem Erfahrungspotential.

Unmittelbar mit dem Erfolgsanspruch der „Teamgeister“ verbindet sich der **Nachhaltigkeitsanspruch:** Das Fusion House wurde nach ökologischen Grundsätzen errichtet, alle Aktionen in der Natur sind von Respekt und Rücksichtnahme geprägt.

15754 KOLBERG

Wolziger See 1
Tel. +49 33768 208620
business360@teamgeist.com
www.360-teamgeist.com

Historisch einzigartig und authentisch

Seit Jahrhunderten übt die Natur der Schorfheide nördlich von Berlin ihre Faszination aus: Kaiser, Könige und andere Potentaten sind ihr erlegen – schließlich ist die Entfernung von Berlin überschaubar. Bis in die 80er Jahre des 20. Jahrhunderts dienten weite Teile der ausgedehnten Wälder als Staatsjagdgebiet. In den 90er Jahren wurde die Region zum Biosphärenreservat Schorfheide-Chorin erhoben. In diesen Kontext ordnet sich die Errichtung des vom Verband der Metall- und Elektroindustrie in Berlin und Brandenburg e.V. getragenen Ringhotels Schorfheide ein. Dessen preisgekrönte Architektur, seine Ausstattung und Einrichtung und seine überregionale Positionierung als Tagungshotel haben dem Haus eine kontinuierliche Nachfrage beschert. Erst im Jahr 2015 jedoch gelang es, das Gelände zu arrondieren – zwei in unmittelbarer Nachbarschaft gelegene Locations vervollständigen nunmehr das Hotelangebot. Zum einen wird das historische Jagdschloss Hubertusstock im Portfolio des Hotels geführt: Nur wenige Schritte neben dem Hotel gelegen, fasziniert das Haus als „historisches Schwergewicht". Schließlich fungierte es als offizielle Jagdresidenz des deutschen Staatsoberhauptes in der Zeit des Deutschen Kaiserreiches und der Weimarer Republik und erfuhr eine vergleichbare Funktion bis in die späten 80er Jahre. Legendär ist der Aufenthalt Helmut Schmidts anlässlich seines Staatsbesuchs 1981. Heute sind drei Räume ganz unterschiedlicher Anmutung im Haus nutzbar, etwa der Jagdkeller oder das 185 m² große Hubertuszimmer; Schmuckstück dürfte das im Obergeschoss befindliche Kaminzimmer sein. Alle Räume sind für Veranstaltungen mit Vortragscharakter oder für Bankettveranstaltungen geeignet. Über eine ganz andere Anmutung verfügt die zweite Location, das historische Bootshaus. Ebenfalls nur wenige Meter vom Hotel entfernt liegend, begeistern die Ruhe der umgebenden Natur, die Schönheit des Werbellinsees, von der schon Theodor Fontane schwärmte. Es eignet sich insbesondere für Veranstaltungen mit bis zu 20 Teilnehmern, das sich anschließende 1.000 m² große Grundstück kann ebenfalls genutzt werden. Ringhotel Schorfheide präsentiert zwei Locations der Extraklasse – historisch einzigartig und authentisch. *Thomas Kühn*

TAGUNG/EVENT

Besonders geeignete Tagungsformen:
Seminare, Klausuren

Besonders geeignete Eventformen:
Bankette, kulturelle Veranstaltungen, Vorträge, Incentives

Räume:

Raumzahl	
Jagdschloss:	3
Bootshaus:	1
Raumgrößen:	40 – 185 m²
Kapazität:	90 Pers.

HOTEL-KAPAZITÄTEN

Eigener Logisbereich 75 Zimmer

CATERING

gebunden

A 11: 10 km

Fern: Berlin, 90 km
Nah: Eberswalde, 25 km

Berlin-Brandenburg: 105 km

DIE LOCATION ...

... ist zum einen das aus dem späten 19. Jahrhundert stammende Jagdschloss Hubertusstock, die ehemalige offizielle Jagdresidenz deutscher Staatsoberhäupter, zum anderen das am Ufer gelegene Bootshaus. Während sich das Schloss historisch-authentisch präsentiert, begeistert das Bootshaus mit seiner unverstellten Naturnähe.

16247

Jagdschloss Hubertusstock

DAS BESONDERE

Der Bezug beider Locations zum Ringhotel Schorfheide versetzt Veranstalter in die Lage, auf die gesamte **Servicepalette des Hotels** zurückgreifen zu können.

Die **Geschichtsträchtigkeit des Jagdschlosses** ist allenthalben spürbar, das Schlosserlebnis unterstreicht die Wertigkeit von Veranstaltungen.

Das Bootshaus besticht durch seine naturnahe Lage und durch die **Schönheit der Umgebung** – der Werbellinsee gilt als einer der schönsten Seen nördlich von Berlin.

16247
JOACHIMSTHAL

Hubertusstock 2
Tel. +49 33363 50-5
verkauf@tagungs-zentrum.de
www.tagungs-zentrum.de

Verlässt man Berlin in Richtung Norden, wandelt sich das Landschaftsbild schnell: Der Anblick stiller Seen, weiter Wiesen und Wälder, dazwischenliegende Ortschaften und scheinbar endlose Alleen, die die Straße säumen, schmeicheln der Seele. Es ist die unspektakulär-spektakuläre Landschaft der Mark Brandenburg, es ist „Fontane-Land" und einer der Sehnsuchtsorte vieler Großstadtmüder. Die intakte Natur, erhaltene oder wiederentdeckte landwirtschaftliche Strukturen, das Leben in überschaubaren Gemeinschaften – nicht nur wechselwillige und abenteuerlustige Berliner erliegen der Faszination dieser Gegend. Auch Tagungs- und Eventveranstalter profitieren von dem Spirit, beispielsweise wenn sie die kurze Wegstrecke nach Birkholz, gleich hinter der Berliner Stadtgrenze, Gut Leben für sich entdecken. Der Ort mag als typisches Angerdorf gelten, dessen Zentrum eine uralte Feldsteinkirche bildet. Häuser und Gehöfte gruppieren sich darum, hinter der zunächst unscheinbaren Fassade der Adresse Dorfstraße 9 findet sich jedoch eine faszinierende Veranstaltungsadresse. Der ehemalige Vierseithof präsentiert sich mit liebevoll Bewahrtem, mit modernem Ergänztem, mit originalem Ursprung und passgenauer (Veranstaltungs-)Infrastruktur. Das professionell agierende, vielköpfige Guts-Team kooperiert mit Freundlichkeit und Kompetenz. Eine Vielzahl von Veranstaltungsformaten kann abgebildet werden: Hochzeitspaare mögen von der wildromantischen Anmutung fasziniert sein, Kreative werden das inspirierende Umfeld zu schätzen wissen und Trainer, die sich der Wissensvermittlung verschrieben haben, sind von den Arbeitsbedingungen begeistert. Neben einer „Eventscheune", die ursprünglich der Viehhaltung diente und die mit moderner Technik und einer Bar ergänzt wurde, steht in der Südscheune ein lichtheller Tagungsraum, dessen Interieur mit alten Holzbalken und gekonnt platzierten Accessoires zu begeistern weiß. Darüber hinaus steht das 7.000 m² große Grundstück für Outdooraktivitäten jeder Art zur Verfügung – fürs Feiern, für naturnahe Breaks, für Wellness- und Saunaliebhaber oder um inmitten einer kleinen Alpakaherde Seminarziele zu verfolgen. Gut Leben begeistert mit Vielfalt und Ursprünglichkeit.

Thomas Kühn

Vielfalt und Ursprünglichkeit

TAGUNG/EVENT

Besonders geeignete Tagungsformen:
Seminare, Konferenzen, Klausuren, Meetings

Besonders geeignete Eventformen:
Bankette, kulturelle Veranstaltungen, Präsentationen, Vorträge, Incentives

Räume:

Raumzahl:	5
Raumgrößen:	27 – 107 m²
Kapazität:	150 Pers.
Präsentationsfläche:	
Outdoor:	1.000 m²

HOTEL-KAPAZITÄTEN

im Umkreis von

5 km	200 Zimmer
Eigener Logisbereich	8 Zimmer

CATERING

gebunden

A 10: 4 km

Fern: Bernau, 6,6 km
Nah: Bernau, 6,6 km

Berlin-Brandenburg: 65 km

DIE LOCATION ...

... ist ein knapp 200 Jahre alter Vierseithof, nördlich von Berlin gelegen. Das Anwesen steht unter Denkmalschutz und wurde in den vergangenen Jahren liebevoll und aufwändig saniert und umgebaut – naturnah und nach ökologischen Grundsätzen. Die Location präsentiert sich heute als historisches Zeugnis, gleichermaßen aber auch als hochmoderne und funktionale Veranstaltungslocation und bietet unter anderem neben einem kleinen Logisbereich ein weitläufiges Außengelände. Ein Standesamt ist eingerichtet.

16321

Gut Leben Landresort

DAS BESONDERE

Die Ursprünglichkeit: Jedes Ausstattungsdetail in allen Locationsbereichen legt ein historisches Zeugnis ab – das begründet die **unvergleichliche Atmosphäre** der Location, die nachhaltig wirkende Tagungs- und Eventerlebnisse garantiert.

Die Vielfalt: Trotz der überschaubaren Kapazitäten bietet Gut Leben für nahezu **jedes Veranstaltungsformat ideale Voraussetzungen.** Moderne Tagungs- und Präsentationstechnik ist vorhanden und die **Service-Crew** des Gutes unterstützt in allen relevanten Fragen Veranstalter fachkundig.

16321 BERNAU BEI BERLIN, OT BIRKHOLZ

Birkholzer Dorfstraße 9
Tel. +49 3338 913896-0
info@gut-leben.berlin
www.gut-leben.berlin

D as wahrhaftige Wappen des Bundeslandes Brandenburg müsste der Storch sein! Vielfach können die imposanten Vögel von Frühjahr bis Herbst beobachtet und bewundert werden – beim Nisten und Brüten, bei der Fütterung der Küken und natürlich, wenn sie bei der Suche nach Beute mit ihren langen roten Beinen majestätisch über die abgeernteten Felder schreiten. Die Tiere genießen hohe Sympathiewerte; einige Orte machen als „Storchenorte" auf sich aufmerksam, übertragen das Leben der Brütenden live im Internet und es gibt sogar einen Storchenzensus im Land! Und so beherbergt auch die nahe Fürstenberg an der Havel gelegene Ortschaft Blumenow „ihr" Storchenpaar – seit mehr als 50 Jahren findet Familie Adebar ihr Zuhause im imposanten Nest auf einem der das traditionsreiche Landgut überragenden Schornsteine. Namensgebend ist es zum Wahrzeichen der Location „Storchenhof Blumenow" geworden. Dessen Geschichte reicht bis in die Anfänge des 14. Jahrhunderts zurück, seit wenigen Jahren befindet es sich in privater Hand und wurde aufwändig und liebevoll zu einer Tagungs- und Eventlocation um- und ausgebaut. Veranstalter wissen um die Faszination des stillen einstigen Vierseithofes, der sich seine Ursprünglichkeit bewahrt hat: Ortstypisch fügen sich die roten Klinkerfassaden der Gebäude vor der Kulisse weiter Wiesen und Wälder des nahen Naturparks um die zentralen Hofflächen – nichts Störendes greift in Veranstaltungsszenarien ein, es gibt Raum und Räume für eine Vielzahl unterschiedlicher Veranstaltungsformate. Im Mittelpunkt des Interesses steht natürlich das Historische Gewölbe, in dem einst wohl Vieh gehalten wurde – daran erinnert u.a. das ursprüngliche Gemäuer. Heute bietet es Platz für Veranstaltungen mit bis zu 80 Teilnehmenden. Eine besondere Offerte für Kreative und „nachdenkliche Kleingruppen" dürfte die autark gelegene ehemalige Schmiede mit ihrer vorgelagerten Terrasse sein – Ungestörtheit und Arbeitsruhe sind garantiert! Sehr schön präsentiert sich der kleine Logisbereich des Hofes – Ferienwohnungen und Appartements bestechen mit der stilsicheren Landhauseinrichtung. Das Storchenhof-Team berät Veranstalter bei der Organisation von Rahmen- und Begleitprogrammen; und dass der Hof offizielles Standesamt ist, versteht sich! *Thomas Kühn*

Faszination Storchenland

TAGUNG/EVENT

Besonders geeignete Tagungsformen:
Seminare, Klausuren, Meetings

Besonders geeignete Eventformen:
Bankette, kulturelle Veranstaltungen, Präsentationen, Vorträge, Incentives

Räume:

Raumzahl:	4
Raumgrößen:	41 – 174 m^2
Kapazität:	80 Pers.

HOTEL-KAPAZITÄTEN

im Umkreis von

1 km	45 Zimmer
5 km	50 Zimmer
15 km	75 Zimmer

Eigener Logisbereich
26 DZ, 10 FeWo und 1 Ferienhaus

CATERING

gebunden

A 11: 50 km
A 24: 50 km

Fern: Berlin Hbf., 110 km
Nah: Dannenwalde, 8 km

Berlin-Brandenburg: 110 km

DIE LOCATION ...

... ist aus dem ehemaligen Gutshof Blumenow hervorgegangen. Die Geschichte des Ortes reicht allerdings bis weit in das 14. Jahrhundert zurück. Nach umfassenden Renovierungs- und Sanierungsarbeiten präsentiert sich die Location als hochmodernes Veranstaltungszentrum, das seine Faszination insbesondere aus seiner ruhigen und störungsfreien Lage am Rande eines Naturschutzgebietes schöpft.

16798

Storchenhof Blumenow

STORCHENHOF BLUMENOW

DAS BESONDERE

Der Reiz **langer Traditionen trifft auf modernes Veranstaltungs-Know-how:** Die umfassende Sanierung und Renovierung des Gutes hatte konsequent die Erhaltung und Bewahrung von historischen Strukturen im Blick, die Möblierung sowie vorhandene Kommunikations- und Präsentationstechnik berücksichtigt hohe Veranstalteransprüche.

Nahe der Bundeshauptstadt gelegen, kann das unmittelbare – natürliche – **Locationumfeld für sich in Anspruch nehmen, Ruhe** zu garantieren.

16798 FÜRSTENBERG/HAVEL

Bredereicher Straße 17
Tel. +49 33087 537423
kontakt@storchenhof-blumenow.de
www.storchenhof-blumenow.de

Ideenlabor

Nomen est omen: „HanseLab“ ist eine Location, deren Angebot sich insbesondere an regionale Unternehmen – und natürlich darüber hinaus – versteht. Sie bezieht in ihr Angebotsportfolio die attraktive Umgebung, die historische Hansestadt Lübeck, bewusst ein und richtet sich mit ihrem sehr speziellen Profil insbesondere an Menschen, Organisationen und Unternehmen, deren Ziel es ist, Change-Prozesse und Transformationsvorhaben erfolgreich zu organisieren und umzusetzen. Im Jahr 2019 eröffnet, präsentiert sich das HanseLab als „agiler Workspace“ – dessen Arbeitsweise zielt darauf, Teams zu befähigen, auf Veränderungen schnell zu reagieren, Entscheidungen unmittelbar zu treffen und eigenständig zu handeln. Das Aufbrechen tradierter Strukturen und das Finden neuer Lösungsansätze sind immanente Bestandteile der Methodik. Die gesamte Einrichtung und Ausstattung des HanseLab ordnet sich dieser Aufgabenstellung unter! Farbenfroh, phantasievoll und kreativ, gleichzeitig ergonomisch, modern und mit moderner Technik ausgestattet, stehen zwei Arbeitsräume zur Verfügung. Deren Setting ist variabel und kann der jeweiligen Trainingssituation angepasst werden. Während der Raum „Plenary“ mit der flexiblen modularen treppenartigen Bühne beeindruckt und sich insbesondere für Kommunikationssituationen der gesamten Gruppe eignet, können im Raum „Sprintarea“ Arbeitsinseln für Gruppenarbeitssequenzen installiert werden. In beiden Räumen besticht gleichermaßen die hochfunktionale Einrichtung und Ausstattung. Zwei weitere Aktionsflächen verdienen Beachtung: Für informelle Breaks wird von Teilnehmern gern die Candy-Bar im Eingangsbereich genutzt. Vielfältige Möglichkeiten bietet indes der Raum Recreation – zum Pausieren, für den gesetzten Lunch oder einfach, um die entspannte Atmosphäre zum Netzwerken zu nutzen. In der unmittelbar angeschlossenen Küche werden von Caterern schmackhafte Mahlzeiten bereitet. Das Team des HanseLab begleitet einerseits als VeränderungsCoaches Organisationen in ihrer Entwicklung und andererseits als Gastgeber für alle Fragen rund um die geplante Veranstaltung. *Thomas Kühn*

TAGUNG/EVENT

Besonders geeignete Tagungsformen:
Seminare, Klausuren, Meetings

Besonders geeignete Eventformen:
kulturelle Veranstaltungen, Präsentationen, Vorträge, Incentives

Räume:

Raumzahl:	4
Raumgrößen:	15 – 75 m²
Kapazität:	50 Pers.

HOTEL-KAPAZITÄTEN

im Umkreis von

1 km	20 Betten
5 km	3.000 Betten

CATERING

frei wählbar; Empfehlungen durch Hanselab-Team möglich

A 1: 3,6 km
A 20: 5,7 km

Fern: Lübeck Hbf., 3,1 km
Nah: Lübeck Hbf., 3,1 km

Hamburg: 80 km

DIE LOCATION ...

... ist ein agiler Workspace mit aktiven Coaches. Er bietet Teams und Gruppen flexible Veranstaltungsräume auf Basis der agilen Arbeitsweisen. In Workshops unterstützen Veränderungscoaches Teams im Entwickeln von eigenen Lösungen. In Seminaren und Trainings werden Erkenntnisse aus der Praxis und theoretisches Wissen aus den Bereichen Agilität, der systemischen Organisationsentwicklung und Mindfulness vermittelt.

HanseLab

DAS BESONDERE

Veranstalter schätzen insbesondere das **kreative Ambiente** und die **Funktionalität** von Räumen und Einrichtungen sowie die **hochprofessionelle Begleitung und Betreuung** durch Coaches.

Die unmittelbare **Vernetzung von Arbeitssituationen und Regenerationsphasen** – beispielsweise im Recreation-Raum – schafft Synergien und trägt zu einer Atmosphäre bei, in der Arbeit als selbstverständlicher Teil des Lebens begriffen wird.

Die technischen Voraussetzungen für **Live-Streaming-Sequenzen** sind vorhanden.

23566 LÜBECK
Marlistraße 101
Tel. +49 451 1404-403
moin@hanse-lab.com
www.hanse-lab.com

Mit der Umsetzung des Havenwelten-Konzepts hat Bremerhaven Stadtgeschichte geschrieben: Bis 2009 entstand am Flussufer der Weser ein hochattraktives Touristenzentrum – dazu gehören unter anderem das Atlantic Hotel Sail City, eine Shopping-Mall, das Deutsche Schifffahrtsmuseum und das Deutsche Auswandererhaus. Das Klimahaus Bremerhaven hat sich seit seiner Eröffnung nicht nur zu einer der wichtigsten touristischen Attraktionen in Norddeutschland entwickelt, sondern fasziniert auch Tagungs- und Eventveranstalter. Denn: Zum einen sind es die einzigartigen zur Verfügung stehenden Räume und die Vielfalt der Gestaltungsvarianten, die die Umsetzung von anspruchsvollen Veranstaltungskonzepten ermöglichen. Zum anderen sind es die unzähligen Attraktionen, die das Klimahaus auf mehr als 11.500 m² bietet und die in Veranstaltungskonzepte eingebunden werden können: Entlang des 8. östlichen Längengrades unternehmen die Besucher eine Reise um die Welt, erleben in neun verschiedenen Reisestationen klimarelevante Schauplätze in unterschiedlichen Ländern und Klimazonen und erfahren konkrete Klimaschutztipps. Neben hervorragend ausgestatteten Tagungsräumen können Veranstalter auch auf Teile dieser Ausstellung zurückgreifen! So kann beispielsweise ein Vertriebsseminar mit einer Beach-Party auf Samoa gekrönt werden – mit coolen Drinks, aufgekrempelten Hosenbeinen und den Füßen im feinkörnigen Sandstrand der blauen Lagune. Ein besonderes Erlebnis bietet der neue Ausstellungsbereich „Wetterextreme". Auf einer Fahrt mit einer Hubplattform erleben die Besucher durch verschiedene immersive Szenarien extreme Wetterlagen und können deren Ursachen und Folgen erleben und verstehen. Wer hingegen das Schicksal der Erde selbst in die Hand nehmen möchte, stellt im World Future Lab seine Kreativität und sein strategisches Geschick im Teamwork unter Beweis. In der Eventküche informieren sich Gäste über klimafreundliche Ernährung oder treten zu einem Kochduell an. Anlässlich der Eröffnung des Klimahauses sprach der Musiker und Umweltaktivist Bob Geldof davon, dass das „Klimahaus ... eine Liebeserklärung an unseren Planeten (sei)". – Sorry Mr. Geldof, es ist mehr als das – es ist eine der faszinierendsten Tagungs- und Eventlocations in Deutschland. *Thomas Kühn*

Mehr als eine Liebeserklärung

TAGUNG/EVENT

Besonders geeignete Tagungsformen:
Seminare, Klausuren, Meetings

Besonders geeignete Eventformen:
Bankette, kulturelle Veranstaltungen, Präsentationen, Vorträge, Incentives

Räume:

Raumzahl: (+ Ausstellungsräume und Foyer)	7
Raumgrößen:	34 – 550 m²
Kapazität:	10 – 800 Pers.
Präsentationsfläche:	1.000 m²

HOTEL-KAPAZITÄTEN

im Umkreis von

1 km	300 Zimmer
5 km	780 Zimmer
15 km	820 Zimmer

CATERING

gebunden

A 27: 3 km

Fern: Bremen, 60 km
Nah: Bremerhaven, 2 km

Bremen: 70 km

DIE LOCATION ...

... ist Bestandteil der Bremerhavener Havenwelten. Die Wissens- und Erlebniswelt bietet Tagungs- und Eventveranstaltern die Möglichkeit, traditionelle Tagungsräume und/oder Teile der Ausstellung für die Umsetzung hochattraktiver Veranstaltungskonzeptionen zu nutzen. Das erfahrene und ausgezeichnete Klimahaus-Veranstaltungsteam berät Veranstalter individuell.

© Hannes Voigts/Klimahaus

Klimahaus Bremerhaven

KLIMAHAUS® BREMERHAVEN

DAS BESONDERE

Die zahlreichen Möglichkeiten, **Tagungen mit einem Rahmenprogramm innerhalb der Ausstellung zu kombinieren,** machen das Klimahaus Bremerhaven zu einer einzigartigen Veranstaltungslocation.

Bei der **kulinarischen Reise um die Welt** werden die Gäste zu Weltentdeckern und probieren in den Reisestationen landestypische Spezialitäten.

Im **World Future Lab** steht die Welt im Mittelpunkt. Es werden globale ökologische Lösungsansätze spielerisch umgesetzt.

© Myrta Knauf/Klimahaus

27568
BREMERHAVEN

Am Längengrad 8
Tel. +49 471 902030-58/-59
veranstaltungen@klimahaus-bremerhaven.de
www.klimahaus-bremerhaven.de

Im geographischen Dreieck von Elbe und Weser – und damit mittig zwischen Hamburg, Hannover und Bremen – gelegen, übt Soltau traditionell eine große Anziehungskraft auf Gäste und Touristen aus. Wesentlich dazu beigetragen hat der hohe Freizeitwert der Region: Freizeitparks, eine Therme sowie ein Outlet-Center locken und die faszinierende Natur der umgebenden Lüneburger Heide lädt zu Entdeckungen und zur Erholung gleichermaßen ein. All diese „Big Points" haben auch Veranstalter seit langem auf ihrer Agenda und schätzen die Heidestadt als Premiumdestination. In diesen Kontext ordnet sich das Hotel Park Soltau ein: Vor den Toren der Stadt, auf einem 47.000 m² großen naturbelassenen Areal gelegen, erfreut sich das Haus einer beständig großen Nachfrage. Die Erweiterung des Veranstaltungsbereichs, insbesondere die Schaffung von zusätzlichen Kapazitäten für Großveranstaltungen, war daher eine Konsequenz. Und so entstand im Jahr 2012 unmittelbar am Hotel der Böhmesaal. Dieser präsentiert sich als multifunktionaler Alleskönner: Klimatisiert und barrierefrei ausgestattet, steht Veranstaltern moderne Kommunikations- und Präsentationstechnik zur Verfügung, unterschiedliche Lichtszenarien können dargestellt werden. Je nach Bestuhlungsvariante finden bis zu 300 Teilnehmer Raum und Platz für Konferenzen, Bankettveranstaltungen und Präsentationen, eine großzügig bemessene Pausenzone gewährleistet stimmungsvolle informelle Breaks, die geschätzte Hotelküche reicht dazu frisch Zubereitetes. Kapazitäten einer angrenzenden Terrasse können in Veranstaltungsplanungen einbezogen werden. Das Haus bietet eine Fülle besonderer Angebote – fürs spielerische Miteinander, auch für außergewöhnliche Teambuildings. So können Gäste beispielsweise auf einer 40 Meter langen Carrera-Bahn ihr fahrerisches Können unter Beweis stellen. Der Flugsimulator einer Boeing 737-800 ermöglicht das Trainieren von Kommunikationsfähigkeiten sowie das Testen von Handlungsalternativen angesichts von Krisensituationen. Letztlich bietet sich eine Vielfalt von Möglichkeiten, die Lüneburger Heide und ihre wunderschöne Natur zu erkunden – natürlich auch per Fahrrad. In summa: Hotel Park Soltau präsentiert sich (Groß-)Veranstaltern als Erfolgsgarant und offeriert Spielerisches mit Mehrwert. *Thomas Kühn*

Erfolgsgeschichte mit Mehrwert

TAGUNG/EVENT

Besonders geeignete Tagungsformen:
Seminare, Konferenzen

Besonders geeignete Eventformen:
Bankette, kulturelle Veranstaltungen, Präsentationen, Vorträge, Messen

Räume:

Raumzahl:	1
Raumgrößen:	380 m²
Kapazität:	300 Pers.
Präsentationsfläche:	360 m²

HOTEL-KAPAZITÄTEN

Eigener Logisbereich 191 Zimmer

CATERING

gebunden

A 7: 7 km

Fern: Soltau, 5 km
Nah: Soltau-Nord, 0,3 km

Hamburg: 70 km

DIE LOCATION ...

... ist ein Multifunktionssaal, integraler Bestandteil des Hotels Park Soltau. Mit hochwertiger Präsentations- und Kommunikationstechnik ausgestattet, bietet er auf 380 m² Platz und Raum für maximal 300 Teilnehmer (Reihenbestuhlung). Große Fensterfronten öffnen den Blick in den angrenzenden Böhmewald und schaffen einen nahezu fließenden Übergang in die grüne Umgebung des Hotels.

29614

Böhmesaal

HOTEL PARK SOLTAU GmbH

DAS BESONDERE

Die **Verbindung des Böhmesaals mit dem Hotel Park Soltau** gewährleistet, dass Veranstalter alle Service- und Dienstleistungen des Hotels in Anspruch nehmen können.

Kongress- und Konferenzveranstaltern steht die Möglichkeit offen, die **Kapazitäten des Böhmesaals mit den Gruppenraumkapazitäten** des Hotels zu ergänzen.

Nachhaltigkeit als zentrales Anliegen: Location bietet E-Ladestationen, eine Photovoltaik-Anlage und verfolgt ökologische Lösungsansätze.

29614 SOLTAU
Winsener Straße 111
Tel. +49 5191 605-0
veranstaltung@hotel-park-soltau.de
www.hotel-park-soltau.de

Raumwunder mit Messe-Anschluss

Das Hannoveraner WIENECKE XI. ist seit seiner Eröffnung 2000 eine der herausragenden Tagungsadressen der niedersächsischen Landeshauptstadt – der Logisbereich glänzt mit 140 bestens ausgestatteten Zimmern – jedes verfügt u.a. über einen großen Flatscreen-TV und Steckdosen mit USB-Port. Veranstaltern steht die Möglichkeit offen, Check-in und Check-out vollumfänglich digitalisiert zu organisieren. Seit 2008 wirbt das Haus mit einer wirklichen Neuerwerbung: Ein zum Hotelkomplex gehörendes Gebäude wurde entkernt und als Multifunktionshalle nutzbar gemacht. Die Ausstattung der Location mit Hardware erfolgte bewusst zurückhaltend, nur so ist eine wirkliche Multifunktionalität gegeben. 1.000 m² Fläche stehen für Veranstaltungen jeglicher Art zur Verfügung, es gibt keine Flächenabstufungen, keine fest installierte Bühne, keine zwingende Platz- oder Sitzanordnung. Ergänzt wird der Saal lediglich durch zwei kleinere Räume (jeweils 48 m² groß). Allerdings wurde in die beeindruckende Lichttechnik erheblich investiert: Großflächig lassen sich insgesamt 16 Millionen (!) möglicher Farbkombinationen und Lichtszenarien darstellen. Selbstverständlich stehen alle notwendigen technischen Anschlüsse zur Verfügung, die große Fensterfront, die sich zu dem Landschaftsschutzgebiet Wülfeler Leineauen öffnet, kann verdunkelt werden – sie bietet aber wohltuende (grüne) Augenblicke bei besonders arbeitsintensiven Veranstaltungen. Veranstalter wissen solche Art „Spielwiesen" besonders zu schätzen, denn nahezu jede Veranstaltungskonzeption lässt sich unter diesen Bedingungen realisieren. Bleiben zwei Umstände zu erwähnen: Zum einen, dass natürlich die professionell agierende Veranstaltungsabteilung des Hotels bei der Planung von Tagungen und Events unterstützend arbeitet. Zum anderen der Umstand, dass das WIENECKE XI. Cateringlösungen nahezu jeder Größenordnung offeriert. Das Congress Centrum WIENECKE XI. dürfte schon allein deshalb dem Hannoveraner Kongressmarkt Impulse verleihen, weil die mittelbare Anbindung zum Messegelände gegeben ist. Zudem ergänzt das Center sinnvoll die Tagungskapazitäten des Hotels. *Thomas Kühn*

TAGUNG/EVENT

Besonders geeignete Tagungsformen:
Konferenzen, Kongresse

Besonders geeignete Eventformen:
Bankette, kulturelle Veranstaltungen, Präsentationen, Großveranstaltungen, Vorträge, Messen

Räume:

Raumzahl:	20
Raumgrößen:	48 – 1.000 m²
Kapazität:	1.600 Pers.

HOTEL-KAPAZITÄTEN

im Umkreis von

1 km	250 Zimmer
5 km	1.000 Zimmer
Eigener Logisbereich	140 Zimmer

CATERING

gebunden

A 7: 4 km
A 37: 4 km
A 2: 11 km

Fern: Hannover Hbf., 6 km
Nah: Hannover Hbf., 6 km

Hannover-Langenhagen: 20 km

DIE LOCATION ...

... ist eine zum Designhotel WIENECKE XI. gehörende 1.000 m² große Multifunktionshalle, die 2008 eingeweiht wurde. Sie besticht durch die Vielzahl der vorhandenen Gestaltungsvarianten. 2010 wurde auf dem Gelände das Hostel Bed'nBudget – Low-Budget-Logisofferten – eröffnet. Die Location präsentiert sich nachhaltig: u.a. Gästen stehen 10 EQ smarts fortwo zur Verfügung, eine Photovoltaikanlage produziert Strom, die Beleuchtung wird energieeffizient gesteuert und zahlreiche Maßnahmen zur Ressourcenreduzierung wurden ergriffen.

30519

Designhotel + Congress-Centrum WIENECKE XI.

DAS BESONDERE

Das Congress Centrum WIENECKE XI. liegt äußerst **verkehrsgünstig** nahe der Hannoveraner Messe und zeichnet sich durch seine **Multifunktionalität** aus.

Hervorragende technische Parameter: Highspeed-Internet über Glasfaserleitungen, 7 E-Ladestationen, Photovoltaikanlage (100.000 kW/Jahr) sowie intelligente Steuerung durch Digitalisierung.

Äußerst sinnvolle Verbindung zum Designhotel WIENECKE XI., günstige Logiskapazitäten im Hostel Bed'nBudget.

WIENECKE XI.

COMPETENCE IN CONFERENCE

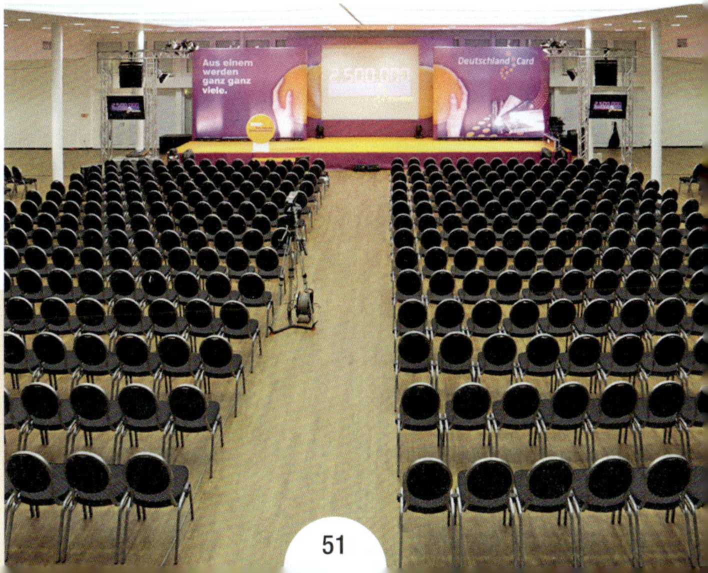

30519 HANNOVER

Hildesheimer Straße 380
Tel. +49 511 12611-538
tagung@wienecke.de
www.wienecke.de

© Phillip Hebold

© HP Pictures

Den nördlichsten Zipfel Nordrhein-Westfalens bezeichnet der Volksmund als „Mühlenkreis“. Das kann nicht wundernehmen, galt – und gilt – dieser Teil der Norddeutschen Tiefebene doch als besonders stürmische Ecke, beste Bedingungen also für Müller und ihre Windmühlen. Ganze 46 liebevoll restaurierte und erhaltene Stücke sollen davon heute noch zu bestaunen sein. Die Gegend ist aber auch bekannt für die Vielzahl von erlebbaren Schlössern und Herrenhäusern, für Interessierte ist sogar eine „Schlösser- und Gartenroute“ angelegt, die sich großer Beliebtheit erfreut. Und unmittelbar an dieser Route, an der Peripherie von Bad Oeynhausen, findet sich eines dieser Kleinode: Schloss Ovelgönne! Bereits im Jahr 922 erstmals urkundlich erwähnt, musste seine Geschichte zwangsläufig von zahlreichen Wendungen begleitet sein, seine Besitzer wechselten wohl häufig, die heutigen Schlossherren sitzen im Bad Oeynhausener Rathaus. Das Anwesen wird indes im Rahmen eines Pachtvertrages bewirtschaftet. Das bedeutet, dass das Wasserschloss zwar musealen Charakter hat, dennoch aber zeitgemäßen Nutzungen offensteht. Und so geben sich auch Tagungs- und Eventveranstalter die Schlossklinke in die Hand – stets im Bewusstsein, eine Premiumlocation nutzen zu dürfen. Und auch wenn das Grün des Schlossparks verlockend ist, sind es insbesondere die Räume, die die besondere Faszination ausmachen. Die Historie bewahrend, sind sie stilsicher und modern eingerichtet und nehmen punktuell Bezug auf das das Schloss umgebende Wasser. Herzstück ist natürlich der Große Saal mit 253 m² variabel zu möblierender Aktionsfläche, eine Bühne ist vorhanden. Nahezu jedes Veranstaltungsformat ist hier im Saal darstellbar – aufgrund seiner Anmutung gilt er auch als besonders repräsentativ. Ausgestattet mit moderner Kommunikations- und Präsentationstechnik stehen auch Videokonferenz- und Studiotechnik zur Verfügung. Weitere Schlossräume sind nutzbar, teilweise sind sie mit Lüftungsanlagen ausgestattet. Veranstalter werden von einer im Haus ansässigen Servicecrew bei ihrer Arbeit begleitet – professionell und erfahren; vier regional tätige Caterer offerieren Angebote für die veranstaltungsbegleitende Kulinarik. *Thomas Kühn*

Historie trifft auf Moderne

TAGUNG/EVENT

Besonders geeignete Tagungsformen:
Seminare, Konferenzen, Meetings

Besonders geeignete Eventformen:
Bankette, kulturelle Veranstaltungen, Präsentationen, Großveranstaltungen, Vorträge, Incentives, Messen

Räume:

Raumzahl:	3
Raumgrößen:	69 – 246 m²
Kapazität:	500 Pers.
Präsentationsfläche:	210 m²

HOTEL-KAPAZITÄTEN

im Umkreis von

1 km	57 Zimmer
5 km	350 Zimmer
15 km	500 Zimmer

CATERING

gebunden

A 2: 5 km
A 30: 0,5 km

Fern: Bad Oeynhausen, 3,4 km
Nah: Bad Oeynhausen, 3,4 km

Hannover: 82 km

DIE LOCATION ...

... ist ein 1740 erbautes Wasserschloss in der Kurstadt Bad Oeynhausen und gehört zu den ältesten Adelssitzen im Kreis. Zwischen 2014 und 2017 umfassend saniert, kann es vollumfänglich für Tagungen und Events genutzt werden. Der Schlossgarten sowie ein sich anschließender Sportplatz können in Veranstaltungsplanungen einbezogen werden. Die Location verfügt über eine zeitgemäße und moderne Technikausstattung und ist behindertengerecht.

© Kathy Baerg Fotografie

32549

Schloss Ovelgönne

SCHLOSS OVELGÖNNE

DAS BESONDERE

Schloss Ovelgönne ist eine **Premiumlocation:** Lage, Einrichtung und Ausstattung genügen höchsten Ansprüchen; alle Räume sind geeignet, einen repräsentativen Rahmen für nahezu jedes Veranstaltungsformat zu bieten.

Das historische Wasserschloss verfügt über eine **zeitgemäße technische Ausstattung.**

Die **Schlossumgebung bietet Ruhe und Beschaulichkeit,** dennoch sind das Stadtzentrum Bad Oeynhausens und die Autobahnanschlüsse nur wenige Fahrminuten entfernt.

32549
BAD OEYNHAUSEN
Eidinghausener Straße 197
Tel. +49 5731 7561592
info@schloss.nrw
www.schloss.nrw

© TMC The Marketing Company

© Patricia Grähling, Stadt Marburg

Wandelbare Vielfalt

Marburg an der Lahn hat Geschichte und kann Geschichten erzählen: Die wundervolle pittoreske Altstadt mit ihren zahlreichen Sehenswürdigkeiten lockt Jahr für Jahr zahlreiche Touristen, und die Studierenden der bereits im Jahr 1527 gegründeten Philipps-Universität und deren Gebäude prägen das Bild der sich weltoffen gebenden Stadt. Das zentral zwischen dem Ufer der Lahn, dem Alten Botanischen Garten und dem Uni-Campus gelegene Erwin-Piscator-Haus setzt dazu einen architektonischen Kontrastpunkt. Nach umfangreichen Sanierungsarbeiten im Jahr 2016 neu eröffnet, stand der Regisseur und Theatermann Erwin Piscator bei der Namensgebung Pate – erinnert wird damit u. a. an Inszenierungen, die er in den 50er Jahren in Marburg arrangierte. Heute beherbergt das barrierefreie multifunktionale Veranstaltungshaus hinter seiner beeindruckenden Glasfassade eine große Zahl an Einrichtungen und Institutionen: Das Restaurant „bottega" verwöhnt kulinarisch, das Hessische Landestheater zeigt seine Großproduktionen auf der Bühne und das Kultur- und Freizeitzentrum KFZ bietet vielseitige gesellschafts- und popkulturelle Angebote. Darüber hinaus steht das Haus auch externen Veranstaltern offen: Neben der Aufführung von gastierenden Kulturproduktionen bietet eine Vielzahl von Räumen und Aktionsflächen beste Voraussetzungen auch für Tagungs- und Eventveranstalter. Herzstück ist natürlich der mit technischen Raffinessen ausgestattete Große Saal mit seinen knapp 1.000 Sitzplätzen: Mittels des anhebbaren Parkettbodens und des fahrbaren Rangs kann eine Theater-Arena dargestellt werden, die Ausstattung mit Kommunikations- und Präsentationstechnik ist zeitgemäß. Foyerflächen auf insgesamt drei Etagen vervollständigen das Raumportfolio – einerseits stehen sie für begleitende Präsentationen und Ausstellungen zur Verfügung, andererseits besteht die Möglichkeit, dank flexibler Trennwände Gruppenarbeitsräume einzurichten – mehrere Veranstaltungen können parallel stattfinden. Sollte darüber hinaus weiterer Raumbedarf bestehen, können ein 300 Teilnehmer fassender Saal sowie ein Clubraum in die Veranstaltungsplanung einbezogen werden. Die gastronomische Versorgung der Veranstaltungsteilnehmer sichern die innovativ arbeitenden Gastro-Profis der „bottega". *Thomas Kühn*

TAGUNG/EVENT

Besonders geeignete Tagungsformen:
Konferenzen, Meetings

Besonders geeignete Eventformen:
Bankette, kulturelle Veranstaltungen, Präsentationen, Vorträge, Incentives, Messen

Räume:

Raumzahl:	4
Raumgrößen:	64 – 660 m^2
Kapazität:	1.400 Pers.
Präsentationsfläche:	350 m^2

HOTEL-KAPAZITÄTEN

im Umkreis von

1 km	527 Zimmer
5 km	264 Zimmer
15 km	230 Zimmer

CATERING

gebunden

B 3 / A 485: 0,1 km
A 45: 40 km
A 49: 40 km

Fern: Marburg, 1,3 km
Nah: Marburg, 1,3 km

Frankfurt: 97 km

DIE LOCATION ...

... ist ein multifunktionales, stadtzentral gelegenes Veranstaltungszentrum. Nach umfangreichen Sanierungsarbeiten wurde es im Jahr 2016 neu eröffnet. Unter seinem Dach offerieren regionale, überregionale und kulturelle Träger ihre Angebote.

Erwin-Piscator-Haus

MARBURG
ERWIN-PISCATOR-HAUS

DAS BESONDERE

Vielfältige Möglichkeiten: Die Konzentration von mehreren Anbietern unter einem Dach erzeugt Synergien; darüber hinaus kann die Freifläche vor der Location ebenfalls in Veranstaltungsplanungen einbezogen werden.

Das 18-köpfige Team des Fachdienstes Veranstaltungsmanagement bietet mit Hauspartnern einen **Fullservice** und begleitet Veranstalter bis zum Veranstaltungserfolg.

Der **fußläufig erreichbare Bahnhof** gewährleistet eine unkomplizierte Anreise mit der Deutschen Bahn.

35037 MARBURG
Biegenstraße 15
Tel. +49 6421 2012149
eph@marburg-stadt.de
erwin-piscator-haus.de

© Georg Kronenberg

Allroundtalent in reizvollster Lage

Rotenburg an der Fulda wurde 1248 erstmals urkundlich erwähnt. Noch heute ist die beeindruckende Historie sichtbar: Schmucke Fachwerkhäuser und enge, verwinkelte Gassen prägen das Antlitz des historischen Teils der Stadt. Hoch über ihr, auf dem Rodenberg, genießen Gäste von Göbel's Hotel Rodenberg den unverstellten Blick über das Fuldatal und das umgebende Grün. Der Rodenberg ist aber mehr als „nur" eine Idylle: Seit Jahren bereits ist die zum Hotel gehörende Multifunktionshalle, Göbel Hotels Arena, eine erste Adresse für Tagungs- und Eventveranstalter. Das hängt unmittelbar mit deren Ausstattung und Einrichtung zusammen, die Veranstaltungsdimensionen und Veranstalterphantasien nahezu keine Grenzen setzen. Denn: Neben 16 teilklimatisierten Seminar- und Gruppenarbeitsräumen im Hotel stehen in der Göbel Hotels Arena zusätzlich zu 2.000 m² Veranstaltungsfläche weitere 8 moderne Tagungsräume zur Verfügung. Deren Ausstattung gilt als vorbildlich, ergonomisches Gestühl und Tageslicht in allen Räumen gelten als Selbstverständlichkeiten. Die Arena selbst brilliert durch die Vielfältigkeit ihrer Nutzungsvarianten. Natürlich können hier Kongresse – mit bis zu 2.750 Teilnehmern – ebenso veranstaltet werden wie Bankette, Shows und Messen. Für deren hochwertige gastronomische Begleitung übernimmt die erfahrene Küchenbrigade des Hotels die Verantwortung. Kreatives Veranstaltungsmanagement gewährleistet die Möglichkeit, zahlreiche Raumvarianten mittels flexibler Trennwände herzustellen, unterschiedliche Settings werden von den für das Hallenmanagement zuständigen Mitarbeitern innerhalb weniger Stunden eingerichtet. Selbstverständlich kann die Göbel Arena mit moderner Präsentations- und Kommunikationstechnik ausgestattet werden, die von Technikverleihern bei Bedarf zur Verfügung gestellt wird. Darüber hinaus ist die Arena auch eine erste Adresse für Sportveranstaltungen – Welt- und Europameisterschaften sind hier bereits ausgetragen worden! Für Trainingslager und Sportevents bietet das Haus ebenfalls umfassende Möglichkeiten. Die zentrale Deutschlandlage und die Einbindung der Arena in das Servicekonzept von Göbel's Hotel Rodenberg sind weitere „Big Points" und vervollständigen das beeindruckende Portfolio des Allroundtalents. *Thomas Kühn*

TAGUNG/EVENT

Besonders geeignete Tagungsformen:
Seminare, Konferenzen, Kongresse, Meetings

Besonders geeignete Eventformen:
Bankette, kulturelle Veranstaltungen, Präsentationen, Großveranstaltungen, Vorträge, Messen

Räume:

Raumzahl:	26
Raumgrößen:	17 – 1.500 m²
Kapazität:	2.750 Pers.
Präsentationsfläche:	600 m²

HOTEL-KAPAZITÄTEN

im Umkreis von

1 km	163 Zimmer
5 km	337 Zimmer
15 km	374 Zimmer
Eigener Logisbereich	192 Zimmer

CATERING

gebunden

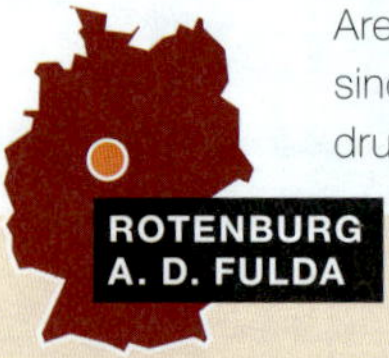

A 4: 20 km
A 7: 20 km

Fern: Bad Hersfeld, 20 km
Nah: Rotenburg a. d. Fulda, 3 km

Frankfurt: 160 km

DIE LOCATION ...

... ist eine mit dem Göbel's Hotel Rodenberg verbundene multifunktionale Mehrzweckhalle, die über ein breit gefächertes Raumangebot, unter anderem über eine 2.000 m² große Veranstaltungsfläche, verfügt. Die Arena ist in das Servicekonzept des Hotels integriert.

Göbel
Hotels Arena

GÖBEL'S
HOTEL
RODENBERG

DAS BESONDERE

Durchdachte Service- und Logistikkonzeption sowie ein großzügig bemessenes Hallenumfeld (ausreichende Parkmöglichkeiten) machen die Göbel Hotels Arena seit Jahren zu einem der führenden deutschen Veranstaltungsorte.

Ausgeprägte Multifunktionalität: Neben Tagungsveranstaltungen – für bis zu 2.750 Teilnehmer – können hier auch Sport- und Showevents veranstaltet werden.

Cateringleistungen werden von der Hotelküche erbracht.

36199 ROTENBURG A. D. FULDA

Heinz-Meise-Straße 98
Tel. +49 6623 4349-0
bankett@goebels-rodenberg.de
www.goebels-rodenberg.de

Die Bad Hersfelder Schilde-Halle begeistert seit ihrer Eröffnung im Jahr 2012 unisono: Die Einwohner der Stadt haben das Haus und die unterschiedlichen Veranstaltungsformate, die es bietet, in ihr Herz geschlossen. Veranstalter von hochwertig inszenierten Events und repräsentativen Tagungen wissen insbesondere die Faszination der unmittelbar wirkenden Historie, die Architektur der Halle, ihre Infrastruktur sowie das Veranstaltungsumfeld zu schätzen. Die geographische Lage sowie die Verkehrsanbindung sowieso – die Festspielstadt kann für sich in Anspruch nehmen, aus allen Himmelsrichtungen gut erreichbar zu sein, die Anbindung an das Streckennetz der Deutschen Bahn und die Autobahnen ist hervorragend. Allesamt Ergebnisse, die den Intentionen von Veranstaltern entsprechen. Bereits seit längerem hatten die Bad Hersfelder über den Umgang mit der mitten in der Stadt befindlichen Industriebrache nachgedacht und sich dann entschlossen, die aus dem Jahr 1874 stammende Architektur zu einer multifunktionalen Veranstaltungshalle umzubauen. So wurde aus dem einstigen Fabrikgelände der Schilde AG der heutige Schilde-Park entwickelt, eine urbane Landschaft mit einer liebevoll gestalteten Parkanlage; ein Parkhaus entstand und die ehemalige Produktionshalle wurde schrittweise zu einer hochinteressanten multifunktionalen Veranstaltungshalle umgebaut. Ein Prozess, der glücklicherweise neben der Installation modernster Technik die Erhaltung alter Gebäudestrukturen berücksichtigte. Und so präsentiert sich die Halle heute als außerordentlich funktionale Veranstaltungsfläche mit deutlichem historisch-industriellem Charme – einzigartig! Sämtliche technische Funktionen, wie etwa die Verdunklung, die Heizung oder die szenische Beleuchtung, werden über Touch-Panels gesteuert. Auf den zwei Gebäudeebenen können unterschiedliche Settings dargestellt werden, der Hallenboden ist befahrbar, Hängepunkte sind ausgewiesen. Darüber hinaus ist die Galerieetage barrierefrei mit einem Fahrstuhl erreichbar. Das große Renommee der Schilde-Halle resultiert unmittelbar aus dem Spannungsbogen zwischen großer deutscher Industriegeschichte und einer faszinierenden Industriearchitektur. *Thomas Kühn*

Spannende Geschichte, große Architektur

TAGUNG/EVENT

Besonders geeignete Tagungsformen:
Seminare, Konferenzen, Meetings

Besonders geeignete Eventformen:
Bankette, kulturelle Veranstaltungen, Präsentationen, Großveranstaltungen, Vorträge, Messen

Räume:

Raumzahl:	3
Raumgrößen:	800 – 1.200 m²
Kapazität:	1.200 Personen
Präsentationsfläche:	
Outdoor:	2.000 m²

HOTEL-KAPAZITÄTEN

im Umkreis von

1 km	230 Zimmer
5 km	130 Zimmer
15 km	310 Zimmer

CATERING

frei wählbar

A 4: 5 km
A 7: 10 km

Fern: Bad Hersfeld, 1 km
Nah: Bad Hersfeld, 1 km

Calden: 70 km
Erfurt: 120 km
Frankfurt: 130 km

DIE LOCATION ...

... ist eine mehr als 100 Jahre alte Fabrikhalle, die – urban in Bad Hersfeld gelegen – aufwändig saniert wurde und seit Sommer 2012 als besondere Veranstaltungslocation zur Verfügung steht. Industrieller Charme und modernste Technik sind deren USPs.

36251

Schilde-Halle
Bad Hersfeld

Schilde Halle
BAD HERSFELD

DAS BESONDERE

Die **technische Ausstattung** in Verbindung mit erhaltenen **historischen Strukturen** macht aus der Schilde-Halle einen funktionalen Alleskönner im bewahrten Industrielook.

Der Schilde-Park direkt vor der Haustür kann in Veranstaltungskonzeptionen eingebunden werden – **2014 wurde der Park mit dem Deutschen Städtebaupreis ausgezeichnet.**

Das Management des Hauses bietet Veranstaltern einen umfassenden **Full-Service**.

36251
BAD HERSFELD
Benno-Schilde-Platz 4
Tel. +49 6621 186 99-00
schilde-halle@bad-hersfeld.de
www.schilde-halle.de

Die Entdeckung umfangreicher Kohlevorkommen und deren Nutzung revolutionierte die Industrie – weltweit! Der Essener Stadtteil Katernberg war Teil dieser Entwicklung, die im 19. Jahrhundert begann: Der Unternehmer Franz Haniel sicherte sich die Förderrechte und nannte das Grubenfeld „Zollverein“. Die Zeche wurde bis 1986 als Steinkohlebergwerk betrieben, heute ist sie nicht nur ein überaus beeindruckendes Industriedenkmal, sondern steht auch synonym für den Wandel einer ganzen Region. Zollverein präsentiert sich als Touristenattraktion sowie als Standort für Kreativ- und Innovationswirtschaft, Bildung und Freizeit. Dass Tagungs- und Eventveranstalter dieses Potential erkannt haben, ist nicht verwunderlich. Neben der beeindruckenden Architektur tragen insbesondere die beachtlichen Kapazitäten und die sich daraus ergebenden Gestaltungsmöglichkeiten zur Faszination des Ortes bei. Rund 50 Gebäude und Räume, davon insgesamt sechs Veranstaltungshallen der Stiftung Zollverein, stehen auf dem 100 Hektar bietenden Gelände für die Planung und Durchführung unterschiedlichster Veranstaltungsformate zur Verfügung – Veranstalterphantasien sind nahezu keine Grenzen gesetzt! So präsentieren sich beispielsweise die Hallen 5, 6 und 12 als bestechende „Alleskönner“: Ihre unverstellte Architektur, ihre Raumhöhen und die unmittelbare Nähe zueinander, die Kombinationen zulässt, gewährleisten die Durchführung einer Fülle von Veranstaltungsformaten. Für Großveranstaltungen, Messen und Präsentationen bietet die authentische Industriearchitektur eine einmalige Kulisse, die Befahrbarkeit der Böden und große Hallentore gewährleisten Praktikabilität, notwendige technische Veranstaltungsausstattungen sind uneingeschränkt umsetzbar. Das Team der Stiftung Zollverein steht Veranstaltern bei der Planung und Umsetzung hilfreich zur Seite, Technik, Ausstattungsmodule, Bühnensegmente und Mobiliar werden aus eigenem Bestand angeboten. Darüber hinaus kann bei Bedarf auf den Service externer Dienstleister zugegriffen werden. Die Erfahrung lehrt: Spätestens nach Veranstaltungsende sind nicht nur die Teilnehmer von der „schönsten Zeche der Welt“ begeistert!

Thomas Kühn

„Die schönste Zeche der Welt“

TAGUNG/EVENT

Besonders geeignete Tagungsformen:
Seminare, Konferenzen, Kongresse, Meetings

Besonders geeignete Eventformen:
Bankette, kulturelle Veranstaltungen, Präsentationen, Großveranstaltungen, Vorträge, Incentives, Messen

Räume:

Raumzahl:	7
Raumgrößen:	50 – 2.000 m²
Kapazität:	1.230 Pers.
Präsentationsfläche:	2.000 m²

HOTEL-KAPAZITÄTEN

im Umkreis von

5 km	350 Zimmer
15 km	350 Zimmer

CATERING

frei wählbar

A 42: 10 km

Fern: Essen Hbf., 6,3 km
Nah: Bahnhof Zollverein-Nord, 0,3 km

Düsseldorf: 35 km

DIE LOCATION …

… ist die einst größte Steinkohlezeche der Welt. Nach deren Stilllegung im Dezember 1986 wurde sie zu einem einzigartigen Erlebnisareal gewandelt: Sie gilt heute als Wahrzeichen des Ruhrgebietes und wurde im Jahr 2001 von der UNESCO zum Bestandteil des Welterbes erklärt. Unterschiedlichste Veranstaltungsformate können in 6 Veranstaltungslocations präsentiert werden.

© Stiftung Zollverein / Thomas Willemsen

45327

UNESCO-Welterbe
Zollverein

Stiftung Zollverein

DAS BESONDERE

Zweifellos ist die **Authentizität des Ortes** das bestechendste Merkmal des UNESCO-Welterbes Zollverein. Zwar wurden Gebäude und Hallen an die Bedürfnisse von Veranstaltern angepasst, dennoch ist der ursprüngliche genius loci allgegenwärtig.

Veranstalter werden von einer **professionell agierenden Servicecrew** der Stiftung Zollverein bei der Planung und Umsetzung von Veranstaltungen begleitet, darüber hinaus kann der Service externer Dienstleister in Anspruch genommen werden.

45327 ESSEN

Bullmannaue 11
Tel. +49 201 24681-355
veranstaltungsmanagement@zollverein.de
www.zollverein.de/eventlocations-stiftung

© Stiftung Zollverein / Sven Lorenz

© Foto Christof Wippermann

© Foto Christof Wippermann

Faszination Industriegeschichte

Anfang des Jahres 1928 präsentierte die Recklinghäuser Zeitung ihren Lesern das neue, im Süden der Stadt errichtete Umspannwerk. Begeistert lobte der Redakteur den Bau als „Meisterwerk zeitgenössischer Baukunst", dessen Erscheinung im Gedächtnis haften bleibe. Sechs Jahrzehnte später wurde das Gebäude in die Denkmalliste Recklinghausens mit der Begründung aufgenommen, dass das Gebäude ein wichtiges Zeugnis der Industriearchitektur der Moderne sei und funktionalistische Stilelemente der 20er Jahre mit zeittypischen Elementen verbinde. Und knapp 30 Jahre später? Von der Faszination des Umspannwerks ist nichts verloren gegangen, im Gegenteil: Noch heute übt der Komplex seine ursprüngliche Funktion aus und wurde – dank des Engagements der damaligen RWE Deutschland AG – für neue Herausforderungen gerüstet! Ein Meilenstein war zweifelsohne im Jahr 2000 die Eröffnung der Dauerausstellung „Strom und Leben", eines faszinierenden Mitmachmuseums. Erweitert und heute unter dem Namen „Zeitreise Strom – Das Deutsche Elektrizitätsmuseum" lässt die liebevoll kuratierte Ausstellung Besuche unversehens zu Entdeckungsreisen in die eigene Jugend geraten. Verloren geglaubte Erinnerungen werden belebt. Und auch Veranstalter haben das Haus für sich entdeckt: Zum einen faszinieren die drei zur Verfügung stehenden Tagungsräume mit ergonomischer Möblierung, der technischen Ausstattung sowie komfortablen Lichtverhältnissen. Punktgenau vorgetragene Serviceleistungen ergänzen das Portfolio inhouse. Zum anderen gewährleisten die hervorragenden Verkehrsanbindungen eine unproblematisch schnelle An- und Abreise. Last, but not least: Die Verbindung komfortabler Tagungsbedingungen mit den musealen Gegebenheiten garantiert ein unverwechselbares Tagungserlebnis: Breaks und Tagungspausen in der Ausstellung zu verbringen und dabei zugleich einen Ausflug in die Vergangenheit zu unternehmen, sich mit Freunden und Kollegen darüber auszutauschen – das fasziniert und garantiert Nachhaltigkeit. Bleibt zu erwähnen, dass die Ausstellung genügend Raum bietet, um Get-together-Situationen in Ausstellungsarealen zu organisieren. Das Umspannwerk Recklinghausen fasziniert – in jedweder Hinsicht. *Thomas Kühn*

TAGUNG/EVENT

Besonders geeignete Tagungsformen:
Seminare, Klausuren, Meetings

Besonders geeignete Eventformen:
Bankette, kulturelle Veranstaltungen, Incentives

Räume:

Raumzahl:	3
Raumgrößen:	30 – 230 m^2
Kapazität:	200 Pers.
Präsentationsfläche:	500 m^2

HOTEL-KAPAZITÄTEN

im Umkreis von

1 km	138 Zimmer
5 km	209 Zimmer
15 km	274 Zimmer

CATERING

gebunden

A 2: 3,3 km
A 42: 3,3 km

Fern: Bochum, 12 km
Nah: Herne, 2,6 km

Dortmund: 52 km
Düsseldorf: 54 km

DIE LOCATION ...

... ist ein im Jahr 1928 in Betrieb genommenes Umspannwerk. Das Haus wird auch heute noch von der Westenergie GmbH getragen; im Jahr 2000 wurde ein faszinierendes Mitmachmuseum eröffnet. Und auch heute noch übt das Werk seine ursprüngliche Funktion aus.

© Foto Ludger Staudinger

45663

Umspannwerk Recklinghausen

ZEITREISE STROM
Das Deutsche Elektrizitätsmuseum

DAS BESONDERE

Die **Verbindung von hochkomfortablen Tagungsbedingungen mit einem musealen Umfeld,** das an die Erfahrungen der Besucher unmittelbar anknüpft, ist das wichtigste Alleinstellungsmerkmal dieser Location.

Das Museumsumfeld lässt **weitreichende Rahmenprogrammplanungen** zu: Fußläufig erreichbar sind beispielsweise der Hafen des Rhein-Herne-Kanals mit seinem Schiffsanleger sowie eine stimmungsvolle Strandbar. Das Außengelände ist ebenfalls nutzbar – etwa für Präsentationen.

45663
RECKLINGHAUSEN
Uferstraße 2 – 4
Tel. +49 2361 9842216
info@zeitreisestrom.de
www.umspannwerk-recklinghausen.de

Reise in die Zwanziger

Kaum eine Epoche übt aktuell eine so große Begeisterung aus wie die 20er Jahre des vergangenen Jahrhunderts: Möglicherweise begann der Boom mit dem Start der ARD-Reihe „Babylon Berlin“ vor gut sechs Jahren. Zwischenzeitlich begeistern stilsicher inszenierte Motto- und Kostümpartys ein enthusiastisches Publikum und die Zahl historischer Filmserien im Pay-TV ist nicht mehr zu überblicken. Die Faszination dieser Zeit ist wohl deren wirtschaftlichem Aufschwung zu verdanken, Wissenschaft, Kultur und Kunst erlebten damals eine bis dahin nicht gekannte Blüte. Die ELORIA Erlebnisfabrik in Bottrop knüpft thematisch daran an. Am Rande der Ruhrstadt gelegen, begeistert in der ehemaligen Waschkaue der Zeche Prosper II seit mehreren Jahren eine interaktive Erlebniswelt: Auf einer Fläche von 1.600 m² ist eine komplette Stadt, Exploria, im Stil der 20er Jahre entstanden. Die perfekte Inszenierung schöpft ihre Faszination aus detailgetreuen Kopien urbaner Alltagssituationen. Unter anderem sind ein Hotel, eine Bank, die Redaktion einer Zeitung, sogar ein Gefängnis und ein Fischgeschäft zu besichtigen, zu betreten, zu berühren und zu erfahren – immer mit dem Ziel, knifflige Rätsel und spannende Missionen zu lösen sowie sagenhafte Geheimnisse zu lüften. Exklusiv für Firmengruppen gibt es den Battlemodus, bei dem verschiedene Gruppen gegeneinander wetträtseln. Damit erschöpfen sich die Möglichkeiten der Location noch lange nicht! Denn natürlich ist es möglich, die gesamte Kulisse für eine Party, für eine Firmenfeier exklusiv zu mieten und die Szenerie stilecht mit der Musik der Zeit sowie mit Showeinlagen zum Leben zu erwecken. Neben Europas größtem Escape Room bietet die ELORIA Erlebnisfabrik & Eventlocation jedoch auch noch weitere spannende Attraktionen. Beliebt bei Gruppen ist beispielsweise ELOLYMPIA, wo sich bei mitreißender Partymusik Kleingruppen in verschiedenen Minispielen in „Schlag den Star“-Manier duellieren. Darüber hinaus steht im 1. Obergeschoss eine äußerst stimmungsvoll wirkende Eventfläche für Tagungsveranstaltungen mit bis zu 200 Teilnehmern zur Verfügung. Zwei Barbereiche komplettieren das Portfolio. In der möglichen Verbindung von Tagungssequenzen mit dem spielerischen Entdecken einer einzigartigen Zeit liegt der besondere Reiz der ELORIA Erlebnisfabrik. *Thomas Kühn*

TAGUNG/EVENT

Besonders geeignete Tagungsformen:
Seminare, Konferenzen, Meetings

Besonders geeignete Eventformen:
Bankette, kulturelle Veranstaltungen, Incentives

Räume:

Raumzahl:	5
Raumgrößen:	80 – 350 m²
Kapazität:	500 Pers.

HOTEL-KAPAZITÄTEN

im Umkreis von

5 km	100 Zimmer
15 km	500 Zimmer

CATERING

frei wählbar

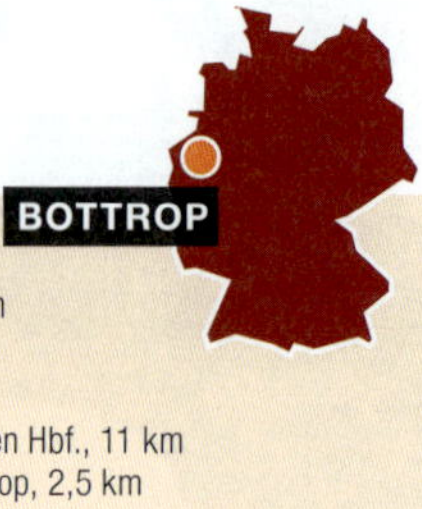

A 42: 5 km

Fern: Essen Hbf., 11 km
Nah: Bottrop, 2,5 km

Düsseldorf: 42 km

DIE LOCATION ...

... ist eine interaktive Erlebniswelt in einem denkmalgeschützten Gebäude in Bottrop, das bis 1986 den Bergmännern der Zeche Prosper II als Waschkaue diente. Sie bietet Indoor- und Outdoorflächen für eine Vielzahl von Veranstaltungsformaten, u.a. ist die Kulisse einer Stadt der 20er Jahre auf 1.600 m² erlebbar. Darüber hinaus können in Europas größtem Escape-Room sowie bei Abenteuersimulationen spielerische Wettstreite ausgetragen werden.

ELORIA Erlebnisfabrik & Eventlocation

46238

ELORIA
ERLEBNISFABRIK

DAS BESONDERE

Die **Inszenierung von Abenteuersituationen, von Entdeckungsreisen und spielerischen Erlebnissen** in unterschiedlichen Kulissen begeistert.

Neben den Aktionsflächen indoor ergänzen weitere **Möglichkeiten outdoor** das Portfolio.

Die Möglichkeit der exklusiven Nutzung der gesamten Halle als Tagungsort und seine Möglichkeiten für die **Inszenierung einzigartiger Rahmenprogramme** machen ELORIA zu einer hochinteressanten Veranstaltungsadresse im Großraum.

46238 BOTTROP

Knappenstraße 36
Tel. +49 2041 5670-666
firmenevents@eloria.de
www.eloria.de

Design Thinking? – Ja klar!

Dass die Zukunft gerade im Mercure Tagungs- & Landhotel Krefeld beginnen würde, war eigentlich zu erwarten – schließlich macht die Mannschaft um Teamchef Walter Sosul seit langer Zeit durch ihre innovative und kreative Arbeit auf sich aufmerksam. Erinnert sei in diesem Zusammenhang an die Positionierung des Hauses als Tagungsdomizil, die Errichtung des Outdoor-Parcours, die einzigartige WSSA-Sandakademie sowie die Markteinführung der K4 Akademie für Erlebnistrainings. Und während die nie enden wollenden akademischen Debatten über die Zukunft des Tagens geführt werden, setzt der Top-Tagungshotelier des Jahres 2011 Sosul den nächsten markanten Meilenstein. Gut zugehört haben er und seine Mannschaft – den Gästen, die über ihre Tagungserfahrungen und ihre Tagungserwartungen berichten und die unisono zu dem Schluss kommen, dass es inzwischen erhebliche Unterschiede zwischen Arbeitswelt und (Hotel-)Tagungswelt gibt. Während sich Kommunikationstechniken weiterentwickelten, wird bei Trainings und Meetings noch immer mit Flipcharts und Overhead gearbeitet. Sosul zieht einen deutlichen Schlussstrich und eröffnet 2015 seine Lern & Denker werkStadt. Auf mehr als 400 m² ist eine Trainingswelt entstanden, die ein Ziel hat: die Schaffung optimaler Bedingungen für kreatives Arbeiten, für intensive Diskussionen, querdenkende Dispute und interaktives Handeln. Dem Credo unterwirft sich die Raumausstattung ebenso wie die installierte Multimediatechnik: schnellstes LAN, interaktive Touchscreens, beschreibbare Tische, Digi-Cams und besonders hochwertige Soundsysteme provozieren Kreativität und schöpferische Kommunikation. Variable und auswählbare Sitzkombinationen sorgen für Arbeitskomfort – beim Kamingespräch ebenso wie in der Sitzgrube, moderne und kreative Trainingsformen sind umsetzbar. Erst im Jahr 2017 sind zwei weitere Räume entstanden: Im „KReativen IDEEN LABOR" erhalten Tagungsteilnehmer Anregungen, um Themen und Problemstellungen in einem interdisziplinären Umfeld zu lösen. Für kommunikationsintensive Gesprächsrunden steht der „veRrückteRaum" mitten im Golfplatz zur Verfügung. Zudem wurde der Raum „ALEXA" von einem Fachmagazin als einer der „coolsten Tagungsräume" ausgezeichnet. *Thomas Kühn*

TAGUNG/EVENT

Besonders geeignete Tagungsformen:
Seminare, Konferenzen, Klausuren, Meetings

Besonders geeignete Eventformen:
Bankette, Incentives

Räume:

Raumzahl:	5
Raumgrößen:	50 – 150 m²
Kapazität:	90 Pers.

HOTEL-KAPAZITÄTEN

Eigener Logisbereich 155 Zimmer

CATERING

gebunden

A 57: 1 km

Fern: Krefeld, 5 km
Nah: Krefeld, 5 km

Düsseldorf: 25 km
Köln/Bonn: 60 km

DIE LOCATION ...

... ist ein im Jahr 2015 neu eingerichteter und ausgestatteter Tagungsbereich im Mercure Tagungs- & Landhotel Krefeld. Auf knapp 400 m² stehen drei technisch besonders hochwertig ausgestattete Räume zur Verfügung. Kreativ gestaltete Breaks sind in- und outdoor umsetzbar. Ein virtueller Rundgang ist unter https://www.mercure-tagungs-und-landhotel-krefeld.de/ möglich.

LERN & DENKER
werkStadt

LERN & DENKER
werkStadt

DAS BESONDERE

Die 1:1-**Entsprechung von (alltäglicher) Arbeitswelt und Tagungsbedingung/-situation** entspricht den Anforderungen an innovatives und kreatives Tagen.

Die **besonders hochwertige technische Ausstattung** macht Prozesse und Abläufe dokumentierbar und ist problemlos übertragbar.

Das **professionell agierende Team** des Mercure-Hauses liefert den veranstaltungsbegleitenden Full Service.

© Foto Makis Foteinopoulos

47802 KREFELD
Elfrather Weg 5
Tel. +49 2151 956361
h5402-sb@accor.com
www.mercure.com

Multifunktionale Eventlocation

Beep“ – erstmals im Jahr 1974 wurde in einem Supermarkt ein Barcode gescannt. Die darin enthaltene Global Trade Item Number (GTIN) ist heute der universelle Standard im globalen Warenaustausch und wird geschätzte sechs Milliarden Mal weltweit täglich gescannt. In diesem Kontext präsentiert sich GS1 Germany als weltweit operierender Player. Seit über 50 Jahren ist das Unternehmen erster Ansprechpartner, wenn es um visionäre Lösungen entlang der gesamten Wertschöpfungskette geht, und gilt inzwischen als Plattform für den Aufbau branchenübergreifender Netzwerke und innovative Wissensvermittlung. Der ideale Ort dafür ist das GS1 Germany Knowledge Center – eine multifunktionale Tagungs- und Eventlocation mit kreativen Raumkonzepten und diversen Nutzungsmöglichkeiten. So bietet das Business Center mit seinen unterschiedlich großen und flexibel gestaltbaren Tagungsräumen den idealen Ort für Veranstaltungen aller Art. Dafür ist das Innovation Center der Kreativ-Hotspot: Mit konventionellen Raumlösungen brechend, wurde eine einzigartige Atmosphäre für kreatives Arbeiten geschaffen. Das versetzt Tagende in die Situation, neue Ideen für zukunftsfähige Produkte und Geschäftsmodelle zu entwickeln. Darüber hinaus lädt das Learning Center zu Zusammenarbeit und Interaktion ein. Ob im „Wohnzimmer“, im „Café“ oder direkt am „Point of Sale“ (POS): Die inspirierende Raumgestaltung regt zum Lernen, Brainstormen und Workshoppen an. Die Metaverse Experience by GS1 Germany ist ein neu entwickelter Lernspace, wo sich in futuristisch gestalteten Räumen der Trend und seine grenzenlosen Möglichkeiten erkunden lassen. Unverzichtbar für zeitgemäßes Tagen ist das Streaming-Studio – es bietet moderne Voraussetzungen für Digital-Events: hochmoderne Technik, Beleuchtungsszenarien und hohe Tonqualitäten. Veranstalter werden bei der Wahl eines geeigneten Caterings fachkundig beraten. Der Standort nahe der Kölner Innenstadt sowie kostenfrei zur Verfügung stehende Parkplätze machen das GS1 Germany Knowledge Center zu einem perfekten Veranstaltungsort. *Thomas Kühn*

TAGUNG/EVENT

Besonders geeignete Tagungsformen:
Seminare, Konferenzen, Meetings

Besonders geeignete Eventformen:
Präsentationen, Vorträge, Incentives

Räume:

Raumzahl:	11
Raumgrößen:	28 – 169 m^2
Kapazität:	bis zu 350 Pers.
Präsentationsfläche:	250 m^2

HOTEL-KAPAZITÄTEN

im Umkreis von

1 km	178 Zimmer
5 km	1.000 Zimmer

CATERING

gebunden

A 57: 3 km

Fern: Köln, 10 km
Nah: Köln, 10 km

Köln/Bonn: 25 km

DIE LOCATION ...

... GS1 Germany ist als Landesorganisation Teil des weltweit agierenden globalen Netzwerkes von GS1; es verfolgt als Dienstleister die Umsetzung und Anwendung moderner Kommunikations- und Prozessstandards. Darüber hinaus steht am Standort Köln ein Seminarzentrum zur Verfügung, das nicht nur mit seiner besonders hochwertigen Ausstattung überzeugt. Bereits seit 2009 schätzen Unternehmen das als Top-Location ausgezeichnete GS1 Germany Knowledge Center in Köln für Meetings, individuelle Weiterbildung und die Entwicklung kreativer Impulse.

GS1 Germany Knowledge Center

DAS BESONDERE

Anders tagen: Die Kombination von multifunktionalen Räumen, modernster Tagungstechnik und interaktiven Experience Areas – die Besucher:innen u.a. auf die Reise ins Metaverse schicken – machen Arbeitsprozesse zu kreativen Erlebnissen.

Kreative Arbeitsumgebung: Das Innovation Center ermöglicht, schöpferisch zu arbeiten und kreativ zu denken. Innovative Ergebnisse sind garantiert.

50933 KÖLN

Stolberger Str. 108a
Tel. +49 221 94714-521
ekaterina.tserliouk@gs1.de
www.gs1-germany.de/branchen-themen/innovation-trends/

Burgen sind per se hochinteressante Veranstaltungsdestinationen: Ihre oftmals lange und spannende, manchmal geheimnisvolle Geschichte, ihre historische Anmutung, originäre Räume und nicht zuletzt die Lage machen die einstigen Adelssitze zu nachgefragten Adressen. Ein Beispiel dafür ist die Domäne Walberberg. Für mit dem PKW anreisende Gäste liegt das Haus äußerst günstig nur einen Kilometer von der BAB 553 entfernt südlich von Köln und nur eine kurze Distanz von Bonn entfernt, die Tram 18 ist fußläufig erreichbar. Die erste urkundliche Erwähnung fällt wohl in das Jahr 1146, unterschiedliche Nutzungen und Bautätigkeiten haben das Anwesen geprägt. Mit Beginn des Jahres 2007 wurde das Anwesen von privater Hand übernommen, die schon zu Zeiten der Dominikaner rund 100 Jahre als Lehrinstitut genutzten Veranstaltungsbereiche wurden vollständig modernisiert, so dass sich an diesem Ort in den letzten 20 Jahren ein erfolgreiches Tagungs- und Eventzentrum etablieren konnte. Die Räume sowie das unmittelbare Umfeld sind exzellente Projektionsflächen für eine Vielzahl von Veranstaltungsformaten. Neben einer großen Zahl von Tagungsräumen, die teilweise miteinander kombinierbar sind und sich in erster Linie für die Arbeit kleinerer und mittelgroßer Tagungsgruppen eignen, präsentiert sich das Theater mit insgesamt über 200 m² Aktionsfläche als größter Veranstaltungsraum, der zudem über eine Empore sowie eine fest installierte Bühne verfügt. Von besonderem Interesse allerdings dürfte die auf dem Areal befindliche Kirche sein – das zwischenzeitlich profanierte Haus macht als „Kulturkirche" Furore. Deren Nutzungsvarianten sind ebenfalls äußerst vielfältig: Neben klassischen Tagungsveranstaltungen kann sie als Präsentationsfläche ebenso wie für Kulturveranstaltungen genutzt werden. Bei der Organisation von Rahmen- und Begleitprogrammen unterstützt die Veranstaltungsabteilung des Hauses mit kompetenter Beratung – zur Wahl stehen unter anderem Schlossbesichtigungen, Mal-, Zeichnen- und Fotoworkshops, die durch geschicktes Branding der Veranstaltenden auch immer ein dauerhaftes Souvenir mit Langzeitwirkung garantieren. Domäne Walberberg begeistert mit Originalität, Authentizität und einer Vielzahl möglicher Veranstaltungsvarianten. *Thomas Kühn*

Originalität und Authentizität

TAGUNG/EVENT

Besonders geeignete Tagungsformen:
Seminare, Konferenzen, Klausuren, Meetings

Besonders geeignete Eventformen:
Bankette, Präsentationen, Vorträge, Incentives, Messen

Räume:

Raumzahl:	20
Raumgrößen:	4 – 350 m²
Kapazität:	300 Pers.
Präsentationsfläche:	500 m²

HOTEL-KAPAZITÄTEN

im Umkreis von

1 km	100 Zimmer
5 km	400 Zimmer
Eigener Logisbereich	60 Zimmer

CATERING

frei wählbar

A 553: 1 km

Fern: Köln Hbf., 24 km
Nah: Brühl Hbf., 4 km

Köln/Bonn: 27 km

DIE LOCATION ...

... ist eine Burganlage, deren Geschichte bis in die Mitte des 12. Jahrhunderts reicht. Bis zum Jahr 2007 nutzte es der Orden der Dominikaner als Kloster, anschließend wurde das Anwesen von privater Hand erworben und wird seitdem als „Schlosshotel Domäne Walberberg" betrieben. Signifikant ist die Vielfältigkeit der zur Verfügung stehenden Räume, unter anderem ein Theater- und ein Festsaal sowie eine Kirche können in die Planung von Veranstaltungen einbezogen werden.

© Foto Jean Paul Philippe

Domäne Walberberg

53332

DAS BESONDERE

Über **900 Jahre Geschichte** bilden den **repräsentativen Rahmen** für die Gestaltung einer Vielzahl erfolgreicher Veranstaltungen, Tagungen und Feste.

Neben Tagungsräumen mit historischer Anmutung stehen ein **Theater-** sowie ein **Festsaal** und sogar eine **Kulturkirche** zur Nutzung zur Verfügung. Der das Anwesen umgebende **Park** kann ebenfalls in Veranstaltungsplanungen einbezogen werden.

Zahlreiche Möglichkeiten für die Organisation anspruchsvoller **Rahmen- und Begleitprogramme.**

53332 BORNHEIM-WALBERBERG

Rheindorfer-Burg-Weg 39
Tel. +49 222785-194
thorsten.philipp@carea.com
www.domaene-walberberg.de

Siegburg, zwischen Köln und Bonn gelegen, blickt auf eine knapp 1.000-jährige Geschichte zurück. Am Fuße des Michaelsbergs entwickelte sich seit dem Hochmittelalter eine reiche Keramik-Tradition, für die die Stadt bis heute bekannt ist. Die Kunstwerke in den Räumen des RHEIN SIEG FORUMS setzen entsprechend außergewöhnliche Akzente und bezeugen die nach wie vor lebendige Tradition der Stadt. Ein betont ruhiges, zurückhaltendes und sehr modernes Interieur in Weiß und Anthrazit vor raumhohen Fensterfronten erzeugt eine transparente, entspannte Atmosphäre. Veranstalter können sich auf die professionelle Tagungstechnik und ergonomisches Mobiliar ebenso verlassen wie auf ein flexibles, eingespieltes Mitarbeiter-Team, das seinen Kunden Rund-um-Service inklusive Catering aus einer Hand anbietet. Veranstalter haben von A bis Z einen festen Ansprechpartner. Auch nachhaltige Tagungskonzepte hat man sich hier auf die Fahnen geschrieben. Geräumige Foyerflächen mit Eingangscounter und großzügigen Theken-Situationen ergänzen die beiden Veranstaltungssäle im Erdgeschoss, der größere verfügt über eine Bühne mit entsprechender Technik sowie eine vielseitig nutzbare Empore. Im Obergeschoss liegen sechs Konferenzräume. Barrierefreier Zugang, Klimaanlage, Tageslicht und Verdunkelungsmöglichkeiten sind überall selbstverständlich. Der öffentliche Platz vor dem Eingang, der im Atriumstil mit Wasserspiel sehr ansprechend gestaltet ist, sowie der hübsche Innenhof des Forums eignen sich bei gutem Wetter bestens für Pausen im Freien oder ein entspanntes Get-together. Siegburg versteht sich unter anderem dank des Anschlusses an das Hochgeschwindigkeitsnetz der Deutschen Bahn als Drehkreuz der Region einschließlich der Beneluxländer. Der Flughafen Frankfurt am Main ist in etwa 40 Minuten erreicht, Köln/Bonn und Düsseldorf noch schneller. Der ICE-Bahnhof Siegburg/Bonn liegt in fußläufiger Entfernung, wer mit dem Pkw anreist, findet unmittelbar am RHEIN SIEG FORUM genügend Parkplätze. Hotels aller Kategorien liegen in der Nähe. Die Innenstadt selbst ist ebenfalls einen Abstecher wert. Der historische Marktplatz in der Fußgängerzone mit seiner vielseitigen Gastronomie lohnt den Besuch.

Katrin Nauber-Happel

hell, modern, geradlinig

TAGUNG/EVENT

Besonders geeignete Tagungsformen:
Seminare, Konferenzen, Kongresse, Meetings

Besonders geeignete Eventformen:
Bankette, kulturelle Veranstaltungen, Präsentationen, Großveranstaltungen, Vorträge, Messen

Räume:

Raumzahl:	8
Raumgrößen:	53 – 1.016 m²
Kapazität:	2.600 Pers.
Präsentationsfläche:	3.000 m²

HOTEL-KAPAZITÄTEN

im Umkreis von

1 km	300 Zimmer
5 km	145 Zimmer
15 km	120 Zimmer

CATERING

frei wählbar

A 3: 1,8 km

Fern: Siegburg/Bonn, 0,7 km
Nah: Siegburg/Bonn, 0,7 km

Köln / Bonn CGN: 18 km

DIE LOCATION ...

... ist das größte Veranstaltungshaus zwischen Köln und Bonn. Auf 3.000 m² bietet es mit zwei großen Sälen, sechs Konferenzräumen und großzügigen Foyers ein modernes und vielseitiges Raumangebot, das für alle Veranstaltungsformate gleichermaßen beste Rahmenbedingungen bietet. Das RHEIN SIEG FORUM liegt am Rande der Innenstadt, der Vorplatz am Eingang wurde von der Stadt Siegburg im Atrium-Charakter mit Wasserspielen sehr einladend gestaltet.

RHEIN SIEG FORUM

53721

RHEIN SIEG FORUM

DAS BESONDERE

Das Forum ist **sehr gut erreichbar, es gibt genügend Parkraum und der ICE-Bahnhof ist fußläufig erreichbar** wie auch die sehenswerte Innenstadt Siegburgs.

Die lichtdurchflutete, transparente Architektur und ein **geradliniges, minimalistisch-schickes Design** in Form und Farben geben dem Haus eine offene und leichte Atmosphäre.

Das **eingespielte Team** des Forums agiert zugewandt und flexibel und bietet seinen Kunden einen **Rund-um-Service aus einer Hand.**

53721
SIEGBURG
Bachstraße 1
Tel. +49 2241 1027100
vertrieb@rhein-sieg-forum.de
www.rhein-sieg-forum.de

Höchstleistung!

Das menschliche Streben nach Höhe hat zahlreiche Gründe: Die Achttausender im Himalaya gelten als Königsdisziplin des alpinen Bergsports, der Burj Khalifa ist nicht nur Dubais Wahrzeichen, sondern gilt auch als das höchste Haus, das je von Menschenhand errichtet wurde, und selbst der Eiffelturm ist mit seinen 330 Metern legendär. Repräsentationsverlangen, die Lust an der scheinbaren Überwindung von Schwerkraft oder einfach nur der Genuss, der Welt ein Stück entrückt zu sein, ursprünglich Großes als klein und damit beherrschbar erleben zu können, spielen wohl eine gewichtige Rolle. Die unmittelbar in der Frankfurter City gelegene Location „FIFTY HEIGHTS" fügt dem ein weiteres Argument hinzu: In der luftigen Höhe von 185 Metern sind die Finanzmetropole und ihr Umland im Rahmen von Events und Tagungen erlebbar! Dafür stehen im Tower 185 – so der Name des Gebäudes – 220 m² Aktionsfläche in der 50. Etage zur Verfügung. Der „WOW!-Effekt" stellt sich unvermittelt ein, zwei Fahrstühle führen in den Aktionsbereich. Dessen 10 Meter hohe Fensterfronten öffnen nicht nur den grandiosen Blick auf die Skyline: Wie Spielzeug wirken die Frankfurter Oper, das Stadion, in dem die Frankfurter Eintracht ihre Heimspiele absolviert, und der Frankfurter Hauptbahnhof, weit greift der Blick bis hin zu den sanften Erhebungen von Taunus und Spessart. Angesichts dessen will es fast scheinen, als ob die ursprüngliche Absicht, zu feiern und zu tagen, in den Hintergrund gerät! Denn natürlich bietet die Location zahlreiche Gestaltungsvarianten, von trendiger Lounge-Möblierung bis hin zur klassischen Reihenbestuhlung sind alle Möblierungsvarianten umsetzbar, maximal 120 Teilnehmer kommen in den Genuss des einzigartigen Rundumblicks. Im Rahmen von Breaks oder eigenständigen Veranstaltungsteilen sind zwei Outdoorterrassen, die insgesamt 740 m² Fläche bieten, nutzbar. Dass Veranstalter auch auf hochwertige Technik zurückgreifen können, versteht sich, zwei großflächige Videowalls sind installiert. Neben dem Premiumcatering ist auch das Event-Management für den Global Player SODEXO keine Herausforderung – und wie könnte es anders sein, Veranstalter können auch in diesem Leistungssegment auf Höchstleistungen vertrauen. *Thomas Kühn*

TAGUNG/EVENT

Besonders geeignete Tagungsformen:
Seminare, Klausuren, Meetings

Besonders geeignete Eventformen:
Bankette, kulturelle Veranstaltungen, Präsentationen, Vorträge, Incentives, Messen

Räume:

Raumzahl:	1
Raumgrößen:	220 m²
Kapazität:	120 Pers.

HOTEL-KAPAZITÄTEN

im Umkreis von

1 km	375 Zimmer

CATERING

gebunden

A 648: 3 km

Fern: Frankfurt Hbf., 1 km
Nah: Frankfurt Hbf., 1 km

Frankfurt: 14 km

DIE LOCATION ...

... ist ein Veranstaltungsraum in der über separate Fahrstühle erreichbaren 50. Etage des Tower 185 in der Frankfurter Innenstadt. Nutzbar sind zum einen eine lichthelle und technisch bestens ausgestattete Veranstaltungsfläche indoor sowie zwei voneinander unabhängig nutzbare Außenterrassen mit jeweils knapp 400 m² Nutzfläche.

FIFTY HEIGHTS

DAS BESONDERE

Das bestechendste Merkmal von „FIFTY HEIGHTS“ ist zweifelsohne die **Höhe und die Exklusivität** der Location: 220 m^2 Veranstaltungsfläche stehen für uneingeschränkte und auch diskrete Nutzungen zur Verfügung, der Rundumblick ist grandios!

Die Veranstaltungsfläche kann **komplett nach Ansprüchen und Bedürfnissen gestaltet** werden, die technische Infrastruktur präsentiert sich modern und umfassend.

Service- und Cateringleistungen werden von dem **erfahrenen SODEXO-Team** geleistet.

60327

60327 FRANKFURT AM MAIN

Friedrich-Ebert-Anlage 35–37
Tel. +49 160 3442343
fifty.heights@sodexo.com
www.fiftyheights.com

Die Eröffnung des Hauses der Begegnung in Königstein im Taunus, unmittelbar vor den Toren Frankfurts, im Jahr 1955 war eine Sensation: Voll des Lobes sprach die Presse vom „modernsten und schönsten Tagungshaus Hessens"! Zehn Jahre nach Kriegsende spielte es als Kommunikationszentrum eine signifikante, auch internationale Rolle. Es fanden bedeutende Tagungen mit internationalen Gästen statt, das Haus entwickelte sich zu einem wichtigen Ort der internationalen Verständigung im Nachkriegsdeutschland. Auch wenn es das Ziel der Erbauer war, dafür einen unprätentiösen Versammlungsort zu gestalten, beeindruckt die Architektur – die Front des Hauses wird von einer mehr als 300 m² großen Glasfassade dominiert, die Fassade schmückt ein Engels-Sgraffito. Die geradlinige Innenarchitektur, Wand- und Bodengestaltungen sind deutliche Reminiszenzen an die Bauhaus-Architektur und demonstrierten Offenheit und Transparenz. Die Nutzung des Hauses der Begegnung erwies sich jedoch zunehmend als kompliziert und nur eine Bürgerinitiative konnte Abrisspläne stoppen. Unter der Ägide der Stadt Königstein im Taunus fanden notwendige und umfangreiche Sanierungsarbeiten statt. So ist das Haus der Begegnung heute als denkmalgeschütztes Zeitdokument wieder erlebbar, verwöhnt Veranstalter und Gäste jedoch mit modernem und hochwertigem Veranstaltungskomfort. Herzstück des Hauses ist natürlich der lichthelle Große Saal mit seiner beeindruckenden Fensterfront und der Empore. Bis zu 600 Teilnehmer – je nach Bestuhlungsform – können das Geschehen auf der fest installierten, 120 m² großen Bühne verfolgen, besonders geschätzt wird die Akustik des Saales. Darüber hinaus sind im Haus weitere lichthelle und modern anmutende Räume unterschiedlicher Größe auf kurzem Wege erreichbar – für Gruppenarbeitssequenzen oder solitäre Veranstaltungen; eine Vielzahl von Veranstaltungsformaten, von Tagungen und Events ist darstellbar. Das Haus der Begegnung steht beispielhaft für die besonders gelungene Sanierung historischer Substanz: Im Jahr 2010 wurde das Haus mit zwei Green Building Awards sowie 2014 mit dem Hessischen Denkmalschutzpreis ausgezeichnet und begeistert Veranstalter mit hochwertiger Veranstaltungskultur in einem einzigartigen Architekturkleinod. *Thomas Kühn*

Ausgezeichnete Location!

TAGUNG/EVENT

Besonders geeignete Tagungsformen:
Seminare, Konferenzen, Kongresse, Meetings

Besonders geeignete Eventformen:
Bankette, kulturelle Veranstaltungen, Präsentationen, Vorträge, Incentives

Räume:

Raumzahl:	7
Raumgrößen:	20 – 550 m²
Kapazität:	600 Pers.
Präsentationsfläche:	255 m²

HOTEL-KAPAZITÄTEN

im Umkreis von

1 km	30 Zimmer
5 km	450 Zimmer
15 km	750 Zimmer

CATERING

frei wählbar

A 3: 20 km
A 5: 20 km
A 66: 18 km

Fern: Frankfurt/M. Hbf., 20 km
Nah: Königstein, 0,8 km

Frankfurt: 20 km

DIE LOCATION ...

... ist ein in den 50er Jahren errichtetes Veranstaltungshaus im Ortszentrum von Königstein im Taunus, das vor wenigen Jahren umfassend saniert wurde, die ursprüngliche Architektur ist dabei erhalten geblieben. Heute präsentiert sich das Haus der Begegnung als moderne Veranstaltungslocation mit einem umfassenden Raumangebot, das mehrfach öffentlich ausgezeichnet wurde.

Haus der Begegnung

Haus der Begegnung | KÖNIGSTEIN Heilklimatischer Kurort im Taunus

61462

DAS BESONDERE

Das Haus der Begegnung präsentiert sich als **architektonisches Zeugnis seiner Zeit** und bietet gleichzeitig **modernsten Veranstaltungskomfort.** Veranstaltern bieten sich zahlreiche Möglichkeiten, originelle und einzigartige Veranstaltungsideen umzusetzen.

Eine **erfahrene Servicecrew** unterstützt Veranstalter bei der Umsetzung von Planungen.

Das Haus der Begegnung wurde für seine gelungene Sanierung **mehrfach ausgezeichnet,** u.a. mit dem **Green Building Award.**

61462 KÖNIGSTEIN IM TAUNUS

Bischof-Kaller-Straße 3
Tel. +49 6174 3061
info@hdb-koenigstein.de
www.hdb-koenigstein.de

Mit insgesamt 2617 Mitgliedsgenossenschaften in 14 Bundesländern präsentiert sich der Genoverband e.V. als einer der größten und bedeutendsten Wirtschaftsverbände Deutschlands. Zu seinen wichtigsten Aufgaben gehören unter anderem die Durchführungen von Prüfungs- und Beratungsverfahren, die Organisation und Durchführung von Bildungs- und Qualifizierungsleistungen sowie umfangreiche Beratungsleistungen. Der Sitz der Zentrale des Verbandes befindet sich in Neu-Isenburg – der Frankfurter Flughafen sowie der Hauptbahnhof der Hessenmetropole sind ebenso auf kurzem Wege erreichbar wie Autobahnanschlüsse. Die unmittelbare Umgebung präsentiert sich in einem parkähnlichen Grün. Allesamt Attribute, die auch die Tagungslocation „Max Green" auszeichnen: Das Tagungszentrum stand ursprünglich lediglich für Inhouse-Veranstaltungen zur Verfügung, wurde aber – nach umfangreichen Umgestaltungsarbeiten – neu positioniert und steht nun auch externen Veranstaltern zur Nutzung offen. Signifikant ist die hochwertige Einrichtung und Ausstattung der insgesamt zehn, teilweise miteinander kombinierbaren Arbeitsräume. So finden beispielsweise maximal 250 Tagende Raum und Platz fürs konzentrierte Arbeiten in der größten dreiteiligen Raumkombination, die unter anderem mit einer großen LED-Wand ausgestattet ist und deren großflächige Fensterfronten nicht nur für ausreichend Tageslicht sorgen, sondern auch Ausblicke in die grüne Umgebung gewähren. Wünsche, die über die vorhandene Technik hinausgehen, werden unter Zuhilfenahme von Technikverleihern erfüllt. Für Tagungspausen kann das großzügig bemessene Foyer genutzt werden. Für deren wohlschmeckende Komponenten sorgt ein externer Dienstleister mit vorwiegend regionaler Kost. Das schlagkräftige Serviceteam berät Veranstalter umfassend und assistiert auch bei der Vermittlung von Logiskapazitäten im näheren Umfeld der Location. Auch kulinarische Rahmenprogramme sind organisierbar, etwa Wein-Tasting mit Winzern aus der hessischen Umgebung. Max Green präsentiert sich als perfekt aufgestellte Location.

Thomas Kühn

MAXimal Perfekt!

TAGUNG/EVENT

Besonders geeignete Tagungsformen:
Seminare, Konferenzen, Klausuren, Meetings

Besonders geeignete Eventformen:
kulturelle Veranstaltungen, Präsentationen, Großveranstaltungen, Vorträge, Messen

Räume:

Raumzahl:	10
Raumgrößen:	20 – 386 m²
Kapazität:	250 Pers.
Präsentationsfläche:	250 m²

HOTEL-KAPAZITÄTEN

im Umkreis von

1 km	1 Zimmer
5 km	5 Zimmer
15 km	500 Zimmer

CATERING

frei wählbar

A 5: 2,5 km
A 3: 5 km

Fern: Frankfurt Hbf., 9 km
Nah: Neu-Isenburg, 6 km

Frankfurt: 9 km

DIE LOCATION ...

... ein in sich geschlossenes Tagungszentrum im Verwaltungssitz des Genoverbandes e.V. in Neu-Isenburg nahe Frankfurt. Die 10 ebenerdig gelegenen Tagungsräume unterschiedlichen Zuschnitts werden von einer Pausenfläche, die auch für Präsentationen genutzt werden kann, ergänzt. Die grüne Umgebung kann in Veranstaltungskonzeptionen eingebunden werden.

Max Green

DAS BESONDERE

Max Green präsentiert sich als **spezialisierte Tagungslocation,** bei deren Einrichtung und Ausstattung Anforderungen an „new work“ und „agiles Arbeiten“ berücksichtigt wurden.

Nachhaltigkeitsaspekte sind umfassend berücksichtigt.

Tagungsassistenz ist jederzeit ansprechbar und unterstützt in allen Belangen.

Max Green

63263

63263 NEU-ISENBURG

Wilhelm-Haas-Platz
Tel. +49 60 69783354
tagung@genoverband.de
www.tagung-maxgreen.de

© CPH Foto: Kapix

© Stadt Hanau Foto: Moritz Göbel

Lage, Lage, Lage … Conrad Hilton hatte dereinst das Erfolgsrezept für Hotels auf den Punkt gebracht! Und was für Hotels gilt, gilt auch uneingeschränkt für erfolgreiche Tagungs- und Eventlocations. Und so kann der Congress Park Hanau auf hervorragende – mithin auch für den Erfolg verantwortliche – Parameter verweisen: Der ICE-Halt ist auf kurzem Wege erreichbar, die Distanz zu gleich drei Autobahnen ist nahe, Frankfurts Airport ist nur 34 Kilometer entfernt und nur 8 Kilometer weiter hat die Messe der Hessenmetropole ihren traditionellen Standort! Allerdings: Es ist nicht nur der Standort, sondern es sind auch die Einrichtung und Ausstattung, die Konfiguration und nicht zuletzt die personelle Kompetenz, die die Location der Brüder-Grimm-Stadt zu einem Veranstaltungsmagneten machen! Signifikant ist ihr historischer Bezug! Schon immer war die Adresse Schlossplatz auch eine Veranstaltungsadresse: Entsprechende Funktionen hatten der im 18. Jahrhundert errichtete ehemalige Marstall und die auf seinen Fundamenten in den 20er Jahren erbaute Stadthalle, aus der letztlich vor 20 Jahren dann der Congress Park Hanau hervorging. Deutlich Bezug darauf nehmend, erinnern die integrierten steinernen Mauern der Stadthalle an diese Historie. Und im Innern des Congress Parks geht es in jeder Hinsicht komfortabel zu: Das Raum- und Platzangebot ist umfassend! Elf teilweise miteinander kombinierbare Räume und fünf Foyers stehen zur Verfügung – edles Parkett, beste technische Ausstattung und Tageslicht schaffen eine komfortable Atmosphäre, das Haus ist barrierefrei und kann mit PKWs befahren werden. Einige der Räume verfügen über einen direkten Zugang in den romantischen Schlossgarten mit seinem wunderschönen alten Baumbestand. Großes Augenmerk legt das CPH-Team auf die nachhaltige Bewirtschaftung des Congress Parks – die Servicecrew unterstützt Kunden umfassend und berät auch über Möglichkeiten, ressourcenschonend zu tagen und zu feiern. Das gilt auch für Cateringleistungen, das Haus kooperiert mit einem renommierten Frankfurter Unternehmen. Darüber hinaus haben Veranstalter die Möglichkeit, das aus dem 18. Jahrhundert stammende Comoedienhaus Wilhelmsbad in Veranstaltungsplanungen einzubeziehen. *Thomas Kühn*

Repräsentativ und funktional

TAGUNG/EVENT

Besonders geeignete Tagungsformen:
Seminare, Konferenzen, Kongresse, Meetings

Besonders geeignete Eventformen:
Bankette, kulturelle Veranstaltungen, Präsentationen, Großveranstaltungen, Vorträge, Messen

Räume:

Raumzahl:	11
Raumgrößen:	37 – 871 m²
Kapazität:	1.011 Pers.
Präsentationsfläche:	1.923 m²

HOTEL-KAPAZITÄTEN

im Umkreis von

1 km	145 Zimmer
15 km	424 Zimmer

CATERING

frei wählbar

A 3: 2 km
A 45: 2 km
A 66: 2 km

Fern: Hanau Hbf., 2,6 km
Nah: Hanau Nordbahnhof, 0,7 km

Frankfurt: 34 km

DIE LOCATION …

… ist ein multifunktionales Kongress-Centrum, das im Jahr 2003 eröffnet wurde: Der Neubau integriert die historische Bausubstanz der ursprünglichen Stadthalle und verbindet ästhetisch wertvoll Alt mit Neuem. Umfassend vorhandene Kapazitäten gewährleisten nicht nur die Darstellung einer Vielzahl von Veranstaltungsformaten, sondern ermöglichen auch den parallelen Ablauf mehrerer zeitgleich stattfindender Tagungen und Events.

© CPH Foto: Kapix

Congress Park Hanau

DAS BESONDERE

Der Congress Park Hanau ist ein **hochmodernes Veranstaltungshaus**.

Veranstalter wissen die **professionelle Begleitung** durch das im Haus ansässige **Projektteam** zu schätzen, erfahrene Meister für Veranstaltungstechnik garantieren einen **reibungslosen technischen Ablauf.**

Die Größe sowie die Raumkapazitäten ermöglichen es, die am Tag stattgefundene Plenumsarbeit mit einem stimmungsvollen **abendlichen Bankett im historischen Teil des Congress Parks** zu krönen.

63450 HANAU

Schlossplatz 1
Tel. +49 6181 27750
info@cph-hanau.de
www.cph-hanau.de

▸▸CONGRESS PARK HANAU

63450

© CPH Foto: einzigkartig

Alles perfekt – Standort, Konzeption, Infrastruktur und Manpower: In Stockstadt am Rhein steht Tagungs- und Eventveranstaltern ein einzigartiges Veranstaltungskonzept zur Verfügung. Das Besondere daran ist die Verbindung von besonders hochwertigen Einrichtungen und Ausstattungen mit flexibel zu nutzenden Flächen sowie der unmittelbar zur Verfügung stehenden Logistik. Die inhaltliche Verbindung der Location zur Kiesel Group erklärt die Ausrichtung der unabhängigen Plattform: Coreum versteht sich als Serviceangebot, als Schulungsort für Unternehmenskunden sowie der gesamten Branche und bietet eine breite Palette an Einrichtungen, die sich der betrieblichen Aus-, Fort- und Weiterbildung widmen. Erwähnenswert ist zunächst die Architektur der Location: Sichtbeton, Stahl und große Glasflächen dominieren die Optik, Akzente werden von hellen Holzelementen gesetzt – durchgängig in allen Bereichen. Neben Schulungswerkstätten und dem Restaurant steht das Herzstück der Location, die Expo-Halle, eine ebenerdige, befahrbare Veranstaltungsfläche von 1.360 m², zur Verfügung – lichthell und variabel möblierbar eignet sie sich für nahezu alle Veranstaltungsformate. Darüber hinaus stehen Präsentationsflächen, auch outdoor, für Messen und Ausstellungen zur Verfügung. Stilvoll eingerichtete Tagungsräume, die durch ihre ästhetische Einrichtung sowie ihre technischen Ausstattungen zu beeindrucken wissen, komplettieren. Teilweise miteinander kombinierbar, ist nahezu jedes Tagungsformat darstellbar. Besonderer Erwähnung wert ist der phantasievoll eingerichtete 49 m² große Kreativraum, das Bällebad. Großzügig bemessene Pausenzonen machen das Raumangebot vollständig. Von erheblicher Bedeutung scheint das „Drumherum": So zeichnet das flexibel agierende Restaurant mit seiner Frischeküche für alle Cateringleistungen verantwortlich. Die spezielle inhaltliche Ausrichtung der Location bietet die Gewähr für einzigartige Rahmenprogramme: Baggerfahren, Rallyes und individuelle Teambuildingeinheiten versprechen Einzigartigkeit. Erst im Jahr 2023 ist das nur wenige Schritte entfernt liegende Coreum Hotel entstanden – 129 Zimmer bietend, komplettiert es das Gesamtangebot. *Thomas Kühn*

Willkommen in der Coreum-Welt!

TAGUNG/EVENT

Besonders geeignete Tagungsformen:
Seminare, Konferenzen, Klausuren, Kongresse, Meetings

Besonders geeignete Eventformen:
Bankette, Roadshows, Präsentationen, Großveranstaltungen, Vorträge, Incentives, Messen

Räume:

Raumzahl:	20
Raumgrößen:	36 – 1.360 m²
Kapazität:	850 Pers.

HOTEL-KAPAZITÄTEN

im Umkreis von

5 km	51 Zimmer
15 km	2.000 Zimmer
Eigener Logisbereich	129 Zimmer

CATERING

gebunden

A 67: 10 km
A 5: 18 km

Fern: Stockstadt am Rhein, 1 km
Nah: Frankfurt Hbf., 35 km

Frankfurt: 35 km

DIE LOCATION ...

... ist eine unabhängige Plattform der Bau-, Materialumschlag- und Recyclingbranche, die sich der Aus-, Fort- und Weiterbildungseinrichtung widmet. Die Location bietet neben einer Reihe von Infrastruktureinrichtungen auch Veranstaltungsflächen sowie hervorragend ausgestattete Tagungsräume. Es steht nicht nur das Forum mit 5.500 m², sondern auch eine Außenfläche von 120.000 m² zur Verfügung. Ein weitläufiges Außengelände mit einem nutzbaren Maschinenpark sowie ein Hotel komplettieren das Angebot.

Coreum

COREUM

64589

DAS BESONDERE

Die Location präsentiert sich als einzigartiger, in sich geschlossener Veranstaltungskosmos: Neben **Tagungskapazitäten und Eventflächen stehen ein nutzbarer Maschinenpark** sowie ein Hotel zur Verfügung.

Die Servicecrew legt allergrößten Wert auf **flexibles Handeln und reibungslose Abläufe,** nahezu jedes Veranstaltungsformat ist umsetzbar.

Beste Erreichbarkeit im Großraum und **kostenfreie Parkplätze** unmittelbar an der Location und am Hotel.

64589 STOCKSTADT AM RHEIN

Helmut-Kiesel-Straße 2
Tel. +49 6158 60840
eventlocation@coreum.de
www.coreum.de

Erst seit wenigen Jahren macht Schloss Falkenhorst als Hochzeitslocation von sich reden, genießt aber bereits einen angesehenen Ruf: Nachdem es im Jahr 2020 von privater Hand erworben wurde, haben umfassende Renovierungs- und Sanierungsarbeiten stattgefunden. Die sich anschließende Neupositionierung des Hauses fokussiert zwar in erster Linie darauf, die Adresse zu einer der ersten Weddinglocations in der Region zu entwickeln, bietet aber auch vornehmlich kleineren Tagungsgruppen die Möglichkeit, Klausuren, Meetings und Seminare in einem repräsentativen Rahmen durchführen zu können. Denn: Die Faszination der Location schöpft unmittelbar aus seiner Geschichte, die Ende des 19. Jahrhunderts beginnt und heute wohl nicht mehr bis ins letzte Detail nachzuvollziehen ist! Otto von Bismarck soll es gewesen sein, der den Saarländern ein Geschenk machen wollte – und mit der Umsetzung der Pläne keinen Geringeren als Georg von Dollmann, der zahlreiche Prunkbauten in Bayern errichtete und auch bei der Umsetzung der Pläne von Schloss Neuschwanstein beteiligt gewesen sein soll, beauftragte. Warum der kleine, damals sicherlich unbedeutende Ort Kleinblittersdorf südlich von Saarbrücken als Standort gewählt wurde, erschließt sich heute wohl nicht mehr. Wie auch immer – die Bauausführung und die Inneneinrichtung ließ sich der Preußenfürst wohl einiges kosten, Parkettböden und edle Wandverkleidungen aus Holz vermitteln noch heute viel Atmosphäre und tragen wesentlich zur Repräsentativität bei. Der Gedanke, Falkenhorst zu einer edlen Feieradresse zu machen, lag nahe, die erfolgten Modernisierungsarbeiten wurden sorgsam und hochwertig umgesetzt und so bietet das Schloss heute eine einzigartige Atmosphäre. Insbesondere der ebenerdig gelegene Schlosssaal eignet sich für freie Trauungen, für den festlichen Teil, aber natürlich auch fürs ausgelassene Feiern danach. Im Obergeschoss stehen zwei kleinere Meetingräume zur Verfügung, auch sie bieten atmosphärisch das einzigartige Schloss-Feeling und den repräsentativen Rahmen für Kamingespräche, Meetings oder Vorstandstagungen. *Thomas Kühn*

Mehr als ein Hochzeitsschloss

TAGUNG/EVENT

Besonders geeignete Tagungsformen:
Seminare, Klausuren, Meetings

Besonders geeignete Eventformen:
Bankette, kulturelle Veranstaltungen, Präsentationen, Vorträge, Incentives

Räume:

Raumzahl:	3
Raumgrößen:	50 – 150 m²
Kapazität:	100 Pers.

HOTEL-KAPAZITÄTEN

im Umkreis von

5 km	200 Zimmer
Eigener Logisbereich	2 Zimmer

CATERING

frei wählbar

A 6: 5 km

Fern: Saarbrücken Hbf., 10 km
Nah: Kleinblittersdorf, 3 km

Saarbrücken: 16 km
Strasbourg: 125 km

DIE LOCATION ...

... ist ein kleines Schloss, südlich von Saarbrücken, unmittelbar an der Saar gelegen. Die Geschichte des Hauses reicht bis in das Jahr 1875 zurück und jährt sich 2025 zum 150. mal. Nach umfangreichen Renovierungsarbeiten ist das Haus als Tagungs- und Eventlocation neu positioniert worden: Das edle Interieur der zur Verfügung stehenden Räume bildet dafür den repräsentativen Rahmen.

Schloss Falkenhorst

66287

DAS BESONDERE

Die **Repräsentativität des Schlossgebäudes** und der nutzbaren Räume macht jede Veranstaltung in Schloss Falkenhorst zu einem außergewöhnlichen Ereignis. Dieser Anspruch wird durch hochwertiges Interieur und die Inneneinrichtung unterstrichen.

Veranstaltungsbegleitend können **zwei Wohnungen** gemietet werden.

Ein **kleiner Biergarten** mit alten Bäumen unmittelbar am Haus kann ebenfalls in Veranstaltungsplanungen einbezogen werden.

66287
KLEINBLITTERSDORF
Zur Fabrik 14
Tel. +49 6805 9438801
info@schlossfalkenhorst.de
www.schlossfalkenhorst.de

Taste in Space

Die Faszination des Technik Museum Speyer könnte größer nicht sein: Neben liebevoll restaurierten Oldtimern, Flugzeugen und Großexponaten übt auch Europas größte Raumfahrtausstellung eine ungeheure Anziehungskraft aus. In der 9.000 m² großen, eigens hierfür errichteten Raumfahrthalle werden über 300 Exponate gezeigt, welche die Geschichte der Raumfahrt von den 60er Jahren bis zur aktuellen ISS-Raumstation dokumentieren. Mittelpunkt der Ausstellung ist das originale russische Spaceshuttle BURAN. Was für eine Attraktion, was für eine grandiose Nachricht, denn: Veranstalter können diese besondere Kulisse natürlich umfassend für ihre Events nutzen. Dass das Museum daneben eine Reihe weiterer hochattraktiver Veranstaltungslocations besitzt und über hervorragende verkehrliche Infrastrukturparameter verfügt, sei nicht nur nebenbei erwähnt: Neben dem Museum, das über 150.000 m² Freigelände und 25.000 m² Hallenfläche verfügt, befindet sich der Flugplatz und nur wenige Fahrminuten sind es bis zur Autobahnauffahrt; Parkplätze sind en masse vorhanden und auch ein Hotel befindet sich auf dem Gelände. Ein außergewöhnlicher Ort mit einer Vielzahl von Möglichkeiten: Für Großveranstaltungen jeglicher Art steht die 1.200 m² große Veranstaltungshalle „Hangar 10" zur Verfügung. Auf dem angrenzenden, scheinbar nie enden wollenden Freigelände sind Roadshows nahezu keine Grenzen gesetzt. Einmalig dürfte die uneingeschränkt zugängliche Boeing 747 sein – sowie das Großraumtransport-Flugzeug Antonov An-22, in dessen Bauch sich stimmungsvolle Empfänge inszenieren lassen. Von beeindruckender Dimension zeigt sich das FORUM; mit 350 Sitzplätzen ist es für Tagungen geradezu prädestiniert und wird durch die 120 m² große Bühne hervorragend ergänzt. Für kulinarische Vergnügen bietet das Weindorf im urigen Pfälzer Stil umfassende Kapazitäten sowie die Roof Top Lounge mit Terrasse für 60 Personen. Das alles kommt natürlich ohne professionelle Veranstaltungsbetreuung nicht aus. Dafür steht im Technik Museum Speyer ein eingespieltes und zielorientiert agierendes Team von Profis zur Verfügung. Der Countdown für unverwechselbare Veranstaltungen im Technik Museum Speyer kann beginnen: three, two, one, zero! *Thomas Kühn*

TAGUNG/EVENT

Besonders geeignete Tagungsformen:
Seminare, Konferenzen, Klausuren, Meetings

Besonders geeignete Eventformen:
Bankette, kulturelle Veranstaltungen, Präsentationen, Großveranstaltungen, Vorträge, Incentives, Messen

Räume:

Raumzahl:	14
Raumgrößen:	10 – 1.200 m²
Kapazität:	700 Pers.
Präsentationsfläche:	1.200 m²

HOTEL-KAPAZITÄTEN

im Umkreis von

1 km	286 Zimmer
5 km	437 Zimmer
15 km	2.152 Zimmer

CATERING

gebunden

A 61: 4 km

Fern: Mannheim, 30 km
Nah: Speyer, 2 km

Frankfurt: 95 km
Stuttgart: 125 km

DIE LOCATION ...

... präsentiert auf 150.000 m² Freifläche sowie 25.000 m² Hallenfläche klassische Automobile, U-Boote, Flugzeuge u.v.m.
Die BURAN gilt als Hauptattraktion. Darüber hinaus erweitern ein Restaurant sowie eine 1.200 m² große Eventhalle das Locationportfolio im Technik Museum Speyer.

Technik Museum Speyer

DAS BESONDERE

Veranstaltungen werden **inmitten der Ausstellung wirkungsvoll in Szene gesetzt.**

Alle Serviceleistungen (Organisation, Catering etc.) werden **„aus einer Hand“** geliefert.

Direkt auf dem Gelände befinden sich **das Tagungszentrum mit drei Tagungsräumen und das Hotel Speyer am Technik Museum mit 108 Zimmern.**

67346 SPEYER

Am Technik Museum 1
Tel. +49 6232 6708-51
Oerder@technik-museum.de
www.eventmuseum.de

Schnelle Rennwagen, spektakuläre Open-Air-Konzerte und begeisterte Zuschauer – der Hockenheimring Baden-Württemberg ist für Motorsport-Enthusiasten und Konzertfans eine Top-Adresse. Die traditionsreiche Rennsportarena ist aber weit mehr! Veranstaltungsprofis wissen den hohen Bekanntheitsgrad und die perfekte Infrastruktur für die Entwicklung außergewöhnlicher Eventkonzepte zu nutzen – denn Höchstleistung, Teamwillen und Dynamik sind der Spirit der Rennadresse. Unter dem Motto „more than racing" werden zahlreiche beeindruckende und einzigartige Tagungs- und Eventlocations angeboten: die sich daraus ergebenden Kombinationsmöglichkeiten und Gestaltungsvarianten sind die Grundlage für außergewöhnliche Veranstaltungsformate. 15 Locations mit bis zu 4.000 m² Eventfläche sowie riesige Parkflächen direkt in der Nähe stehen zur Verfügung. So befindet sich beispielsweise im Fahrerlager das futuristisch anmutende „Baden-Württemberg-Center" mit zwei Veranstaltungsebenen. Es wartet mit modernen tagesbelichteten (verdunkelbaren) und skalierbaren Räumen auf, die mit ultraflachen Deckenmonitoren, kostenfreiem WLAN und Klimaanlagen ausgestattet sind; der 300°-Fast-rundum-Ausblick auf die Rennstrecke fasziniert alle! Vis-à-vis präsentiert sich der 1.000 m² große Kongresspavillon, in dem Fahrzeugausstellungen, Produktmessen, Kongresse oder Bankette mit bis zu 500 Teilnehmern veranstaltet werden können. Sehr vielseitig zeigt sich auch die gewaltige Südtribüne mit zwei jeweils 450 m² großen Logen und 6 möblierten VIP-Logen. Die überdachte Panorama-Terrasse bietet einen grandiosen Motodrom-Blick! Die VIP-Loge der Osttribüne eignet sich für Produktpräsentationen ebenso wie für Galaabende. Die Elektro-Kartbahn an der Osttribüne bietet spannende Races in 10 kWh starken E-Karts mit klassischen Rad-an-Rad-Duellen innerhalb Ihrer Veranstaltung. Weitere beliebte Eventmodule sind u.a. die RaceRoom Seats (Hightech-Rennsimulatoren), Rettungssimulator, Drifttaxi oder Insider-Führungen. Das professionell agierende Event-Team berät, unterstützt und begleitet die Veranstalter. Der Hockenheimring bietet faszinierende Vielfältigkeit, völlig zu Recht ist die Eventarena „more than racing".

Thomas Kühn

More than racing

TAGUNG/EVENT

Besonders geeignete Tagungsformen:
Seminare, Konferenzen, Meetings

Besonders geeignete Eventformen:
Bankette, kulturelle Veranstaltungen, Präsentationen, Großveranstaltungen, Vorträge, Incentives, Messen

Räume:

Raumzahl:	15
Raumgrößen:	30 – 4.000 m²
Kapazität:	20 – 2.000 Pers.
Präsentationsfläche:	4.000 m²

HOTEL-KAPAZITÄTEN

im Umkreis von

1 km	150 Zimmer
5 km	500 Zimmer
15 km	1.000 Zimmer
Eigener Logisbereich	45 Zimmer

CATERING

gebunden

A 6: 6 km
A 5: 9 km

Fern: Mannheim, 18 km
Nah: Hockenheim, 3 km

Frankfurt: 85 km
Stuttgart: 120 km

DIE LOCATION ...

... ist zum einen eine traditionsreiche Rennsportarena. Darüber hinaus gilt das Areal jedoch auch als Tagungs- und Eventcenter mit exzellenten Premiumqualitäten. Die Rahmenbedingungen korrespondieren mit den Umweltstandards: Der Hockenheimring ist mit der Zertifizierung nach dem Standard DIN EN ISO 14001:2015 in den Bereichen Motorsport und Großveranstaltungen sowie Eventmanagement ausgezeichnet worden. Dies spiegelt sich auch in der Zertifizierung für Energiemanagement nach DIN EN ISO 50001:2018 wider, welche die Rennstrecke seit Anfang des Jahres besitzt.

Hockenheimring

DAS BESONDERE

Aufgrund der hohen Bekanntheits- und Sympathiewerte des Hockenheimrings Baden-Württemberg partizipieren **Firmenveranstaltungen vom hohen Image der Location.**

Der Hockenheimring bietet eine **beeindruckende Anzahl von Veranstaltungsmöglichkeiten und Event-Highlights.**

Hervorragende Verkehrsanbindung.

Leistungsfähiges **Internet ist ebenso verfügbar** wie kostenfreies W-LAN.

HOCKENHEIMRING BADEN-WÜRTTEMBERG

68766

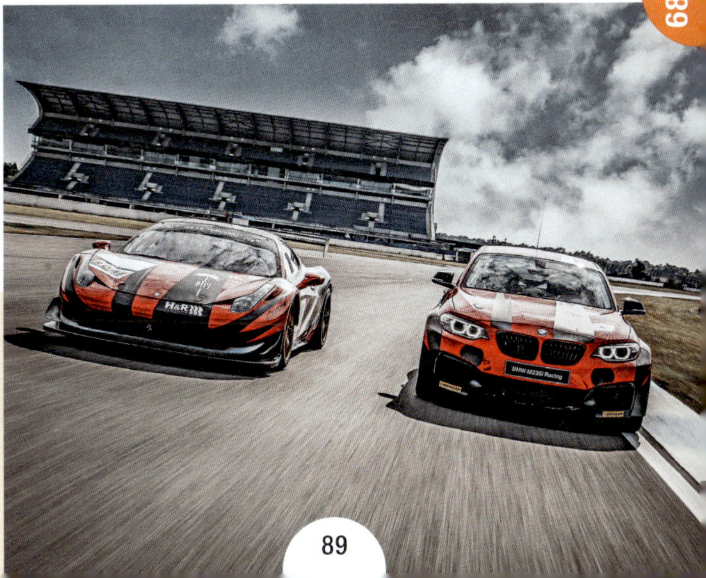

68766 HOCKENHEIM

Am Motodrom 1
Tel. +49 6205 950-184
marco.corbari@hockenheimring.de
www.hockenheimring.de

Faszinierendes Markenerlebnis

Es gibt sie weltweit, unter anderem im französischen Le Mans, in Shanghai, in Los Angeles und im britischen Silverstone: Porsche Experience Center vermitteln unmittelbar die Faszination der traditionsreichen Sportwagenmarke. Das im Jahr 2019 entstandene, ganzjährig geöffnete Center am Hockenheimring ist das siebte seiner Art; seine Konfiguration, die sich daraus ergebenden Möglichkeiten und die bestehenden Kapazitäten machen es zu einer begehrten und nachgefragten Veranstaltungslocation. Hier wird stolzen Neuwagenbesitzern ihr Traumauto übergeben, hier trainieren Porsche-Fans ihr fahrerisches Können. Darüber hinaus ist das Center auch eine erste Adresse für Tagungs- und Eventveranstalter. Dafür bietet das futuristische Gebäude, unmittelbar am Motodrom des Hockenheimrings gelegen, maßgeschneiderte Bedingungen: Neben großflächigen Terrassenbereichen bietet das Center insgesamt 16 Veranstaltungsräume auf drei Ebenen. Die ebenerdig gelegenen Aktionsflächen sind mittels flexibler Trennwände variabel gestaltbar, große Einfahrtstore ermöglichen die Anlieferung auch schwerlastiger Exponate. Im „SimLab" sind internationale Rennstrecken erlebund erfahrbar. Das erste Obergeschoss bietet 600 m^2 unverstellte Aktionsflächen – nutzbar für nahezu jedes Veranstaltungsformat – und das Obergeschoss fasziniert mit seinen weiten Terrassenflächen. Für jede Veranstaltungssituation gilt nahezu unbeschränkt: Der Blick auf die beeindruckende Rennstrecke des Hockenheimrings und die Gegenwärtigkeit der Boliden verdichten sich zu einem einzigartigen Erlebnis. Das gilt für Veranstalter, die ausschließlich die Räumlichkeiten nutzen. Natürlich erst recht für diejenigen, denen Einzigartigkeit wichtig ist, die die Verbindung einprägsamer Tagungserlebnisse mit dem Rahmen- bzw. Begleitprogramm „Porsche Experience" verbinden. Das Center verfügt über einen 2,8 km langen Handlingkurs, 5 Dynamikflächen und ein Offroad-Gelände. Darüber hinaus stehen circa 90 Fahrzeuge zur Verfügung, Instrukteure begleiten Veranstalter professionell und mit Erfahrung, beraten und sorgen selbstverständlich für die nötigen Sicherheitsstandards. Fazit: Das Center bietet neben der Markenerfahrung eine einzigartige Verbindung von Tagungs- und Eventerlebnissen.

Thomas Kühn

TAGUNG/EVENT

Besonders geeignete Tagungsformen:
Seminare, Konferenzen, Kongresse, Meetings

Besonders geeignete Eventformen:
Bankette, kulturelle Veranstaltungen, Präsentationen, Großveranstaltungen, Incentives, Messen

Räume:

Raumzahl:	16
Raumgrößen:	13 – 1.000 m^2
Kapazität:	600 Pers.
Präsentationsfläche:	1.000 m^2

HOTEL-KAPAZITÄTEN

im Umkreis von

5 km	70 Zimmer
15 km	800 Zimmer

CATERING

gebunden

A 6: 10 km

Fern: Mannheim Hbf., 20 km
Nah: Hockenheim, 3 km

Frankfurt/Main: 80 km

DIE LOCATION …

… ist ein im Jahr 2019 eröffnetes „Porsche Experience Center" unmittelbar am Motodrom des Hockenheimrings gelegen. Es verfügt über 16 teilweise flexible Räume unterschiedlicher Anmutung und Größe sowie ein unkompliziert online buchbares Restaurant. Veranstaltern bietet sich die Möglichkeit, nachhaltige Tagungserlebnisse mit einzigartigen Rahmen- und Begleitprogrammen zu verbinden sowie gleichermaßen Teamevents mit Premiumcharakter zu inszenieren.

Porsche Experience Center Hockenheimring

© Fotos: Porsche Experience Center Hockenheimring

PORSCHE
EXPERIENCE CENTER
HOCKENHEIMRING

68766

DAS BESONDERE

In der **Verbindung von exquisiten Veranstaltungsbedingungen mit den Möglichkeiten,** die „Marke Porsche" zu erleben, liegt die besondere Faszination des Centers; Eindrücke vermittelt der Instagram-Account: @pec.hhr.

Neben den zur Verfügung stehenden Aktionsflächen nutzen Veranstalter die **exquisite Küche,** deren Crew für das Catering aller Tagungen und Events verantwortlich zeichnet.

Kostenfreie Parkplätze, auch E-Tankstellen und Lademöglichkeiten (AC und DC) stehen zur Verfügung.

68766 HOCKENHEIM

Am Motodrom 9–11
Tel. +49 711 91132900
info@porsche-experiencecenter-hockenheimring.de
www.porsche-experiencecenter-hockenheimring.de

Bestens aufgestellt für Großveranstaltungen

St. Leon-Rot genießt als Erlebnisdestination einen hohen Stellenwert, gastronomisch erfreut sich der Ort in den Monaten Mai und Juni bei Spargelfreunden allergrößter Beliebtheit. Als Teil der Badischen Spargelstraße übt er auch eine große Faszination auf Tagungs- und Eventveranstalter aus. Das mag zum einen an der verkehrsgünstigen Lage zwischen Karlsruhe, Mannheim und Heidelberg sowie der perfekten Erreichbarkeit auch mit öffentlichen Verkehrsmitteln liegen. Zum anderen steht Veranstaltern mit dem „HARRES" eine sich vielseitig präsentierende Veranstaltungslocation zur Verfügung. Mitte der 80er Jahre in der Innenstadt errichtet, prägt die imposante Sheddachkonstruktion das Stadtbild nachdrücklich. Vom Start weg war es der Gemeinde als Investor ein Anliegen, die Location als regionales Kultur- und Veranstaltungszentrum mit multifunktionalem Anspruch zu etablieren. Und so weist der Veranstaltungskalender neben regionalen Märkten auch regelmäßig stattfindende Kulturveranstaltungen aus. Darüber hinaus hat sich die Location auch einen Namen als Tagungs- und Eventzentrum mit überregionalem Anspruch gemacht. Denn: Die Location präsentiert sich mit insgesamt 8 Räumen vielseitig, eine große Bandbreite von Veranstaltungsformaten ist möglich, selbst hybride Veranstaltungen für interne Firmenmeetings sind organisierbar. Herzstück des HARRES ist der 467 m² bietende Große Saal, der, parlamentarisch bestuhlt, 300 und in Reihenbestuhlung 800 Teilnehmern Raum und Platz fürs konzentrierte Arbeiten bietet. Darüber hinaus wird der 162 m² große „Badener Saal" gern für kleinere Veranstaltungen genutzt. Acht Tagungsräume, dank flexibler Wände teilweise miteinander kombinierbar, ergänzen das Raumportfolio. Das großflächige Foyer kann darüber hinaus für Präsentationen und Empfangssituationen genutzt werden. Unbedingt erwähnenswert ist das im Haus ansässige Restaurant, das in zwei seperate Raumbereiche aufgeteilt werden kann. Dessen Küche zeichnet veranstaltungsbegleitend für alle Cateringleistungen verantwortlich. Eine Großsporthalle ist für Veranstaltungen ebenso nutzbar wie die Sportkegelbahn veranstaltungsbegleitend gebucht werden kann. *Thomas Kühn*

TAGUNG/EVENT

Besonders geeignete Tagungsformen:
Seminare, Konferenzen, Kongresse, Meetings

Besonders geeignete Eventformen:
Bankette, kulturelle Veranstaltungen, Präsentationen, Großveranstaltungen, Vorträge, Messen

Räume:

Raumzahl:	8
Raumgrößen:	25 – 1.900 m²
Kapazität:	1.400 Pers.
Präsentationsfläche:	1.900 m²

HOTEL-KAPAZITÄTEN

im Umkreis von

1 km	30 Zimmer
5 km	150 Zimmer
15 km	400 Zimmer

CATERING

gebunden

A 5: 4 km

Fern: Mannheim Hbf., 33 km
Nah: Malsch, 6 km

Frankfurt/Main: 93 km

DIE LOCATION ...

... ist ein Mitte der 80er Jahre erbautes multifunktionales Veranstaltungszentrum, das neben einer Vielzahl flexibler Veranstaltungsflächen auch über ein Restaurant, eine Kegelbahn sowie eine für Veranstaltungen nutzbare Sporthalle verfügt. Die hauseigene Eventagentur unterstützt bei der Planung und Organisation von Tagungen und Events fachkundig.

HARRES

HARRES

VERANSTALTUNGSZENTRUM ST. LEON-ROT

68789

DAS BESONDERE

Die Ergänzung von **Tagungs- und Eventflächen mit einer 2.100 m² großen Sporthalle,** die eine unverstellte Sicht von allen Sitzen aus gewährleistet, schafft enorme Möglichkeiten, insbesondere für Messeaussteller und Veranstalter von Großveranstaltungen.

Aufgrund der Raumkonfiguration haben Veranstalter die Möglichkeit, nahezu **jedes Veranstaltungsformat** zu planen und umzusetzen; ein Team von Fachleuten unterstützt dabei professionell.

Sehr gute Verkehrsanbindung im Großraum Frankfurt am Main, 800 kostenlose Parkplätze.

68789
ST. LEON-ROT
An der Autobahn 60
Tel. +49 6227 86390
f.wessely@harres.de
www.harres.de

Raum für Ideen

Mit der Eröffnung des Kultur- und Kongresszentrums Das K in Kornwestheim im Jahr 2013 hat die Veranstaltungsregion Stuttgart an Profil gewonnen. Gleichermaßen macht das Haus das städtische Kulturkarree komplett: Um den Marktplatz herum gruppieren sich all jene Gebäude, die für die „kulturelle Grundversorgung" der Einwohner/-innen wichtig sind: Neben dem modernen Kombibau des Ks, dessen transparente Architektur beachtliche Akzente setzt, befindet sich hier die Städtische Musikschule, der beeindruckende Museumsbau von Paul Kleihues sowie der Salamander Stadtpark. Das K vereint dabei gleich drei Funktionen unter einem Dach: Neben der Stadtbücherei dient das Haus als Kulturspielstätte und Location für Kongresse. Externe Tagungs- und Eventveranstalter/-innen können hierfür die hervorragende Infrastruktur nutzen: Nahezu jedes Veranstaltungsformat kann dank der einzigartigen Kombination aus Größe, Flexibilität, Persönlichkeit und ansprechender Architektur realisiert werden! Der Festsaal mit rund 600 m² Aktionsfläche sowie einer Bühne lässt sich in zwei Räume unterteilen und bietet großen Gestaltungsspielraum. Unmittelbar vor den bodentiefen Fenstern öffnet sich der Blick auf die Seeterrasse und den angrenzenden Park – bei schönem Wetter eine einzigartige Pausenszenerie. Darüber hinaus stehen für Veranstaltungen rund 1.100 m² Präsentationsfläche in den größenvariablen Foyers zur Verfügung. Das K wartet mit zwei weiteren Räumen auf: Im zweiten Obergeschoss steht für Veranstaltungen, die einen repräsentativen Rahmen benötigen, der teilbare Veranstaltungsraum mit Blick über den Marktplatz zur Verfügung. Die geschwungene Treppe in der Stadtbücherei ist ein weiterer architektonischer Glanzpunkt, gleichermaßen ästhetisch und imposant. Für die Verköstigung von Gästen stehen verschiedene Cateringpartner zur Verfügung, Veranstalter/-innen können sich ein individuelles Angebot zusammenstellen lassen. Besonders hervorzuheben ist die verkehrsgünstige Lage des Ks mit guter Anbindung an den öffentlichen Nahverkehr sowie 200 kostenlosen Tiefgaragenstellplätzen. Projektleiter/-innen begleiten Veranstalter/-innen bei der Organisation und Durchführung von Tagungen und Events und beraten individuell.

Thomas Kühn

TAGUNG/EVENT

Besonders geeignete Tagungsformen:
Seminare, Konferenzen, Kongresse, Meetings

Besonders geeignete Eventformen:
Bankette, kulturelle Veranstaltungen, Präsentationen, Großveranstaltungen, Vorträge, Messen

Räume:

Raumzahl:	11
Raumgrößen:	27 – 1.090 m²
Kapazität:	1.200 Pers.
Präsentationsfläche:	2.400 m²

HOTEL-KAPAZITÄTEN

im Umkreis von

1 km	84 Zimmer
5 km	309 Zimmer
15 km	2.000 Zimmer

CATERING

gebunden

KORNWESTHEIM

A 81: 7 km

Fern: Stuttgart, 9 km
Nah: Kornwestheim, 0,5 km

Stuttgart: 37 km

DIE LOCATION ...

... ist eine im Jahr 2013 eröffnete Event- und Tagungslocation inmitten des Kornwestheimer Kulturkarrees. Das K überzeugt durch seinen multifunktionalen Ansatz und stellt mit der integrierten Stadtbücherei und dem Restaurant eine Plattform für Veranstaltungen der Wirtschaft, Politik, Kultur und Gesellschaft dar.

Das K – Kultur- und Kongresszentrum

DAS K | KULTUR & KONGRESS

DAS BESONDERE

Das **vielseitige und großflächige Angebot an unterschiedlichen Aktionsflächen** macht Das K in der Region Stuttgart zu einem außergewöhnlichen Veranstaltungsort.

Neben seiner Funktionalität **beeindruckt das Haus durch seine Architektur:** Der Theatersaal nimmt auf die historische Formensprache des Vorgängerbaus Bezug und die geschwungene rote Freitreppe sowie das Atrium dienen als spannender Blickfang.

70806
KORNWESTHEIM
Stuttgarter Straße 65
Tel. +49 7154 2026060
kontakt@das-k.info
www.das-k.info

Die Stadthalle Korntal, ein im Juni 1984 eingeweihtes Bürgerhaus, präsentiert sich urban und stadtzentral gelegen: Eingebettet in eine harmonisch anmutende Grünanlage, stehen ausreichend Parkplätze in der nahen Umgebung der Location zur Verfügung. Signifikant präsentiert sich die beeindruckende Architektur des Hauses: Die Stadthalle Korntal mit ihrer trapezförmigen Dachkonstruktion fügt sich nahtlos in das Stadt- und Landschaftsbild ein. Holz, Glas und Natursteine dominieren die lichthelle Optik des Hauses und verdeutlichen gleichzeitig, dass Ästhetik und Funktionalität einen repräsentativen, gleichermaßen reibungslosen Veranstaltungsablauf garantieren. Denn: Die Stadthalle präsentiert sich zum einen als kommunales kulturelles Veranstaltungszentrum, zum anderen wissen insbesondere Tagungs- und Eventveranstalter die Vorzüge des Hauses bei der Durchführung von vielfältigen Veranstaltungsformaten im Großraum Stuttgart zu schätzen. Die dafür zur Verfügung stehenden Kapazitäten sind beachtlich. Hervorzuheben sind insbesondere der Schiller- sowie der Mörikesaal. In der Kombination beider Räume miteinander bietet sich Veranstaltern die Möglichkeit, Tagungen mit maximal 700 Tagenden durchzuführen und die festinstallierte Bühne mit einzubeziehen. Das Plenum beeindruckt mit seinem Sternenhimmel, der unweigerlich an ein lichthelles Sternenfirmament erinnert. Die Erweiterung der Veranstaltungsfläche erfolgt durch die Öffnung der Wand zum Oberen Foyer. Edles Parkett, klare Linien und Natursteine akzentuieren die sehens- und erlebenswerte Innenarchitektur, Tageslicht fällt durch die bodentiefen Fenster ein, die zudem den Blick in die grüne Umgebung garantieren. Veranstaltern steht die Möglichkeit offen, einen Caterer für Veranstaltungen zu verpflichten, die Auswahl dafür ist groß und vielfältig. Bleibt zu erwähnen, dass Veranstalter von einem erfahrenen Stadthallenteam bei der Vorbereitung und Durchführung von Tagungen und Events fachkundig begleitet werden. Die Stadthalle Korntal ist besonderen Veranstaltungsmomenten vorbehalten, weil sie mit attraktiver Architektur zu beeindrucken weiß, großzügige Aktionsflächen bietet und Veranstalter umfassend betreut. *Thomas Kühn*

Für besondere Momente

TAGUNG/EVENT

Besonders geeignete Tagungsformen:
Seminare, Konferenzen, Meetings

Besonders geeignete Eventformen:
Bankette, kulturelle Veranstaltungen, Präsentationen, Großveranstaltungen, Vorträge, Messen

Räume:

Raumzahl:	3
Raumgrößen:	156 – 877 m²
Kapazität:	705 Pers.
Präsentationsfläche:	877 m²

HOTEL-KAPAZITÄTEN

im Umkreis von

1 km	26 Zimmer
5 km	800 Zimmer
15 km	> 1.000 Zimmer

CATERING

frei wählbar

A 81: 4,5 km

Fern: Stuttgart Hbf., 12 km
Nah: Korntal, 0,5 km

Stuttgart: 20 km

DIE LOCATION ...

... ist eine in den 80er Jahren errichtete Stadthalle. Sie gilt als ästhetisch besonders anspruchsvolle Location mit architektonischen Besonderheiten. Der Schiller- und der Mörikesaal eignen sich insbesondere für die Durchführung von Tagungen und Events mit einer großen Teilnehmerzahl. Zwei weitere Räume können noch dazugebucht werden.

Stadthalle Korntal

STADTHALLE KORNTAL

DAS BESONDERE

Die Stadthalle Korntal präsentiert sich als **attraktive Location,** in der eine große Zahl von Veranstaltungsvarianten umsetzbar ist. **Großzügige Aktionsflächen,** ein **leistungsstarkes Stadthallenteam** sowie der **modulare Hallenaufbau** machen die Location zu einer besonders interessanten Adresse in der Region.

Das **Locationumfeld** präsentiert sich als kreativ inspirierend, die urbane Lage sowie die zur Verfügung stehenden Parkplatzkapazitäten gewährleisten eine reibungslose An- und Abreise aller Teilnehmer.

70825

70825 KORNTAL-MÜNCHINGEN

Martin-Luther-Straße 32
Tel. +49 711 83672500
info@stadthalle-korntal.de
www.stadthalle-korntal.de

Emotional customer journey

Wohl kein deutsches Unternehmen vermittelt ein solch immenses Maß an gelebter Tradition und kreativer Innovation wie die Mercedes-Benz AG; als Global Player ist die Marke weltweit omnipräsent, der dreizackige Stern, das Markenzeichen, ist eines der bekanntesten Industriedesigns weltweit. Gleichermaßen symbolisiert die Marke wirtschaftlichen Erfolg, der sich auf eine lange und sorgsam gepflegte Tradition gründet, die ihre Ursprünge Ende des 19. Jahrhunderts in Süddeutschland hat. Beispielhaft dafür steht das vor mehr als 100 Jahren gegründete Mercedes Benz Werk Sindlfingen, in dem aktuell mehr als 35.000 Beschäftigte unmittelbar in der Produktion sowie in der Forschungs- und Entwicklungsabteilung des Unternehmens arbeiten. Die futuristisch anmutende Architektur des Kundencenters stimmt Besucher auf ihr individuelles Markenerlebnis ein: Tourguides begleiten die Gäste auf Werksbesichtigung, hochwertige öffentliche Veranstaltungen begeistern und stolzen Kunden wird ihr „Neuer" im Rahmen einer unvergesslichen Inszenierung übergeben. Gleichzeitig präsentiert sich das Kundencenter als Kreativort für Tagungs- und Eventveranstalter. Das Raumangebot dafür ist vielfältig: Neben hochfunktional anmutenden, teilweise miteinander kombinierbaren, tagesbelichteten und ergonomisch möblierten Tagungsräumen kann auch ein Panoramakino sowie eine 331 m² große Präsentationsfläche im Herzen des Centers in Veranstaltungsplanungen einbezogen werden. Ein besonders kreativ eingerichteter Raum erfreut sich großer Beliebtheit bei Kleingruppen, die besonders intensiv an Lösungsansätzen arbeiten. Dem unverzichtbaren individuellen Service hat sich eine professionell agierende Crew verschrieben: Sie berät bei der Vorbereitung und Planung und assistiert bei der Umsetzung auch komplexer Agenden. Veranstaltern wird eine Vielzahl von Tagungspauschalen offeriert, fürs Kulinarische sorgt die Mercedes-Benz Gastronomie GmbH. Die herausragende Besonderheit von Tagungen und Events in dieser Location wird durch besonders hochwertig organisierte Markenerlebnisse unterstrichen – etwa bei einer geführten Entdeckungstour durch die Produktion. *Thomas Kühn*

TAGUNG/EVENT

Besonders geeignete Tagungsformen:
Seminare, Konferenzen, Meetings

Besonders geeignete Eventformen:
Bankette, kulturelle Veranstaltungen, Präsentationen, Vorträge, Incentives

Räume:

Raumzahl:	6
Raumgrößen:	34 – 130 m²
Kapazität:	100 Pers.
Präsentationsfläche:	331 m²

HOTEL-KAPAZITÄTEN

im Umkreis von

1 km	18 Zimmer
5 km	1000 Zimmer

CATERING

gebunden

A 81: 500 m

Fern: Stuttgart Hbf., 17 km
Nah: Bahnhof Böblingen, 1 km

Stuttgart: 14 km

DIE LOCATION ...

... ein Erlebnisraum. Architektonisch anspruchsvoll konzipiert, haben Gäste die Möglichkeit bei einem Blick hinter die Kulissen an der Entstehung von Automobilen teilzuhaben, ihr erworbenes Fahrzeug in Empfang zu nehmen, Collection- und Zubehör-Produkte zu erwerben oder die hauseigene Gastronomie zu genießen. Darüber hinaus bietet das Kundencenter besonders hochwertig eingerichtete barrierefreien Tagungsräume sowie zwei Kinos. Stattfindende Tagungen erfahren ihre besondere Ergänzung durch die Verbindung von Markenerlebnissen mit Arbeitsprozessen.

Mercedes-Benz Kundencenter Sindelfingen

DAS BESONDERE

Die Möglichkeit, **Arbeitsprozesse mit Markenerlebnissen** zu kombinieren, macht das Mercedes-Benz Kundencenter Sindelfingen zu einer besonders nachhaltig wirkenden Tagungslocation.

Das **Servicekonzept** stellt die Bedürfnisse von Tagenden in den Mittelpunkt: Fein abgestimmte Tagungspauschalen können ebenso gebucht werden wie „aktive Pausen".

Die **Vielfältigkeit des Raumangebotes** ermöglicht die Darstellung einer Vielzahl von Veranstaltungsvarianten.

71063 SINDELFINGEN

Käsbrünnlestraße 25/1
Tel. +49 30 26941010
event50@mercedes-benz.com
www.kundencenter-app.mercedes-benz.com

Nicht nur aus der Sicht des Historikers ist Ludwigsburg eine hochinteressante Stadt: Nahe Stuttgart gelegen, fasziniert sie mit Altem und Neuem, mit Historie und Zukunftsträchtigem. Das Antlitz der Schwabenmetropole hat wesentlich die Vergangenheit geprägt, fürstliche Potentaten errichteten Parks und Schlösser und sogar eine Residenz, die heute als größte erhaltene Barockanlage Deutschlands gilt. Die kamen nach Ludwigsburg, um zu feiern, in den ausgedehnten Wäldern zu jagen oder auch, um Staatsgeschäften nachzukommen. Später entwickelte sich die Stadt zur Garnisonsstadt. Zahlreiche in dieser Zeit entstandene ursprünglich militärisch genutzte Gebäude sind heute noch erhalten. In diesen Kontext ordnet sich das Reithaus ein: Ende des 19. Jahrhunderts in unmittelbarer Nähe zur Residenz errichtet, war sie Teil der späteren Reinhardtkaserne und diente der wetterunabhängigen Ausbildung von Pferden und Reitern. Fast genau 100 Jahre später wurde das gesamte Kasernengelände umgebaut und zu einem Film- und Medienzentrum entwickelt – freilich unter Beachtung der Bestimmungen des Denkmalschutzes! Damit begann auch die Entwicklung des Reithauses zu einer faszinierenden Tagungs- und Eventlocation. Dem historischen Baukörper wurde ein transparent wirkendes, circa 400 m² großes Foyer hinzugefügt – multifunktional kann es, wie der Vorplatz, für Präsentationen, inszenierte Pausen oder Empfangssituationen genutzt werden. Unmittelbar daran schließt sich das Reithaus mit seinen mehr als 700 m² Aktionsfläche an – ein faszinierender Raum, der durch seine Höhe, seine sichtbaren historischen Strukturen sowie die Vielfalt möglicher Veranstaltungsvarianten besticht. Eine leistungsstarke Datenleitung ist installiert und moderne Präsentations- sowie Kommunikationstechnik ist auf Wunsch buchbar. Die für Veranstaltungen benötigte Aktionsfläche kann dank temporärer Raumtrennung flexibel dargestellt werden. Die historischen Fenster gewährleisten Tageslicht, können jedoch bei Bedarf auch verdunkelt werden und für die gute Luft sorgt eine Klima- und Lüftungsanlage. Die Anlieferung großer Exponate ist dank großer Hallentore möglich. In dem Reithaus ist die Darstellung unterschiedlichster Veranstaltungsformate möglich, ein erfahrenes Serviceteam berät umfassend. *Thomas Kühn*

Imposant und wandlungsfähig

TAGUNG/EVENT

Besonders geeignete Tagungsformen:
Konferenzen

Besonders geeignete Eventformen:
Bankette, kulturelle Veranstaltungen, Präsentationen, Großveranstaltungen, Vorträge, Messen

Räume:

Raumzahl:	2
Raumgrößen:	738 m²
Kapazität:	700 Pers.
Präsentationsfläche:	400 m²

HOTEL-KAPAZITÄTEN

im Umkreis von

1 km	197 Zimmer
5 km	370 Zimmer

CATERING

gebunden

A 81: 4,4 km

Fern: Stuttgart Hbf., 15 km
Nah: Ludwigsburg, 1 km

Stuttgart: 41 km

DIE LOCATION ...

... ist Teil der ursprünglichen Reinhardtkaserne, die Ende des 19. Jahrhunderts in Ludwigsburg, unweit der Residenz, errichtet wurde. Ursprünglich als Reithalle genutzt, präsentiert sich die Location seit Mitte der 90er Jahre als multifunktionales Veranstaltungskleinod.

Reithaus Ludwigsburg

REITHAUS
LUDWIGSBURG

DAS BESONDERE

Historische Gebäudestrukturen verschmelzen mit **moderner Veranstaltungsinfrastruktur** zu einer großartigen – und hochfunktionalen – Veranstaltungslocation.

Zwar präsentiert sich das unmittelbare Locationumfeld urban, dennoch bestehen – aufgrund der speziellen Nutzungskonzeption des Kasernenkomplexes – **keinerlei Nutzungseinschränkungen.**

Die vorgelagerte **Freifläche** kann ebenfalls in Veranstaltungskonzeptionen einbezogen werden.

71638 **LUDWIGSBURG**

Königsallee 43
Tel. +49 7141 125-100
info@reithaus.de
www.reithaus.de

Innovative Veranstaltungskonzepte

Die Stadthalle Reutlingen kombiniert Hightech-Offerten mit ressourcenschonendem Wirtschaften. Dafür wurden das Haus und seine verantwortungsvoll und zukunftsorientiert arbeitenden Mitarbeiterinnen und Mitarbeiter mit dem Platin-Siegel der „Green-Globe"-Zertifizierung, verliehen vom Europäischen Verband der Veranstaltungs-Centren e.V. (EVVC), ausgezeichnet. Alle Veranstaltungen werden CO_2-bilanziert durchgeführt! Das umfassende Nachhaltigkeitskonzept reicht von der Nutzung der hauseigenen E-Tankstelle über Strom aus 100 % erneuerbaren Energien bis hin zu regional-saisonalem Catering sowie der klimakompensierten Anreise der Gäste. Damit präsentiert das Haus eine gelungene Kombination aus Klima- und Umweltverantwortung, gepaart mit Kompetenz für innovative Veranstaltungsformate; möglich sind vollständig digitale Events, wahlweise natürlich auch hybride Formate mit Vor-Ort-Teilnehmern und Online-Tagungen. Das Team des Reutlinger Vorzeigehauses bereichert mit kreativen Konzepten und individuellen Beratungsleistungen die Tagungs- und Eventszene Baden-Württembergs nachhaltig. Herzstück ist der Große Saal, geeignet für Veranstaltungen mit bis zu 2.200 Gästen. Er verfügt über ein elektromechanisch verfahrbares Kippparkett sowie eine Quelllüftung zur permanenten Frischluftzufuhr. Weitere 14 tagesbelichtete und klimatisierte Veranstaltungsräume, unter anderem der Kleine Saal, ergänzen das Raumportfolio. Große Kongresse und kleine Meetings, Bankette oder Musikaufführungen – insgesamt bis zu 3.200 Personen finden Raum und Platz für eine Vielzahl von Veranstaltungsformaten. Alle Räume verfügen über moderne Kommunikations- und Präsentationstechnik. Die 10-GBit/s-Glasfaseranbindung gewährleistet bestes Live-Streaming – kostenfreies WLAN ist überall verfügbar. Die umlaufende Terrasse verleiht Empfängen Atmosphäre mit stimmungsvollem Ausblick auf die Reutlinger Altstadt und in den grünen Bürgerpark. Das Serviceteam der Stadthalle vermittelt Hotelkapazitäten sowie Rahmenprogramme. Mit ihrer Arbeit setzt die Stadthalle Reutlingen Maßstäbe für Green-Meetings. Das Team sorgt mit Perfektion für attraktive Tagungen und Events, es überzeugt mit einer ausgewogenen Balance aus Wirtschaftlichkeit und Verantwortung. *Thomas Kühn*

TAGUNG/EVENT

Besonders geeignete Tagungsformen:
Seminare, Konferenzen, Kongresse, Meetings

Besonders geeignete Eventformen:
Bankette, kulturelle Veranstaltungen, Präsentationen, Großveranstaltungen, Vorträge, Incentives

Räume:

Raumzahl:	19
Raumgrößen:	22 – 928 m²
Kapazität:	3.200 Pers.

HOTEL-KAPAZITÄTEN

im Umkreis von

1 km	420 Zimmer
5 km	300 Zimmer
15 km	780 Zimmer

CATERING

gebunden

A 8: 20 km

Fern: Reutlingen, 0,5 km
Nah: Reutlingen, 0,5 km

Stuttgart: 15 km

DIE LOCATION ...

... ist die erste Stadthalle in Deutschland mit 100 % erfüllter „Green-Globe"-Kriterien. Neben umfassenden Tagungs- und Eventkapazitäten ist das Haus bekannt als (über-)regional positioniertes, ressourcenschonendes Veranstaltungszentrum.

Stadthalle Reutlingen GmbH

STADTHALLE REUTLINGEN

DAS BESONDERE

Flexible Räumlichkeiten: großer und Kleiner Saal sowie 14 weitere, tagesbelichtete Räume mit modernster Ton-, Licht- und Videotechnik.

Alle Serviceleistungen **„aus einer Hand“**.

Die Stadthalle Reutlingen erfüllt zu **100 %** die Kriterien **der „Green-Globe“-Zertifizierung (Platin-Status).**

Spezialist für digitale & hybride Eventformate – Online-Conferencing sowie Live-Streaming via 10-GBit/s-Internetanbindung.

72764

72764 REUTLINGEN

Oskar-Kalbfell-Platz 8
Tel. +49 7121 3355-125
info@stadthalle-reutlingen.de
www.stadthalle-reutlingen.de

Während vor der Tür Schnee und Eis die Temperaturen sinken lassen, prasselt Feuer im Kamin und verbreitet wohlige Wärme. Aus großbauchigen Tassen dampft heißer Tee und serviert wird Wohlschmeckendes, vornehmlich Deftiges. Und wenn dann dazu die Musik noch aufspielt, dann gehen den Menschen die Herzen auf, dann wird erzählt und geschwärmt, dann kommt man sich gelegentlich auch näher … willkommen auf der Alm, willkommen auf der Hütte! Wohl kaum ein Social Event erfreut sich so großer Beliebtheit wie Hüttenabende, ein vornehmlich in der Alpenregion verortetes Vergnügen. Den Inhabern und „Erfindern“ des Achalm Hofes, Andreas Bäuerle und Sebastian Hausch, kommt indess das Verdienst zu, dieses Vergnügen sozusagen vom Berg ins Tal geholt zu haben: Mittig zwischen Reutlingen und Metzingen, unmittelbar an der Bundesstraße 312 gelegen, staunen Ortsfremde angesichts des Achalm Hofes, der seit 2016 dort steht und seitdem unisono begeistert. Zwei Locations bietet der Hof – für Gruppen unterschiedlicher Größe. Zum einen steht die Eventscheune mit 375 m² Aktionsfläche zur Verfügung – barrierefrei und mit einer technischen Grundausstattung versehen kann die Scheune – je nach Veranstaltungsformat – unterschiedlich möbliert werden. Mit 240 m² Grundfläche schließt sich die im Jahr 2021 entstandene Almhütte an – ebenso gastlich, ebenso stimmungsvoll eingerichtet und ausgestattet, ebenso flexibel zu möblieren. In erster Linie sind die Locations natürlich ausgelassenen Bankettveranstaltungen, auch Hochzeiten und Traditionsfesten vorbehalten, allerdings können sich auch Tagungsveranstalter oder Veranstalter mit Präsentationsabsichten für Eventscheune oder Almhütte entscheiden. Nicht nur in der warmen Jahreszeit kann natürlich das gepflegt wirkende Außengelände in Veranstaltungskonzeptionen einbezogen werden – als Präsentationsfläche, für stimmungsvoll inszenierte Breaks oder einfach, um Stimmung und Gemütlichkeit Revue passieren zu lassen. Die unverzichtbaren Serviceleistungen – egal ob es sich um Dekorationen handelt, um Cateringleistungen oder technische Fragen – werden professionell vom Hofteam erbracht. *Thomas Kühn*

Almluft schnuppern – südlich von Stuttgart

TAGUNG/EVENT

Besonders geeignete Tagungsformen:
Seminare, Meetings

Besonders geeignete Eventformen:
Bankette, kulturelle Veranstaltungen, Präsentationen, Großveranstaltungen, Vorträge, Incentives, Messen

Räume:

Raumzahl:	2
Raumgrößen:	240 – 375 m²
Kapazität:	400 Pers.
Präsentationsfläche:	5.000 m² (outdoor)

HOTEL-KAPAZITÄTEN

im Umkreis von

1 km	6 Zimmer
5 km	35 Zimmer
15 km	600 Zimmer
Eigener Logisbereich	10 Zimmer

CATERING

frei wählbar

A 8: 35 km

Fern: Reutlingen Hbf., 7 km
Nah: Sondelfingen, 2 km

Stuttgart: 30 km

DIE LOCATION …

… ist eine unmittelbar neben der Bundesstraße, die Reutlingen mit Metzingen verbindet, gelegene Destination, die ihre Ursprünge im Jahr 2016 hat: Auf den Grundmauern eines ehemaligen Landwirtschaftsbetriebes wurden zwei Locations, die charmant wirkende Eventscheune sowie die gemütliche Almhütte, errichtet. Unterschiedliche Raumgrößen gewährleisten die Umsetzung vielfältiger Veranstaltungsformate.

Achalm Hof

DAS BESONDERE

Der alpenländische Schick in Baden-Württemberg **begeistert überregional:** Die Destination hat überregionale Bedeutung und findet Freunde, nicht nur in der Region Neckar-Alb!

Unterschiedliche Größen und unterschiedliche Anmutungen der zwei Locations ermöglicht es Veranstaltern, zwischen Eventscheune und Almhütte zu wählen, alternativ beide Locations zu nutzen.

Der gepflegt wirkende **Außenbereich** kann in Veranstaltungsplanungen einbezogen werden.

72766

72766 REUTLINGEN

Stettert 6
Tel. +49 7121 17400
kontakt@achalmhof.de
www.achalmhof.de

Für Sportbegeisterte gilt „INTERSPORT" als erste Adresse: In nahezu jeder guten Einkaufsstraße werden unter diesem Label Sportartikel namhafter Hersteller und Marken präsentiert. Der Sitz der Deutschland-Zentrale des international tätigen Unternehmens befindet sich in den Böllinger Höfen von Heilbronn, unmittelbar neben der BAB 6. Es ist eine wichtige Adresse für die Mitgliedsgeschäfte der Sport-Einkaufsgenossenschaft, die mehrmals im Jahr die Ordermessen besuchen, um vor Ort ihr Sortiment für die kommende Saison zusammenzustellen. Das dafür im Jahr 2004 errichtete firmeneigene Messe- und Eventzentrum feiert im Jahr 2024 sein 20-jähriges Bestehen. Circa 8.000 m² Aktionsfläche werden an sechs Terminen im Jahr für hauseigene Präsentationen benötigt, darüber hinaus stehen die Flächen externen Veranstaltern zur Verfügung! Der Name „redblue" gilt im Großraum Heilbronn-Franken als eine der ersten, profiliertesten und renommiertesten Location-Adressen! Die zur Verfügung stehenden Kapazitäten beeindrucken durch höchste Multifunktionalität! Der tagesbelichtete „raumB" setzt Veranstalterphantasien nahezu keine Grenzen: 5.000 m² Aktionsfläche auf zwei Etagen (die obere ist eine umlaufende Galerie) und 10,6 Meter Raumhöhe präsentieren sich als beeindruckender Freiraum, An- und Ablieferungen sind von drei Seiten möglich. Je nach Veranstalterwunsch ist das umfangreich vorhandene Mobiliar nutzbar, ebenso wie die Leistungen des hauseigenen Caterers, der die im Haus befindliche „sportsbar" und den „speiseraum" betreibt. Optisch hochwertig und mit einem Parkettfußboden ausgestattet, steht das „forum" für eine Vielzahl von Veranstaltungsformaten, etwa für Konferenzen oder Gala-Abende, zur Verfügung. Eine hervorragende Akustik, eine umfangreiche technische Ausstattung und eine fest installierte Bühne markieren die „Big Points". Die zehnköpfige Eventabteilung des redblue versteht sich als Full-Service-Dienstleister, der Kunden von der ersten Planung bis zur Veranstaltung kompetent berät und professionell betreut. Zwei Merkmale sind zu erwähnen: Zum einen stehen circa 1.100 Parkplätze zur Verfügung, zum anderen gilt das redblue als Spezialist für Businessevents.

Thomas Kühn

20 Jahre XXL-Location!

TAGUNG/EVENT

Besonders geeignete Tagungsformen:
Kongresse

Besonders geeignete Eventformen:
Bankette, kulturelle Veranstaltungen, Präsentationen, Großveranstaltungen, Vorträge, Messen

Räume:

Raumzahl:	5
Raumgrößen:	50 – 5.000 m²
Kapazität:	4.000 Pers.
Präsentationsfläche:	8.000 m²

HOTEL-KAPAZITÄTEN

im Umkreis von

5 km	> 130 Zimmer
15 km	> 2.000 Zimmer

CATERING

gebunden

A 6: 2,5 km

Fern: Stuttgart, 60 km
Nah: Heilbronn, 8 km

Stuttgart: 80 km
Frankfurt: 136 km

DIE LOCATION ...

... ist die größte Tagungs- und Eventlocation in der Region Heilbronn-Franken. Räume unterschiedlicher Größe und Anmutung bieten bis zu 4.000 Teilnehmerinnen und Teilnehmern Raum und Platz für eine Vielzahl unterschiedlichster Veranstaltungsformate. Die Flexibilität der Räume setzt Planern (fast) keine Grenzen.

redblue, INTERSPORT Deutschland eG

DAS BESONDERE

Das redblue besticht durch die **Größe** und Großzügigkeit der zur Verfügung stehenden Räume, deren **Flexibilität** sowie die nutzbare Infrastruktur: Planer genießen **Freiräume** und können **Kreativität** entfalten.

Auch die **umgebende Infrastruktur unterstützt Veranstalter** – etwa die nahe Autobahn, die vorhandenen Parkplätze und das hauseigene Catering tragen zu reibungslosen Abläufen bei.

Sehr gute verkehrliche Erreichbarkeit.

74078

74078 HEILBRONN

Wannenäckerstraße 50
Tel. +49 7131 288-4619
redblue@intersport.de
www.intersport-redblue.de

Das Audi Forum Neckarsulm ist ein vielfältiger und vielgestaltiger Erlebnisraum. Gleichermaßen ist es Ausgangspunkt und Ziel von individuellen Entdeckungen, persönlichen Erlebnissen und unvergesslichen Erfahrungen. Als Bestandteil des Standortes des Automobilherstellers Audi, dessen rund 15.000 Mitarbeiterinnen und Mitarbeiter hier die Premiumfahrzeuge der Produktpalette produzieren, macht er das Markenerlebnis komplett. So ist das Forum Ausgangspunkt für Erlebnisführungen – es gibt Touren durch die Produktionsstätten, hautnah erleben Besucher die Produktion von Autos. Es lädt aber auch selbst zum Entdecken und Verweilen ein! Ein Shop präsentiert Audi-Accessoires, die Geschichte der Marke wird vermittelt, liebevoll restaurierte Oldtimer werden gezeigt und im Restaurant Nuvolari genießen Besucher Köstliches – nicht nur aus der schwäbischen Küche! Regelmäßig finden Veranstaltungen statt – internationale Stars der Pop- und Jazz-Szene geben sich ein Stelldichein, Buchlesungen begeistern und jahreszeitliche Unterhaltungsprogramme ziehen ganze Familien in ihren Bann. Natürlich werden hier auch Neuwagen ausgeliefert – ein unvergesslicher Moment, ein familiäres Event! In diesem Umfeld, in dieser Atmosphäre finden Tagungsveranstalter in der zweiten Etage des Forums perfekte Bedingungen – für Konferenzen, Seminare und Meetings. Aber auch für einzigartige und unverwechselbare Events, wie beispielsweise hochwertig inszenierte Bankettsituationen, stehen Flächen zur Verfügung. Die Räume dafür sind ideal: Technisch hochwertig ausgestattet und ergonomisch möbliert, verfügen sie über Verdunklungsmöglichkeiten und Klimaregelungen. Teilweise miteinander kombinierbar, lässt sich eine Vielzahl von Settings darstellen. Seit 2018 ergänzen zwei Kreativräume das Raumportfolio. Neben klassischen Tagungsformen bieten sie Platz für neue Ideen und Kreativität. Außergewöhnlich großzügig ist der Pausenbereich bemessen. Professionell agierend präsentiert sich das Team des Konferenzmanagements. Es unterstützt Veranstalter beratend von Beginn an, begleitet Tagungen und Events bis zum erfolgreichen Abschluss und lebt den Markenanspruch.

Thomas Kühn

Markenanspruch im Veranstaltungsbereich

TAGUNG/EVENT

Besonders geeignete Tagungsformen:
Seminare, Konferenzen, Meetings

Besonders geeignete Eventformen:
Bankette, Präsentationen, Vorträge

Räume:

Raumzahl:	7
Raumgrößen:	41 – 640 m²
Kapazität:	200 Pers.
Präsentationsfläche:	1.000 m²

HOTEL-KAPAZITÄTEN

im Umkreis von

1 km	110 Zimmer
5 km	270 Zimmer
15 km	650 Zimmer

CATERING

gebunden

A 6: 3 km
A 81: 10 km

Fern: Stuttgart, 60 km
Nah: Neckarsulm, 0,5 km

Stuttgart: 85 km

DIE LOCATION ...

... ist als Teil des Audi-Standorts Neckarsulm eine einzigartige, mehr als 10.000 m² große Projektionsfläche der facettenreichen Markenwelt des Automobilherstellers Audi. Veranstaltern stehen in einer faszinierenden und hochmodernen Architektur Räume und Flächen für Tagungen und Events zur Verfügung, die in Verbindung mit dem Markenerlebnis von besonderer Nachhaltigkeit sind.

Audi
Forum Neckarsulm

Audi
Forum Neckarsulm

DAS BESONDERE

Das **hautnah wirkende Markenerlebnis,** die Gegenwärtigkeit einer einzigartigen Historie und die Faszination moderner Technik wirken unmittelbar auf die Dynamik von Tagungen und Events. Die direkte Verbindung von Tagungsteilen mit „Audi-Erlebnissen" garantiert nachhaltigen Veranstaltungserfolg.

Das **kompetent agierende Veranstaltungsteam** begleitet Veranstalter von der ersten Planung bis zur kompletten Umsetzung von Veranstaltungsszenarien und berät mit Professionalität und Erfahrung.

74172

74172 NECKARSULM
NSU-Straße 1
Tel. +49 7132 3170106
audiforum.neckarsulm@audi.de
www.audi.de/foren

Baden-Württemberg gilt als das Land der Tüftler und Erfinder. Damit haben's die Schwaben zu Wohlstand und weltweiter Anerkennung gebracht. Als einer ihrer prominentesten Kreativen gilt Karle Kolbenfresser, der vor circa 100 Jahren tüftelte, experimentierte und erfand – der kleine Ort Tripsdrill, erreichbar auf halber Strecke zwischen Stuttgart und Heilbronn, war dessen Wirkungsstätte. Sein Sohn, Karle Kolbenfresser jun., war nicht weniger erfindungsreich, als dessen Meisterwerk gilt die Katapult-Achterbahn „Karacho". So jedenfalls wird die Geschichte – mit einem Augenzwinkern – erzählt. Ins Reich der Realitäten gehört die Tatsache, dass die Achterbahn noch heute, als eine der mehr als 100 Attraktionen des gleichnamigen Erlebnisparks, jährlich mehr als eine Dreiviertelmillion Gäste in ihren Bann zieht. Jedoch: Das ist nur die halbe Wahrheit, die Geschichte muss zu Ende erzählt werden. Denn Karle Kolbenfresser konnte nur deshalb erfolgreich sein, weil er auf die perfekte Infrastruktur der Tüftlerwerkstatt zurückgreifen konnte. Und die ist auch heute noch von Tagungsgästen in Anspruch zu nehmen. Sie befindet sich mitten in dem bereits erwähnten Erlebnispark. Und so sind es in erster Linie Kreative, die in die großen Fußstapfen des Erfinders treten und die sich bietenden Möglichkeiten für die Bewältigung anspruchsvoller Agenden nutzen: Der Charakter des Raumes speist sich insbesondere aus der allgegenwärtigen detailverliebten Fabrikatmosphäre – die großen Fensterfronten, durch die das Tageslicht zum angenehmen Arbeitslicht wird, und das an historisches Industriedesign erinnernde Interieur, in das sich moderne Tools nahtlos einfügen – all das verdichtet sich zu einer einzigartigen Werkstattatmosphäre. Karles Gäste genießen die Klimatisierung des Raumes und die zur Verfügung stehenden Arbeitsmittel: magnetische Whiteboards, einen großen Flatscreen-Präsentationsmonitor, die Soundanlage sowie das W-LAN. Der Arbeitstag bei Karle beginnt schwungvoll – mit einer VIP-Fahrt in der Katapult-Achterbahn – und kann mit einer außergewöhnlichen Nächtigung im Natur-Resort enden. Mit etwas Glück kann man dort von der Terrasse seines eigenen Baumhauses aus sogar die Wölfe im angrenzenden Wildparadies mit mehr als 60 präsentierten Tierarten heulen hören. *Thomas Kühn*

Die ganze Wahrheit über Karle jun.

TAGUNG/EVENT

Besonders geeignete Tagungsformen:
Seminare, Meetings

Besonders geeignete Eventformen:
kulturelle Veranstaltungen, Präsentationen, Vorträge, Incentives

Räume:

Raumzahl:	2
Raumgrößen:	50 – 200 m^2
Kapazität:	12 – 120 Pers.

HOTEL-KAPAZITÄTEN

im Umkreis von

1 km	68 Zimmer
5 km	53 Zimmer
15 km	90 Zimmer

Eigener Logisbereich
20 Schäferwagen
48 Baumhäuser

CATERING

gebunden

A 6: 34 km
A 8: 39 km
A 81: 21 km

Fern: Stuttgart Hbf., 38 km
Nah: Heilbronn, 21 km

Stuttgart: 60 km

DIE LOCATION ...

... ist Teil des ersten Freizeitparks Deutschlands, des Erlebnisparks Tripsdrill. Integriert in den Erlebnisbereich „Karle Kolbenfresser", steht – exklusiv – die gesamte obere Etage eines Fabrikgebäudes Tagungsgruppen zur Verfügung. Ein umlaufender Balkon sowie ein weiterer, kleiner Tagungsraum können ebenfalls in Planungen einbezogen werden. Als einzigartige Attraktion bietet sich Parkgästen die Übernachtung in Baumhäusern an.

Erlebnispark Tripsdrill

Erlebnispark
Tripsdrill
Mit Liebe gemacht!

74389

DAS BESONDERE

Die **Einrichtung und Programmatik des Raumes** gibt Veranstaltern zum einen die Möglichkeit, Kreativprozesse spielerisch inszenierend in Gang zu setzen, zum anderen unterstützen das Interieur sowie die Ausstattung des Raumes schöpferische Kommunikationsprozesse mit großer Nachhaltigkeit.

Veranstalter können **alle Attraktionen des Parks in die Ablauforganisation der Tagung einbeziehen;** informelle Breaks und Pausen lassen sich gekonnt inszenieren. Auch besondere und einzigartige Incentives und Führungen können separat gebucht werden.

74389 CLEEBRONN/ TRIPSDRILL

Erlebnispark-Tripsdrill-Straße 1
Tel. +49 7135 999335
tagungen@tripsdrill.de
www.tripsdrill.de

Events im Technik-Wunderland

Autofahrer, die die A 6 zwischen Mannheim und Nürnberg circa eine Stunde südlich von Frankfurt passieren, trauen ihren Augen nicht: Nur wenige Meter neben der Autobahn richtet eine Air France Concorde F-BVFB ihren spitzen Bug in den Himmel! Und gleich daneben ragt ihr russisches Pendant, eine Tupolev 144, ebenfalls ins Blau! Dass es sich dabei nicht um Erscheinungen handelt, die übermüdete Pistenpiloten gefangen hält, wird schnell klar: Beide Maschinen komplettieren die Expositionen des größten europäischen Privatmuseums, des Technik Museums Sinsheim, das rund 3.000 Exponate auf einer Gesamtfläche von mehr als 30.000 m² zeigt! Oldtimer, originale Formel-1-Boliden, historische Traktoren, Busse, Nutz- und Militärfahrzeuge und vieles mehr sind von den Museumsmachern liebevoll in historische Szenen integriert, sorgen für Authentizität und schaffen Vorstellungen über technische Entwicklungen. Event-Veranstalter haben die Szenerie, die seit ihrem Bestehen im Jahr 1981 über eine überregionale Ausstrahlung verfügt, für sich entdeckt: Hochwertige Events können hier inszeniert werden – gesetzte Dinner ebenso wie Roadshows auf dem großen Freigelände, Konferenzen und Präsentationen. Einzigartig und unverwechselbar sind die Kulissen, die dafür in reicher Zahl zur Verfügung stehen. Beispielsweise die American Dream Car-Collection, die sich – auch während des Ausstellungsbetriebes! – für Get-together-Situationen hervorragend eignet. Garantiert unvergessen wird auch das Dinner mit Blick auf das Sportwagen-Areal sein! Weitere gastronomische Kapazitäten bieten der Tupolev Salon mit exklusivem Blick in die Museumsausstellung und das Café Lounge. Für Tagungen mit besonderem Charakter bietet sich das IMAX 3D Kino mit einer gigantischen 22 m x 27 m großen Leinwand oder die Veranstaltungshalle „Terminal“ mit 720 m² Grundfläche an. Zusätzliche moderne Tagungskapazitäten für bis zu 200 Teilnehmer sowie Übernachtungsmöglichkeiten finden sich auch im modernen Hotel Sinsheim am Technik Museum. In summa: Das Technik Museum Sinsheim bietet die perfekte Kombination aus Tagungslocation und zur Verfügung stehenden Rahmenprogrammen.

Thomas Kühn

TAGUNG/EVENT

Besonders geeignete Tagungsformen:
Seminare, Konferenzen, Meetings

Besonders geeignete Eventformen:
Bankette, kulturelle Veranstaltungen, Präsentationen, Großveranstaltungen, Vorträge, Incentives, Messen

Räume:

Raumzahl:	13
Raumgrößen:	35 – 720 m²
Kapazität:	500 Personen
Präsentationsfläche:	720 m²

HOTEL-KAPAZITÄTEN

im Umkreis von

1 km	110 Zimmer
5 km	194 Zimmer
15 km	730 Zimmer

CATERING

gebunden

A 6: 1 km

Fern: Sinsheim Museum, 0,4 km
Nah: Sinsheim Museum, 0,4 km

Stuttgart: 110 km
Frankfurt: 115 km

DIE LOCATION ...

... das Technik Museum Sinsheim präsentiert mehr als 3.000 Exponate auf einer Hallenfläche von 30.000 m²; es verfügt über ein großes Freigelände sowie eine multifunktionale Veranstaltungshalle mit integrierter Flight-Deck-Bar, ein IMAX 3D Kino sowie verschiedene Restaurants.

Technik Museum Sinsheim

DAS BESONDERE

Veranstaltungen werden **inmitten der Ausstellung wirkungsvoll in Szene gesetzt:** Flugzeuge, Oldtimer und imposante technische Gerätschaften bieten eine einzigartige und unvergessliche Kulisse.

Alle Serviceleistungen (Organisation, Catering etc.) werden **„aus einer Hand“** geliefert, die individuelle Beratung und Betreuung der Veranstalter genießt oberste Priorität.

Direkt auf dem Gelände befindet sich das Hotel Sinsheim am Technik Museum mit 6 variablen Tagungsräumen und 110 komfortablen Zimmern.

Technik Museum Sinsheim

74889 SINSHEIM
Museumsplatz
Tel. +49 7261 9299-11
rieder@technik-museum.de
www.eventmuseum.de

In Pforzheims attraktiver Mitte

Pforzheim ist weit über seine Grenzen hinaus als Goldstadt bekannt. Die zentrale Lage zwischen Karlsruhe und Stuttgart sowie die perfekten Verkehrsanbindungen bieten sich ideal zur Durchführung von Tagungen und Events an. Das TurmQuartier Pforzheim ergänzt das Angebot optimal und vereint des Weiteren innerstädtisch unterschiedliche Leistungsbereiche unter einem Dach. Neben den klassischen Finanzdienstleistungen, die die Sparkasse Pforzheim Calw bietet, faszinieren Shopping und Gastronomieerlebnisse in exquisitem Rahmen. Darüber hinaus bietet die Location 12 Veranstaltungsräume, die für eine Vielzahl von verschiedenen Veranstaltungsformaten geeignet sind: sowohl für Seminare, Meetings und Konferenzen als auch für Firmen- und Familienevents oder für kulturelle Anlässe. Sie sind teilweise miteinander kombinierbar, präsentieren sich ästhetisch eingerichtet und sind mit modernster Medientechnik ausgestattet. Zudem bieten sie Barrierefreiheit, Tageslicht und kostenfreies WLAN. Einzigartig dürfte die Skylounge sein: Von der Dachterrasse aus genießen Gäste einen unvergesslichen Blick über ganz Pforzheim bis in den Schwarzwald – ein einzigartiger Rahmen für stilvolle Empfänge oder für den krönenden Abschluss eines erfolgreichen Tagungstages. Die Kultur- und Veranstaltungsstätte Forum ist der größte Raum im TurmQuartier Pforzheim und bietet auf 450 m² Raum für bis zu 330 Teilnehmer und Platz (Reihenbestuhlung) für unvergessliche Veranstaltungserlebnisse. Ein Höhepunkt für jede Veranstaltung ist ein Besuch der preisgekrönten Erlebnisausstellung »Gold.Geld.Gesellschaft.«. Sie bietet mit außergewöhnlichen und interaktiven Exponaten Wissenswertes und Geheimnisvolles rund um das Thema Gold und die Entstehung der Pforzheimer Schmuck- und Uhrenindustrie. Des Weiteren gibt die Mineralien-Ausstellung im Atrium einen unterhaltsamen und informativen Einblick in die Geschichte des Bergbaus im Schwarzwald und schafft zugleich die Bühne für zahlreiche Mineralien. Veranstalter werden umfassend bei der Vorbereitung und Durchführung ihrer Planungen durch das Full-Service-Angebot des Veranstaltungsteams begleitet. Das TurmQuartier Pforzheim bereichert die Pforzheimer Mitte maßgeblich und attraktiv.

Thomas Kühn

TAGUNG/EVENT

Besonders geeignete Tagungsformen:
Seminare, Konferenzen, Meetings

Besonders geeignete Eventformen:
Bankette, kulturelle Veranstaltungen, Vorträge

Räume:

Raumzahl:	12
Raumgrößen:	28 – 500 m²
Kapazität:	330 Pers.
Präsentationsfläche:	1.200 m²

HOTEL-KAPAZITÄTEN

im Umkreis von

1 km	208 Zimmer
5 km	118 Zimmer
15 km	200 Zimmer

CATERING

gebunden

A 8: 4 km
A 5: 30 km
A 81: 40 km

Fern: Pforzheim Hbf., 0,7 km
Nah: Pforzheim Hbf., 0,7 km

Stuttgart: 47 km

DIE LOCATION ...

... ist ein Raumensemble unter der Dachmarke TurmQuartier Pforzheim. Insgesamt zwölf Räume vereinen sich zu einer funktionalen Einheit von Tagungs- und Eventräumen mit zahlreichen begleitenden Gestaltungsvarianten. Die innerstädtische Lage, die Nähe zum Bahnhof und die ganzheitliche Servicebetreuung tragen zu Veranstaltungserfolgen bei.

TurmQuartier Pforzheim

Raum | Erlebnis | Banking

Turm Quartier
Raum | Erlebnis | Banking
Sparkasse Pforzheim Calw

DAS BESONDERE

Stil und Einrichtung der zur Verfügung stehenden Räume sind **repräsentativ, gleichzeitig aber auch funktional;** die Medienausstattung präsentiert sich modern und vollständig.

Die **Erlebnisausstellung** »Gold.Geld. Gesellschaft.« und die Mineralien-Ausstellung können in Veranstaltungskonzeptionen einbezogen werden.

Das Veranstaltungsteam bietet **Full-Service-Leistungen.**

75172

75172 PFORZHEIM

Poststraße 3
Tel. +49 7231 99-3360
info@turmquartier.de
www.turmquartier.de

TAGUNG/EVENT

Besonders geeignete Eventformen:
Bankette, kulturelle Veranstaltungen, Präsentationen, Großveranstaltungen, Vorträge, Incentives

Räume:

Raumzahl:	3
Raumgrößen:	80 – 865 m^2
Kapazität:	500 Personen
Präsentationsfläche:	1.300 m^2

HOTEL-KAPAZITÄTEN

im Umkreis von

1 km	200 Zimmer
5 km	200 Zimmer

CATERING

gebunden

Pforzheims Schmuckstück

Gas ist seit mehr als 100 Jahren eine wichtige Energiequelle – es wird damit geheizt, beleuchtet und angetrieben. Riesige Behälter, sogenannte Gasometer, spielten in der Vergangenheit im Nutzungsbetrieb eine wesentliche Rolle. Aus Sicherheitsgründen verzichtete man jedoch auf deren weiteren Betrieb – die in ihren Dimensionen beträchtlichen Anlagen wurden in der Folge oft zu Industriedenkmälern erklärt, häufig auch neuen Nutzungen zugeführt: Als Wohnraum, für Ausstellungen, als Kulturzentren oder gar für sportliche Nutzungen! Der Pforzheimer Gasometer steht für diese Entwicklung beispielhaft. Stadtbildprägend nahe der Innenstadt gelegen, wurde er im Jahre 2003 stillgelegt. Investoren des Parkhotels Pforzheim hatten die zündende Idee für eine neue Nutzung – und setzten sie binnen kurzem in die Realität um: Aus dem Gasometer entwickelten sie mit beträchtlichem Aufwand eine einzigartige Eventlocation! Die repräsentative Fassade des imposanten Baus wurde dazu mit Edelstahlplatten verkleidet und durch ein Funktionsgebäude ersetzt. Bei der Eröffnung der Location im Jahr 2014 beeindruckte das von dem persischstämmigen Künstler Yadegar Asisi gestaltete überdimensionale Panoramabild im Rund, es präsentierte eine historische Episode des antiken Roms im Jahr 312 – 650.000 Besucher wurden in den ersten vier Jahren gezählt! An diesen Erfolg knüpfen weitere Präsentationen an, seit dem Jahr 2023 begeistert Gäste des Gasometers der atemberaubende Rundumblick auf die Akropolis der antiken Stadt Pergamon mit seinem weltberühmten Altar. Mit prächtigen Farben ausgeführt, zeigt es eine detaillierte Szene aus dem Alltagsleben der antiken Metropole. Seit nunmehr neun Jahren zeigen sich auch Eventveranstalter von den Möglichkeiten des Gasometers beeindruckt, der außerhalb der Öffnungszeiten exklusiv für Veranstaltungen angemietet werden kann. Dann wird das Kunstwerk zur faszinierenden Kulisse für Events mit bis zu 500 Teilnehmern, denen eine Aktionsfläche von 800 m^2 zur Verfügung steht. Für die notwendigen Serviceleistungen, auch für das Catering, sorgt die Mannschaft des nahe gelegenen Parkhotels Pforzheim. Pforzheims Schmuckstück wird seine Erfolgsgeschichte weiterschreiben – mit einem atemberaubenden Rundumblick auf die antike Stadt Pergamon. *Thomas Kühn*

A 8: 3,8 km

Fern: Vaihingen a. d. Enz, 20 km
Nah: Pforzheim, 2 km

Stuttgart: 45 km

DIE LOCATION …

… ist ein im Jahr 1912 errichteter Gasometer, der im Jahre 2014 zu einer Eventlocation umgebaut wurde: Sowohl im ergänzenden Funktionsgebäude als auch im Innern des Gasometers können Veranstaltungen durchgeführt werden. Aktuell präsentiert das Gasometer das dritte Panoramabild des Künstlers Y. Asisi. Es bietet einen Rundumblick auf die Akropolis der antiken Stadt Pergamon.

Gasometer Pforzheim

360° GASOMETER PFORZHEIM

DAS BESONDERE

Eine „neue“ Location mit einer „alten“ Geschichte: Obwohl der Gasometer über eine hochinteressante Historie verfügt, präsentiert sich die Location als hochmoderner Veranstaltungsort mit kompletter Infrastruktur.

Ein „altes“ Team in einer „neuen“ Location: Das professionell agierende Team des Parkhotels Pforzheim liefert den veranstaltungsbegleitenden Full Service für das Gasometer, auch die Cateringleistungen werden von der Küchencrew erbracht.

75175 PFORZHEIM

Hohwiesenweg 6
Tel. +49 7231 7760-997
info@gasometer-pforzheim.de
www.gasometer-pforzheim.de

Alte Mühle in neuem Glanz

Bis in das 20. Jahrhundert dienten Mühlen als Kraftwerke und waren Produktionsstätten, in Papiermühlen wurde beispielsweise Papier hergestellt. Welch hohen Stellenwert man diesem Produktionsprozess zubilligte, wird am Beispiel der Buhlschen Mühle in Ettlingen deutlich: Am Rande der Altstadt, in ruhiger Umgebung gelegen, ist urkundlich überliefert, dass vor mehr als 500 Jahren Papier hergestellt wurde, das Gebäudeensemble geht auf das Jahr 1791 zurück. Zwar werden aktuell keine Papierbögen mehr geschöpft, vielmehr ist es dem Engagement der Stadtwerke Ettlingen GmbH zu verdanken, dass die Mühle heute als besonders hochwertige barrierefreie Tagungs- und Eventlocation betrieben wird. Die Sanierungsarbeiten waren aufwändig und kostspielig, allerdings begeistert die Location heute Veranstalter unisono! Drei Gebäude gruppieren sich um einen kleinen Innenhof. Das Gästehaus wartet mit wunderschön eingerichteten Gästezimmern und 3 Tagungsräumen auf Sie. Ein ästhetisches Ambiente bietend, sind sie klimatisiert und verfügen über moderne Kommunikations- und Präsentationstechnik. Sie eignen sich bestens für die Darstellung kleiner bis mittelgroßer Tagungsformate sowie für Plenumsarbeit mit Gruppensequenzen ebenso wie für unterschiedliche Eventformate. Vergleichbaren Arbeitskomfort bietet das benachbarte Mühlengebäude. Dort stehen insgesamt 5, teilweise kombinierbare Räume zur Verfügung. Die funktional-ästhetische Optik aller Räume besticht: Holzfußböden, ergonomische Möblierung, freiliegendes historisches Fachwerk, helle Transparenz, moderne Kommunikations- und Präsentationstechnik, Tageslicht und die überaus angenehme Farbgebung verdichten sich zu einer perfekten Arbeitsumgebung, die durchaus auch repräsentativen Charakter trägt. Nicht nur der Saal Werner-von-Siemens, der in Bankettbestuhlung bis 140 Gäste gebucht werden kann, sondern auch der durch einen separaten Eingang erreichbare Saal Charles Augustin Coulomb bietet Platz für bis zu 64 Feiernde, insbesondere Hochzeitsgesellschaften. Historisch Bewahrtes, von moderner Architektur in Szene gesetzt und nachhaltig bewirtschaftet, macht die Buhlsche Mühle zu einer Location, die höchsten Ansprüchen ebenso wie einzigartigen Eventerlebnissen entspricht.

Thomas Kühn

TAGUNG/EVENT

Besonders geeignete Tagungsformen:
Seminare, Meetings

Besonders geeignete Eventformen:
Bankette, kulturelle Veranstaltungen, Vorträge, Incentives

Räume:

Raumzahl:	8
Raumgrößen:	52 – 232 m²
Kapazität:	199 Pers.
Präsentationsfläche:	200 m²

HOTEL-KAPAZITÄTEN

im Umkreis von

1 km	90 Zimmer
15 km	500 Zimmer
Eigener Logisbereich	6 Zimmer

CATERING

frei wählbar

A 5: 3 km

Fern: Karlsruhe Hbf., 7 km
Nah: Albgaubad, 0,5 km

Baden Airpark: 30 km
Stuttgart: 73 km
Frankfurt/Main: 136 km

DIE LOCATION ...

... ist ein am Rande der Ettlinger Altstadt gelegenes Industriedenkmal. Ursprünglich eine Papiermühle, wurde das Anwesen aufwändig um- und ausgebaut und im Jahr 2005 als Tagungs- und Ausstellungszentrum eröffnet. Neben Veranstaltungsräumen bietet das Anwesen auch Ausstellungsräume sowie Gästeappartements. Dem Management der Mühle ist nachhaltiges Wirtschaften eine Herzensangelegenheit – in allen Bereichen; Verträge mit Kooperationspartnern werden unter Beachtung von Nachhaltigkeitsbelangen abgeschlossen.

Buhlsche Mühle

Buhlsche Mühle
Tagungszentrum Ettlingen

DAS BESONDERE

Umfassende Serviceleistungen „aus einer Hand“: Veranstalter können ihre Tagung und ihr Event nach ihren Vorstellungen konfigurieren, vorgeschlagene Arrangements werden dazu variiert.

Standesamtliche Trauungen unter freiem Himmel sind möglich!

Der **Ausstellungsraum der Mühle** ist ein multifunktionaler Raum – Empfängen oder Veranstaltungsbreaks, Sektempfängen und Get-together-Situationen bietet er einen würdigen und repräsentativen Rahmen.

76275

76275 ETTLINGEN

Pforzheimer Straße 68
Tel. +49 7243 1018444
info@buhlsche-muehle.de
www.buhlsche-muehle.de

Seit 2016 schreibt die Location eine Erfolgsgeschichte: Unmittelbar am Rheinufer, gegenüber dem französischen Straßburg gelegen, ist dass Areal von einem regional ansässigen Unternehmer Stück für Stück zu einer beeindruckenden Destination entwickelt worden, die Dienstleistungen, Freizeit, Wellness und Beherbergung unter der Dachmarke „Calamus-Areal" präsentiert. Das Areal bietet auf 46.000 m² alles, was Sie für eine erfolgreiche Veranstaltung brauchen: Erholung im „CalaSpa", Genuss im „Chattanooga Grillrestaurant" oder im Restaurant „Julia's", spannende Freizeit- oder Teambuilding-Möglichkeiten in der Indoor-Kartbahn „CalaRace" und dem Spiel- & Kletterpark „Sensapolis Kehl". Die Eventlocation Orangerie schafft dabei den passenden Rahmen für Ihre Veranstaltung. Die Orangerie verfügt über eine signifkante Architektur und bedient damit exakt die Bedürfnisse von Tagungs- und Eventveranstaltern: Die knapp 500 m² Fläche werden in 8,80 m Höhe von einem beeindruckenden Glasdach überspannt – gemeinsam mit den bodentiefen, großflächigen Fenstern bietet die Location damit äußerst komfortabel Lichtverhältnisse und Aussichten sowie eine nutzbare Terrasse! Die Wandelbarkeit ist darüber hinaus durch die variable Möblierung gewährleistet. In summa: Nahezu jedes Veranstaltungsformat – zu jeder Tageszeit – kann dargestellt werden, die Bandbreite reicht von klassischen Tagungsveranstaltungen über Messen bis hin zu hochwertigen und beeindruckend inszenierten abendlichen Dinnerveranstaltungen, die vom abendlichen Sternenhimmel gekrönt werden. Unbedingt erwähnenswert ist das neben der Orangerie befindliche, mit vier DEHOGA-Sternen klassifizierte Hotel Calamus. Zum einen natürlich, weil es mit seinen 99 Zimmern unverzichtbarer Bestandteil des Calamus-Konzeptes ist und Gästen sowie Veranstaltern Beherbergung bietet. Zum anderen stehen im Hotel vier weitere tagesbelichtete und modern ausgestattete Tagungsräume zur Verfügung – eine perfekte Ergänzung des Calamus-Veranstaltungsportfolios. Das Konzept des Areals überzeugt in allen Bereichen! *Thomas Kühn*

Überzeugendes Konzept

TAGUNG/EVENT

Besonders geeignete Tagungsformen:
Seminare, Konferenzen, Meetings

Besonders geeignete Eventformen:
Bankette, kulturelle Veranstaltungen, Präsentationen, Großveranstaltungen, Vorträge, Messen

Räume:

Raumzahl:	5
Raumgrößen:	45 – 500 m²
Kapazität:	300 Pers.

HOTEL-KAPAZITÄTEN

im Umkreis von

1 km	99 Zimmer
5 km	160 Zimmer

Eigener Logisbereich 99 Zimmer

CATERING

gebunden

A 5: 13 km

Fern: Strasbourg Hbf., 12,6 km
Nah: Kehl Hbf., 6,8 km

Aéroport de Strasbourg-Entzheim: 27,8 km
Karlsruhe/Baden-Baden: 48 km

DIE LOCATION ...

... ein in 8 Jahren gewachsenes Areal in Kehl nahe Straßburg. Auf dem Gelände einer ehemaligen Spedition wurde neben Restaurants, einer Sauna- und Wellnesslandschaft und einem Indoor-Spiel- & Kletterpark auch eine Eventlocation errichtet, die als multifunktional nutzbare Location beeindruckende Raumparameter bietet und deren Architektur an klassische Orangeriebauten erinnert. Ein ebenfalls auf dem Areal befindliches 4-Sterne-Hotel bietet darüber hinaus vier modern eingerichtete und ausgestattete Tagungsräume.

Die Orangerie

die Orangerie

DAS BESONDERE

Der Mix der Sparten Unterhaltung, Freizeit, Teambuilding, Event und Beherbergung ist einzigartig – in der Verbindung liegt der besondere Reiz für Tagungs- und Eventveranstalter.

Das Calamuas-Areal-Konzept überzeugt durch **Modernität und Nachhaltigkeit:** Dafür sorgen innovative Techniken und die Nutzung „erneuerbarer" Energien.

Veranstaltern steht eine **langjährig erfahrene Servicecrew** bei der Planung und Umsetzung von Tagungen und Events zur Verfügung.

77694

77694 KEHL-SUNDHEIM

Boschstraße 4d
Tel. +49 7851 6430 452
veranstaltungen@calamus-areal.de
www.orangerie-kehl.de

Der im Südbadischen gelegene Europa-Park ist nicht nur Deutschlands größter Freizeitpark, der seit seinem Bestehen Jahr für Jahr internationale Auszeichnungen und Anerkennungen erhält, sondern auch eine erste – und faszinierend vielfältige – Adresse für Veranstalter, die neben einem außergewöhnlichen Ambiente auch aus dem unschätzbaren Fundus von Tagungs- und Eventlocations schöpfen wollen. Das findet seine Ursache in der Konzeption des Parks selbst: Europa, seine Länder und die typischen Sehenswürdigkeiten sind konzeptionell mit einzigartigen Erlebniselementen verbunden. Die im Jahr 2024 neu eröffnete Stahlachterbahn Voltron Nevera sowie die „blue fire Megacoaster" gelten als unübertroffene Highlights. Der Park kann für sich in Anspruch nehmen, Jahr für Jahr mit neuen Attraktionen aufzuwarten und sein Publikum zu begeistern, darüber hinaus finden normalerweise jedes Jahr mehr als 1.300 Veranstaltungen im Europa-Park statt. Auf dem 95 Hektar großen Parkgelände werden insgesamt 17 europäische Themenbereiche mit mehr als 100 Attraktionen und Shows präsentiert. Von Beginn an hat deshalb der Park auch eine große Anziehungskraft auf Veranstalter ausgeübt. Denn: Die Verbindung von Tagungen, Konferenzen oder Seminaren mit erlebnisorientierten Incentive-Absichten ist ein Erfolgsgarant. Die Entführung von Tagungsgästen in das Ambiente einer spanischen Finca, in ein französisches Bistro, auf eine abenteuerliche Reise in den indonesischen Dschungel oder in den Silver Lake Saloon, den „Wilden Westen" des Parks, hinterlässt nachhaltige Eindrücke! Neben der Nutzung von Locations im Parkbereich stehen Veranstaltern auch Räume in insgesamt sechs 4-Sterne-(Superior-)Hotels zur Verfügung. Und die im Confertainment-Center gelegene Europa-Park Arena bietet auf einer beeindruckenden Fläche von 3.000 Quadratmetern Möglichkeiten für Inszenierungen von bis zu 5.000 Teilnehmern, u.a. Gala-Abende, Kongresse und Messen. Für Veranstalter wurde im Europa-Park ein maßgeschneidertes Konzept entwickelt: „Confertainment" verbindet die professionelle Organisation von Tagungen mit motivierenden Unterhaltungselementen. Ein in allen Punkten schlüssiges und beeindruckendes Gesamtkonzept. *Thomas Kühn*

Veranstaltungsort der Superlative

TAGUNG/EVENT

Besonders geeignete Tagungsformen:
Seminare, Kongresse

Besonders geeignete Eventformen:
Bankette, kulturelle Veranstaltungen, Präsentationen, Großveranstaltungen, Vorträge, Incentives

Räume:

Raumzahl:	52
Raumgrößen:	26 – 3.000 m^2
Kapazität:	max. 5.000 Pers.
Präsentationsfläche:	3.000 m^2

HOTEL-KAPAZITÄTEN

Die sechs 4-Sterne-(Superior-) Hotels des Europa-Parks bieten insgesamt 1.265 Zimmer und Suiten.

CATERING

Europa-Park-Gastronomie

A 5: 3 km

Fern: Hbf. Freiburg, 35 km
Nah: Ringsheim, 5 km

Baden-Airpark, Karlsruhe/ Baden-Baden: 64 km
EuroAirport, Basel: 90 km

DIE LOCATION ...

... Deutschlands größter Freizeitpark, der auf einem 95 Hektar großen Gelände in 17 europäischen Themenbereichen spannende Action und farbenprächtige Inszenierungen für Jung und Alt präsentiert. Mit über 6 Millionen Besuchern im Jahr zählt Deutschlands größter Freizeitpark zu den beliebtesten Ausflugszielen der Nation. Zu erleben sind die Restaurant-Weltneuheit Eatrenalin, Wasserspaß in der Rulantica Wasserwelt und YULLBE, das ultmative VR-Erlebnis.

Europa-Park Confertainment

Confertainment
Europa-Park

DAS BESONDERE

Professionelle **Verbindung** von spektakulären Unterhaltungselementen in einem **Freizeitpark** mit vielfältigen Rahmenprogrammen und maßgeschneiderter **Tagungsbetreuung.**

Vielfältiges Raumangebot in unterschiedlichster Größe, auch in teilweise themenorientiertem Ambiente.

Nahezu **unbegrenzte Möglichkeiten im Gastronomiebereich:** themenbezogen von „leicht" bis „rustikal".

77977

77977 RUST

Confertainment Office
Europa-Park-Straße 2
Tel. +49 7822 7714400
confertainment@europapark.de
www.europapark.de
www.confertainment.de

Erlebnis Kochelsee

Das bayerische Voralpenland schöpft seine Faszination aus der unschlagbaren Kombination von idyllisch gelegenen Seen vor dem beeindruckenden Panorama der Berge. Diese Kulturlandschaft hat immer Menschen begeistert, erinnert sei an die Passion Ludwigs II. Und natürlich hält diese Begeisterung bis heute an – zu jeder Jahreszeit genießen Erholungssuchende und Touristen das unvergleichliche Flair an den berühmten Seen, am Chiemsee ebenso wie am Starnberger oder etwa am Tegernsee. Die bayerische Seenlandschaft ist jedoch vielfältiger und so lassen sich Kleinode entdecken, fernab der Touristenströme, mit beschaulichen Ecken und stillen Ufern. Ein Beispiel dafür ist der 70 Kilometer südlich von München gelegene Kochelsee. Keine Frage, auch diese Destination ist touristisch erschlossen, bietet aber dennoch begeisternde Ruhe und Natürlichkeit – das perfekte Umfeld für Veranstaltungen, deren Teilnehmer konzentriert arbeiten wollen und denen Regenerationsphasen in intakter Natur wichtig sind. Bedingungen, die Veranstalter in der Georg-von-Vollmar-Akademie in Kochel am See finden. Herzstück des Anwesens ist das aus dem 17. Jahrhundert stammende Schloss Aspenstein – ein malerisch gelegenes Refugium. Mit seinen fünf gut ausgestatteten Tagungsräumen, eigener Gaststube und Saunabereich beeindruckt das hoch über dem See gelegene Anwesen mit einem einzigartigen Arbeitsumfeld und unvergleichlichem Ausblick über das Panorama der Voralpen. Seminargruppen sind hier „unter sich", fern von störenden Einflüssen. Zudem ermöglicht die Raumkonstellation eine reibungslose Plenumsarbeit, die ihre Ergänzung in gut organisierten Gruppenarbeitsphasen findet. Großen Wert legt das Akademiemanagement auf die Küche: Zu den Hauptmahlzeiten werden Buffets angerichtet, die sich thematisch an Bayerisch-Traditionellem und Internationalem oder Vegetarischem orientieren. Der 41 Zimmer umfassende Logisbereich befindet sich direkt in dem an das Schloss grenzenden Gästehaus. Das „Erlebnis Kochelsee" wird für Veranstaltungsteilnehmer vollständig, wenn Exkursionen, u.a. ins Franz Marc Museum, oder eine Moorwanderung ergänzend organisiert werden – die Veranstaltungsabteilung der Akademie unterstützt auch in diesem Punkt. *Thomas Kühn*

TAGUNG/EVENT

Besonders geeignete Tagungsformen:
Seminare, Konferenzen, Klausuren, Meetings

Besonders geeignete Eventformen:
kulturelle Veranstaltungen, Vorträge

Räume:

Raumzahl:	5
Raumgrößen:	25 – 150 m^2
Kapazität:	75 Pers.

HOTEL-KAPAZITÄTEN

im Umkreis von 1 km	40 Zimmer
Eigener Logisbereich	41 Zimmer

CATERING

gebunden

A 95: 10 km

Fern: Garmisch-Partenkirchen, 36 km
Nah: Kochel am See, 1 km

München: 118 km
Innsbruck: 68 km

DIE LOCATION ...

... ist ein eingetragener Verein, der sich der politischen Erwachsenenbildung verpflichtet sieht; insbesondere der Vermittlung demokratischer Grundrechte kommt eine besondere Bedeutung bei. Der historische Teil der Akademie, Schloss Aspenstein, wird durch einen modernen Gebäudekomplex, der u.a. den Logisbereich beherbergt, ergänzt.

Georg-von-Vollmar-Akademie e.V.

DAS BESONDERE

Die Georg-von-Vollmar-Akademie e.V. schöpft ihre **Faszination aus ihrer Lage:** Hoch über dem See bieten sich grandiose Ausblicke, die umgebende Natur besticht durch ihre Natürlichkeit – in summa: ein perfektes, weil ungestörtes Lernumfeld.

Die ausschließliche Konzentration der Akademie auf Bildungsarbeit und Wissensvermittlung garantiert ein hohes Maß an **professioneller Tagungsbetreuung.**

Veranstaltungsabteilung unterstützt bei der Organisation hochwertiger Rahmenprogramme.

Georg-von-Vollmar-Akademie e.V. Kochel am See

82431

82431
KOCHEL AM SEE
Am Aspensteinbichl 9–11
Tel. +49 8851 78-0
tagen@vollmar-akademie.de
www.vollmar-akademie.de

Was tun, um dem schwindenden Zusammenhalt von Homeoffice-Teams entgegenzuwirken und gleichzeitig die Bindung der Mitarbeiter ans Unternehmen zu steigern? Eine Antwort liegt ganz im Süden, in einer der beliebtesten Urlaubsregionen Bayerns, am Fuße des mächtigen Karwendelgebirges, nahe Kochel- und Walchensee, einen Katzensprung von Garmisch und dem Geigenbauort Mittenwald entfernt. Hier lockt das Parkhotel Wallgau samt zugehöriger Golf-Alm mit unvergesslichen Team-Erfahrungen in einem Umfeld, das von Ruhe, Natur sowie einer hohen Aufenthaltsqualität geprägt ist – und in dem jedes Meeting, jeder noch so arbeitsintensive Workshop zum Event mit Incentive-Charakter avanciert. MICE-Gruppen genießen eine hervorragende Küche, darüber hinaus Exklusivität und können sich deshalb nicht nur der Aufmerksamkeit des Serviceteams sicher sein, sondern auch die zur Verfügung stehenden Räumlichkeiten frei nutzen. Letztere überzeugen durch ihren individuellen Charme und werden vor allem von „Vieltagern" als inspirierende Abwechslung zu klassischen Tagungsorten wahrgenommen. Mit dem Ensemble „Kavalierstube mit Galerie" stehen zwei Räume in einem zur Verfügung – das bedeutet nicht nur massig Platz, sondern auch ein perfektes Setting für Veranstaltungen, bei denen sich Präsentationen im Plenum mit Arbeiten in Kleingruppen abwechseln. Ergänzend lassen sich Meetings in die „Max & Moritz Stube" ausgliedern, wo die lockere Bar-Atmosphäre dazu beiträgt, die ein oder andere Barriere innerhalb einer Gruppe abzubauen. Ebenfalls nutzbar sind diverse Chalets sowie der grüne Außenbereich mit Pavillon und Lounge-Sofas. Das völlig andersartige Tagungsgefühl resultiert darüber hinaus auch aus den möglichen Rahmenprogrammen im Umland: Von Spaziergängen mit Brotzeitüberraschung an der Isar über Golfen mit Alpenpanorama bis hin zum stimmungsvollen Bayernabend in der Golf-Alm. Inmitten paradiesischer Natur zur Ruhe zu kommen, in der Abgeschiedenheit zusammenzufinden und weit weg vom Büroalltag die gemeinsame Zeit genießen zu dürfen, stärkt persönliche Bande – und macht einfach nur dankbar. Arbeit, Vergnügen und Mitarbeiterbindung, perfekt kombiniert!

Raphael Werder

Jedes Meeting ein Event!

TAGUNG/EVENT

Besonders geeignete Tagungsformen:
Seminare, Konferenzen, Klausuren, Meetings

Besonders geeignete Eventformen:
Bankette, Vorträge, Incentives

Räume:

Raumzahl:	4
Raumgrößen:	40 – 100 m^2
Kapazität:	80 Pers.

HOTEL-KAPAZITÄTEN

im Umkreis von

1 km	20 Zimmer
5 km	40 Zimmer
15 km	200 Zimmer
Eigener Logisbereich	44 Zimmer

CATERING

gebunden

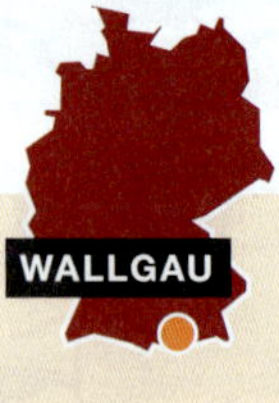

A 95: 30 km

Fern: Garmisch-Partenkirchen, 17 km
Nah: Klais, 6 km

Innsbruck: 45 km
München: 125 km

DIE LOCATION ...

... ist ein mit viel Hingabe betriebenes, familiengeführtes Urlaubshotel mit zugehöriger Eventlocation „Golf-Alm" in einer der beliebtesten Reiseregionen Bayerns, zwischen Karwendelgebirge, Walchensee, Garmisch-Partenkirchen und dem Geigenbauort Mittenwald. MICE-Gäste erfreuen sich im Raumensemble „Kavalierstube mit Galerie" sowie in der „Max und Moritz Bar" eines Tagungsumfelds, das „erfrischend anders" ist.

Parkhotel Wallgau mit Golf-Alm

PARKHOTEL WALLGAU
Golf-Alm

DAS BESONDERE

Ob Meeting oder Incentive: **MICE-Gruppen genießen im Parkhotel Wallgau immer Exklusivität** – und damit die volle Aufmerksamkeit des Serviceteams.

Die Tagungsräume erfüllten ursprünglich andere Zwecke und sind damit perfekt für Gruppen geeignet, die ein **außergewöhnliches Tagungsumfeld** suchen.

In der wenige Minuten entfernten **Golf-Alm** lassen sich **urbayerisch-gemütliche und stimmungsvolle Events** durchführen – mit spektakulärem Blick ins Karwendelgebirge.

82499

82499 WALLGAU
Barmseestraße 1
Tel. +49 8825-290
info@parkhotel-wallgau.de
www.parkhotel-wallgau.de

© Mila Pairan Photography

Der Standort ist perfekt: Mittig im Städtegeviert von Passau, Regensburg, Salzburg und Ingolstadt gelegen, erreichen Gäste das Tagungszentrum Landshut vom Münchner Flughafen aus in weniger als einer halben Stunde, Autobahnanbindungen sind auf kurzen Wegen erreichbar! Und auch die Mikrofaktoren bescheren dem Tagungszentrum Landshut Bestnoten. Damit kann das „ta.la" für sich in Anspruch nehmen, eine erstklassige Veranstaltungsadresse in Niederbayern zu sein. Äußerst angenehm präsentiert sich das unmittelbare Locationumfeld grün und natürlich, es gilt als absolut störungsfrei. Oberhalb der Isarmetropole gelegen, sind die Wege nach Downtown kurz und offerieren zahlreiche Möglichkeiten der Organisation attraktiver Rahmen- und Begleitprogramme; Gotik und Renaissance haben hochinteressante Spuren in der Stadt hinterlassen, die Altstadt gilt als einer der am besten erhaltenen historischen Stadtkerne des Landes! Veranstalter wissen darüber hinaus um die direkten Vorzüge des ta.la: Mehr als 52 Veranstaltungsräume unterschiedlicher Größe stehen zur Verfügung! Transparenz, beste Lichtverhältnisse und die Ausstattung mit moderner Präsentations- und Kommunikationstechnik lassen keine Veranstalterwünsche offen. Neben der Aula, die 350 Tagenden Arbeitskomfort bietet, fasziniert die ehemalige Sporthalle mit 1.400 m² Aktionsfläche, die für eine Vielzahl von Veranstaltungsformaten, auch für Präsentationen, genutzt werden kann. Diesen Veranstaltungskapazitäten stehen adäquate Logiskapazitäten, insgesamt 416 Zimmer, gegenüber. Neben umfassenden Arbeitsmöglichkeiten legt man im ta.la großen Wert auf die zur Verfügung stehenden Sport- und Freizeitangebote des Hauses – Schwimmbad, Sauna, Kegelbahn, Fitnessraum und Tennisplätze laden zu sportlichen Aktivitäten nach einem anstrengenden Arbeitstag ein. Angesichts dieser Angebotskomplexität versteht es sich von selbst, dass das Küchenteam Großartiges leistet: Von der urigen Jause bis zum vielgängigen Gala-Dinner werden regionale Produkte fachlich versiert zubereitet, Themenbuffets und Grillabende können kulinarische Akzente auf der Tagungsagenda setzen. Das „tagungszentrum landshut" besticht mit großer Angebotsvielfalt, umfassenden Serviceleistungen und einem reichen Angebot hochwertiger Freizeitgestaltungsvarianten.

Thomas Kühn

Große Angebotsvielfalt

TAGUNG/EVENT

Besonders geeignete Tagungsformen:
Seminare, Konferenzen, Klausuren, Kongresse, Meetings

Besonders geeignete Eventformen:
Bankette, Präsentationen, Großveranstaltungen, Vorträge, Messen

Räume:

Raumzahl:	52
Raumgrößen:	25 – 1.400 m²
Kapazität:	450 Pers.
Präsentationsfläche:	200 m²

HOTEL-KAPAZITÄTEN

Eigener Logisbereich 416 Zimmer

CATERING

gebunden

A 92: 6 km

Fern: München Hbf., 80 km
Nah: Landshut, 6 km

München: 45 km

DIE LOCATION ...

... ist aus der ursprünglichen Sparkassenakademie Bayern, der zentralen Bildungseinrichtung der Sparkassenfinanzgruppe Bayerns, hervorgegangen. Das ta.la bietet mehr als 50 Tagungsräume sowie eine technisch sehr hochwertig ausgestattete Aula. Umfassende Sport- und Freizeitangebote auf dem Gelände des Zentrums sowie kurze Wege in die sehenswerte Landshuter Altstadt ermöglichen die Gestaltung einer Vielzahl attraktiver Freizeitprogramme. Die Location führt Nachhaltigkeitszertifikate.

ta.la
tagungszentrum landshut

DAS BESONDERE

Die **hervorragenden Arbeitsbedingungen,** die architektonische Ästhetik sowie die technisch hochwertig eingerichteten Tagungsräume machen das „tagungszentrum landshut" zu einer besonders leistungsfähigen Tagungslocation; zahlreiche teambildende Aktivitäten können mit einer kooperierenden Agentur organisiert werden.

Das **umfassende Sport- und Freizeitangebot des ta.la** bietet die Gewähr für die Organisation aktiver Erholungssequenzen und hochwertiger Rahmenprogramme.

ta.la tagungszentrum landshut

© Mila Pairan Photography

84036

84036 LANDSHUT

Bürgermeister-Zeiler-Straße 1
Tel. +49 871 5040
info@tala.de
www.tala.de

Landhotel Hallnberg erfreut sich bei Tagungsveranstaltern großer Beliebtheit: Im weitläufigen Grüngürtel Münchens gelegen, ist das Haus mit öffentlichen Verkehrsmitteln ebenso gut erreichbar wie mit Flugzeug und PKW. Zudem lockt die bayerische Landeshauptstadt mit zahlreichen Möglichkeiten der Planung und Umsetzung hochattraktiver Rahmen- und Begleitprogramme. Und selbst das unmittelbare Hotelumfeld trägt zum Veranstaltungserfolg bei: Es stehen kostenfreie Parkplätze zur Verfügung, die Alleinlage des Hauses gewährleistet Störungsfreiheit und die unmittelbare grüne Umgebung kann in Tagungsplanungen einbezogen werden. Die spürbar gestiegene Nachfrage der letzten Jahre war Familie Lanzinger und dem Hotelteam Anlass, darüber nachzudenken, wie weitere Kapazitäten geschaffen werden können, auch wie qualitativ höheren Ansprüchen an ein besonderes Tagungsumfeld entsprochen werden kann – die Idee vom Event-Bungalow war geboren, die Einbeziehung und Neugestaltung des umgebenden Gartens dann die folgerichtige Entscheidung. Seit November 2024 präsentiert sich nunmehr die Adresse in neuem Schick: Unmittelbar am Hotel, das neben 30 Zimmern insgesamt sechs Tagungsräume bietet, fügt sich der Tagungsbungalow in die grüne Natur und komplettiert das Angebotsportfolio des Hotels. Hinter der eindrucksvollen Lärchen-Fassade finden Veranstalter einen stilvoll gestalteten Raum: Honiggelbes Parkett, eine Holzdecke und bodentiefe Fenster dominieren die Optik und schaffen eine einzigartige, geschätzte Atmosphäre, die wahlweise entspanntes Arbeiten, aber auch für stimmungsvolles Feiern gewährleistet. Dank flexibler Möblierung kann eine Vielzahl von Veranstaltungsformaten dargestellt werden, der 90 m² große Raum bietet maximal 50 Personen Raum und Platz. Die Möglichkeiten, die der ebenfalls neu gestaltete Garten bietet, sind immens – in der unmittelbaren Verbindung von Bungalow und Garten bieten sich weitere Möglichkeiten für Präsentationen und Events. Mit der Einweihung des Event-Bungalows arrondiert Landhotel Hallnberg sein Tagungs- und Eventportfolio. *Thomas Kühn*

Inspiration im Münchner Umland

TAGUNG/EVENT

Besonders geeignete Tagungsformen:
Seminare, Klausuren, Meetings

Besonders geeignete Eventformen:
Bankette, kulturelle Veranstaltungen, Präsentationen, Vorträge, Messen

Räume:

Raumzahl: (weitere 6 Räume im Hotel)	1
Raumgrößen:	90 m²
Kapazität:	50 Pers.

HOTEL-KAPAZITÄTEN

im Umkreis von

5 km	75 Zimmer
15 km	3000 Zimmer
Eigener Logisbereich	30 Zimmer

CATERING

gebunden

A 94: 7 km

Fern: München Hbf., 35 km
Nah: Walpertskirchen, 2 km

München: 18 km

DIE LOCATION ...

... ist eine neu entstandene Veranstaltungsdestination, die die bestehenden Angebote von Landhotel Hallnberg auf sinnvolle und ergänzende Art komplettiert. Der Event-Bungalow bietet neben umfassenden technischen Lösungen auch flexible Bestuhlungsmöglichkeiten und ist klimatisiert. Für Rahmenprogramme und Teambuildings kann der 100 m² große neue Garten genutzt werden.

Bungalow & Garten Hallnberg

HALLNBERG
LANDHOTEL
EST 1874

DAS BESONDERE

Die unmittelbare **Verbindung von einem etablierten Hotel mit** seinem umfassenden Know-how mit einer neu entstandenen und hochkomfortabel eingerichteten und ausgestatteten **Veranstaltungslocation** bietet umfassende Synergien – bei Organisation und Durchführung.

Die **Nähe zu München** gewährleistet zahlreiche Möglichkeiten für die Organisation hochattraktiver Rahmen- und Begleitprogramme.

Für alle Cateringleistungen zeichnet die **professionell agierende Küchencrew** des Hotels verantwortlich.

85469

85469
WALPERTSKIRCHEN

Hallnberg 2
Tel. +49 8122 99440
info@hallnberg.de
www.landhotel-hallnberg.de

Augsburg hat eine lange Tradition als Stadt des Handels und der Messen. Lage und nahe sich kreuzende Handelswege machten den Ort bereits im Mittelalter zum überregional bedeutsamen „hot spot". Historisch gesehen ist der Name Augsburgs unmittelbar mit dem der einst so mächtigen Handelsdynastie, der Familie Fugger, verbunden. Und auch wenn viele hundert Jahre inzwischen vergangen sind, spielt Augsburg noch immer eine herausragende Rolle im süddeutschen Messegeschäft. Um der gerecht zu werden, wurde Ende der 80er Jahre eine beeindruckende Infrastruktur im Süden der Stadt entwickelt. Gut erschlossen über eine Bahnlinie mit einem eigenen Haltepunkt sowie über die Bundesstraße und mit mittelbarer Anbindung an die BAB 8, die München mit Stuttgart verbindet, wurde das drittgrößte Messegelände Bayerns im Jahr 1988 eröffnet. Und auch wenn das Kerngeschäft, die Durchführung von Messen und Expositionen, heute mehr Raum denn je einnimmt, erreicht auch das Veranstaltungsgeschäft eine große Relevanz, denn längst haben Tagungs- und auch Eventveranstalter die Möglichkeiten erkannt, die sich ihnen auf dem Gelände bieten. Von besonderem Interesse sind dabei die beeindruckenden Kapazitäten: Sieben Hallen bieten 48.000 m² Ausstellungsfläche! 10.000 m² Freifläche sind nutzbar und das Tagungscenter offeriert 2.200 m² nutzbare Aktionsflächen! Während die multifunktionale Schwabenhalle und die Halle 5 insbesondere für Großereignisse, etwa für Konzerte oder Sportereignisse, prädestiniert sind, finden Tagungsveranstalter exzellente Bedingungen im Tagungscenter. Hinter der futuristisch wirkenden Fassade stehen insgesamt 16, teilweise miteinander kombinierbare, tagesbelichtete und ergonomisch möblierte Arbeitsräume auf zwei Gebäudeebenen für maximal 400 Tagende zur Verfügung. Die Messe Augsburg bietet eine hochmoderne technische Infrastruktur. Für weitergehende technische Veranstalterwünsche bieten erfahrene Servicepartner umfassende Dienstleistungen; darüber hinaus werden Catering-Leistungen, Rahmenprogramme und Hotelbuchungen ebenfalls von der umsichtigen Service-Crew erbracht.

Thomas Kühn

Traditionsreicher Standort

TAGUNG/EVENT

Besonders geeignete Tagungsformen:
Konferenzen, Kongresse, Meetings

Besonders geeignete Eventformen:
kulturelle Veranstaltungen, Präsentationen, Großveranstaltungen, Vorträge, Messen

Räume:

Raumzahl:	16
Raumgrößen:	28 – 6.082 m²
Kapazität:	8.500 Pers.
Präsentationsfläche:	2.150 m² (indoor)
	10.000 m² (outdoor)

HOTEL-KAPAZITÄTEN

im Umkreis von

1 km	3.500 Betten
5 km	6.000 Betten
15 km	7.000 Betten

CATERING

gebunden

A 8: 11 km

Fern: Augsburg Hbf., 5 km
Nah: Messe Augsburg Hbf., 0,2 km

München: 93 km
Memmingen: 87 km

DIE LOCATION ...

... das in den späten 80er Jahren entstandene, zwischenzeitlich ergänzte und erweiterte Messegelände im Süden der Stadt Augsburg. Der drittgrößte bayrische Anbieter seiner Art beeindruckt mit sehr großzügig bemessenen Aktionsflächen, die vornehmlich für Messen und Großveranstaltungen genutzt werden. Darüber hinaus steht ein Kongress- und Tagungscenter für bis zu 400 Tagende zur Verfügung.

Messe Augsburg

messeaugsburg

DAS BESONDERE

Die **hohe Qualität und umfassende Quantitäten** der Infrastruktur garantieren reibungslose Abläufe und bieten die Gewähr dafür, dass nahezu jedes Veranstaltungsformat umgesetzt werden kann.

Für **attraktive Rahmen- und Begleitprogramme,** die im Rahmen des Fullservice der Messegesellschaft vermittelt werden, stehen zahlreiche attraktive Möglichkeiten in Augsburg und der unmittelbaren Umgebung zur Verfügung.

Beste Anbindung an das ÖPNV-Netz sowie Bundesautobahnen.

86159

86159 AUGSBURG

Am Messezentrum 5
Tel. +49 821 2572-0
veranstaltung@messeaugsburg.de
www.messeaugsburg.de

Für exklusive Sternstunden!

Direkt vor dem Schloss zu Hopferau ist vor über 75 Jahren eines der vielleicht wichtigsten Kapitel der Weltgeschichte geschrieben worden! Im Allgäu? Im Park eines 555 Jahre alten Schlosses? Ja, aber dazu später. Das Schloss präsentiert sich als kleines, feines Haus, in dem Qualität und Genuss praktizierte Kategorien sind, keinesfalls kann und will es elitär wirken. „Schlossherren auf Zeit" wissen die hohe Aufenthaltsqualität zu schätzen und nutzen zudem exzellente Veranstaltungsbedingungen. Das Anwesen und der umgebende Park sind historische Kleinode, in denen Geschichte geschrieben wurde. Die gekonnte Verbindung von Historischem und Modernem verleiht jedem Aufenthalt, jeder Tagung und jedem Event ihren besonderen Reiz. Diese Programmatik durchzieht alle Schlossbereiche! Die vier zur Verfügung stehenden Veranstaltungsräume sind mit modernster und digitaler Tagungs- und Kommunikationstechnik ausgestattet, ihre ursprüngliche Nutzung ist jedoch noch heute zu erkennen. Auf gleiche Qualitäten verweist der 17 Zimmer umfassende Logisbereich, der den architektonischen Schlossstrukturen folgt, jedoch äußerst wohnlich eingerichtet und ausgestattet ist. Der wunderschöne Schlosspark kann und muss in Veranstaltungskonzeptionen eingebunden werden! Insbesondere in den Sommermonaten können die Gäste vor dem Gartenhaus – völlig ungestört – im Freien arbeiten. Das Grün der Umgebung lädt zu informellen Gesprächen ein. Und natürlich ist dieses Ambiente auch geeignet, familiäre Festlichkeiten aller Art angemessen und ausgelassen zu feiern. Das vermutlich älteste Schloss Hopferau gilt als weltoffene, kosmopolitische Destination. Apropos: Hopferau hat eine „Sternstunde" erlebt: Erfinder Konrad Zuse hatte in den 40er Jahren seine Werkstatt im Schlosspark und nahm dort den ersten kommerziell eingesetzten Computer der Welt, den Z4, in Betrieb und begründete damit das digitale Zeitalter! Eine „Sternstunde der Menschheit" und gleichzeitig eine tolle Chance für Schlossgäste, sich von der Kreativität und dem Schöpfergeist des Erfinders inspirieren zu lassen, denn heute gibt es im Schloss eine Dauerausstellung, die an die Zeit der Zuses im Allgäu und die Begründung des digitalen Zeitalters erinnert.

Thomas Kühn

TAGUNG/EVENT

Besonders geeignete Tagungsformen:
Seminare, Klausuren, Meetings

Besonders geeignete Eventformen:
Bankette, kulturelle Veranstaltungen, Präsentationen, Vorträge, Incentives

Räume:

Raumzahl:	4
Raumgrößen:	29 – 67 m^2
Kapazität:	40 Pers.

HOTEL-KAPAZITÄTEN

im Umkreis von

5 km	200 Zimmer
15 km	450 Zimmer
Eigener Logisbereich	17 Zimmer

CATERING

gebunden

A 7: 6 km

Fern: München, 120 km
Nah: Füssen, 8 km

Memmingen: 75 km
München: 150 km

DIE LOCATION ...

... ist ein von Ritter Sigmund von Freyberg-Eisenberg errichtetes Schloss, das als ältestes Deutschlands gilt. Seine Geschichte ist mit großen Namen verbunden: Georg Halbich war lange Zeit Besitzer, Paul Segisser und Konrad Zuse prominente Bewohner auf Zeit. Im Jahr 2011 erwarb die in Schwäbisch Hall ansässige BERA GmbH das Anwesen und betreibt es als Veranstaltungslocation und Hotel.

Schloss zu Hopferau

Schloss
zu Hopferau

DAS BESONDERE

Die Vielzahl möglicher Veranstaltungsvarianten in einer **historischen Schlossanlage, die sich weltoffen und modern** gibt, macht das Haus zu einer spannenden Location.

Der gelebte **hohe Qualitätsanspruch** macht das Anwesen zu einer Premiumlocation: Alle (Full-)Service-Leistungen werden mit Professionalität vorgetragen.

Die **exzellente Schlossküche** schöpft aus Produkten der Region.

87659

87659 HOPFERAU
Schlossstraße 9–11
Tel. +49 8364 98489-0
info@schloss-hopferau.com
www.schloss-hopferau.com

Mitten in Memmingen

Memmingen hat seinen Wohlstand der geographischen Lage zu verdanken: Bereits im Mittelalter passierten Kaufleute auf dem Weg von und nach Italien den Ort. Das findet seinen Widerhall im Stadtbild – Gotik und Renaissance haben deutliche, sehenswerte Spuren hinterlassen, auch sind Teile der einstigen Stadtmauer und ihrer Anlagen sehr gut erhalten und in das Stadtbild integriert. Ein Beispiel dafür ist die Stadthalle: Hinter der sehenswerten Fassade, deren Architekten es gelungen ist, Ortstypisches mit modernen Strukturen zu verbinden und sogar die alte Stadtmauer in die Kubatur einzubeziehen, begeistern beachtliche Veranstaltungskapazitäten! Holzstrukturen, große Fenster, überlegt installierte Lichtquellen und geschickt platzierte moderne Kunst verdichten sich zu einer Atmosphäre mit einem besonders hohen Maß an Aufenthaltsqualität. Veranstalter wissen insbesondere die Qualität und Ausstattung der zur Verfügung stehenden Räume und Veranstaltungsflächen zu schätzen. Insbesondere das Herzstück der Stadthalle, der Große Saal mit seiner fest installierten Mittelbühne, bietet umfassenden Veranstaltungskomfort: Maximal 990 Tagende finden Raum und Platz für Konferenzen, bei Vorträgen sowie bei kulturellen Veranstaltungen. Die hohe Decke und die komfortable Lichtsituation tragen zum Veranstaltungserfolg bei, eine erfahrene Servicecrew unterstützt in vielen organisatorischen sowie in allen technischen Fragen. Das 430 m² bietende Foyer unmittelbar vor dem Großen Saal kann für Pausensituationen genutzt werden, alternativ steht die Fläche – ebenso wie das Eingangsfoyer – für Präsentationen zur Verfügung. Ein Kleiner Saal sowie weitere sechs Veranstaltungsräume komplettieren das Angebotsportfolio der mitten in der Altstadt gelegenen Memminger Stadthalle. Insbesondere für Tagungsveranstalter ist das darüber hinaus zur Verfügung stehende Maximilian-Kolbe-Haus interessant. Unmittelbar neben dem wehrhaft wirkenden Ulmer Tor im Norden der pittoresken Altstadt gelegen, bietet es neben zwei tagesbelichteten und flexibel möblierten Tagungsräumen auch einen mehr als 200 m² Aktionsfläche bietenden Saal sowie ein vorgelagertes Foyer – nutzbar auch als ergänzende Kapazitäten für Veranstaltungen, die in der Stadthalle stattfinden.

Thomas Kühn

TAGUNG/EVENT

Besonders geeignete Tagungsformen:
Seminare, Konferenzen, Meetings

Besonders geeignete Eventformen:
Bankette, kulturelle Veranstaltungen, Präsentationen, Großveranstaltungen, Vorträge, Messen

Räume:

Raumzahl:	6
Raumgrößen:	18 – 717 m²
Kapazität:	990 Pers.
Präsentationsfläche:	1.500 m²

HOTEL-KAPAZITÄTEN

im Umkreis von

1 km	298 Zimmer
5 km	432 Zimmer

CATERING

gebunden

A 7: 3 km
A 96: 3 km

Fern: Memmingen, 1 km
Nah: Memmingen, 1 km

Allgäu Airport: 2 km

DIE LOCATION ...

... ist eine in den 80er Jahren errichtete Stadthalle, unmittelbar in der Memminger Altstadt sowie an den Stadtpark angrenzend gelegen. Die charakteristische Architektur der Stadthalle orientiert sich an Ortstypischem und fügt sich harmonisch in die Umgebung. Das in den 80er Jahren errichtete Maximilian-Kolbe-Haus kann mit seinen Kapazitäten ergänzend in Anspruch genommen werden – es befindet sich in unmittelbarer Nähe zur Stadthalle und grenzt an den Stadtpark.

Stadthalle Memmingen

Stadthalle Memmingen

DAS BESONDERE

Die Memminger Stadthalle sowie das Maximilian-Kolbe-Haus bieten **Veranstaltungskapazitäten in unterschiedlichen Größenordnungen** – unmittelbar in der Altstadt und dem Stadtpark gelegen, sind beide Locations **bestens erreichbar.** Eine **Tiefgarage** steht in unmittelbarer Nachbarschaft zur Verfügung.

Die Stadthalle besticht in erster Linie durch ihre **Architektur,** die zum einen hervorragenden **Bezug zu Traditionellem** herstellt, zum anderen aber für ein besonders hohes Maß an Aufenthaltsqualität – und damit **Veranstaltungskomfort** – sorgt.

87700

87700 MEMMINGEN
Platz der Deutschen Einheit 1
Tel. +49 8331 850170
stadthalle@memmingen.de
www.memmingen.de

TAGUNG/EVENT

Besonders geeignete Tagungsformen:
Seminare, Konferenzen, Klausuren, Meetings

Besonders geeignete Eventformen:
Bankette, kulturelle Veranstaltungen, Präsentationen, Vorträge, Incentives, Messen

Räume:

Raumzahl:	6
Raumgrößen:	30 – 109 m^2
Kapazität:	80 Pers.

HOTEL-KAPAZITÄTEN

im Umkreis von

1 km	1 Zimmer
5 km	25 Zimmer
15 km	150 Zimmer
Eigener Logisbereich	52 Zimmer

CATERING

gebunden

Macherort bei Nürnberg

Manchmal braucht es eine Landpartie – den Rückzug an einen Ort, an dem Menschen wieder geerdet werden, Kraft tanken und sich frei entfalten können, um neue Ideen zu generieren. Einen Ort wie den Gutshof Neun. Mitten im herrlichen Naturpark Frankenhöhe und nur wenige Kilometer von Nürnberg entfernt, setzt die Hoteliersfamilie Schneider ein Konzept für ganz neues Arbeiten und Leben auf dem Land um: Sie betreibt einen liebevoll restaurierten Barock-Bauernhof, der als New Work Campus zu einem inspirierenden Zuhause für mutige Arbeits- und Lernkonzepte geworden ist. Die Location inspiriert, weil der Gast hier auf Unerwartetes trifft. Das schafft Überraschungsmomente und damit Kreativität. Gleichzeitig wird bewusst mit tradierten Lernmethoden gebrochen: Die Interaktion der Teilnehmer steht im Vordergrund, das Zusammenkommen, um miteinander zu reden und gemeinsam Neues zu entwickeln. Dafür gibt es hier zahlreiche Möglichkeiten. Herzstück des Campus ist die „Macherscheune", eine 110 m^2 große Kreativzone, bewusst unfertig, die mit flexiblem Mobiliar und interaktiver Technik agiles Arbeiten, Vorträge und Präsentationen unterstützt. In der angrenzenden Teamküche mit Lounge trifft man sich zur Mittagspause, zu Breakout-Sessions am langen Tisch oder zu einer stimmungsvollen Küchenparty am Abend. Im Meetingraum „Pferdestall" und im Gewölbekeller findet kreativer Gedankenaustausch unter Gewölbe statt, einschließlich modernster Konferenztechnik und Möbeln, die Interaktion und Diskussionen unterstützen. Der Campus verfügt über eine Vielzahl an Arbeitsplätzen, drinnen und draußen, als stilles Eck oder geselligen Treffpunkt. Neue Ideen finden Gäste auch im Garten unter Apfelbäumen, mit einem ausgedienten Schiffs-Container als Bar oder im Gewächshaus mit Blick in die Natur. Keine Frage, dass der Gutshof Neun auch eine traumhafte Kulisse für schöne Feste und inspirierende Events bietet. Richtig rund wird die außergewöhnliche Arbeitsumgebung in Kombination mit dem benachbarten Hotel Riesengebirge und dem Gasthof Schwarzer Adler. Hier wird im urgemütlichen Lifestyle-Landhaus-Look genächtigt und kreativ gearbeitet. Am Abend gibt's fränkisch-feine Küche aus regionalen Produkten und einen geselligen Ausklang an der Bar.

Uta Müller

A 6: 30 km
A 7: 35 km
A 9: 56 km

Fern: Ansbach, 30 km
Nah: Adelsdorf, 4 km

Nürnberg: 38 km

DIE LOCATION ...

... ist ein Ort für neues Arbeiten und Lernen, ein so genannter New Work Campus. Dieser inspirierende Ort der Begegnung eignet sich sowohl für Workshops, Meetings sowie Teamarbeit und Co-Creation als auch für Firmen-Events und rauschende Feste. Natur und seine besondere Geschichte treffen auf modernes Design und eine professionelle Arbeitsausstattung, die agiles, interaktives Arbeiten unterstützt.

Gutshof Neun

GUTS HOF NEUN

DAS BESONDERE

Gäste erwartet eine **Location voller Überraschungen und vielen Möglichkeiten,** interaktiv und kreativ auf dem Land zu arbeiten.

Die Arbeitsumgebung ist **bewusst unperfekt,** sie inspiriert und lädt zum Machen ein. Gleichzeitig ist die **Ausstattung hochprofessionell** und **technisch auf dem neuesten Stand.**

Das **erfahrene Cateringteam** des dazugehörenden Hotels versorgt die Gäste mit **fränkisch-feiner Küche.**

90616 NEUHOF AN DER ZENN

Hauptstraße 9
Tel. +49 9107 924410
info@hotel-riesengebirge.de
www.gutshofneun.de

Mitten in Bayern

Zwei Punkte machen das ABG Tagungszentrum zu einer nachgefragten Tagungsdestination: Zum einen spricht seine Lage im Naturpark Altmühltal, auf halbem Weg zwischen Nürnberg und München, dafür; will heißen: Das Haus ist von beiden Metropolen aus gleichermaßen gut erreichbar. Darüber hinaus können eine ganze Reihe hochattraktiver, ergänzender Rahmen- und Begleitprogramme in unmittelbarer Umgebung organisiert werden – beispielsweise die geführte Besichtigung von Schloss Hirschberg oder eine Tab-Tour durch das nahe Kloster Plankstetten. Und im Nahbereich des Hauses können – in Kooperation mit externen Dienstleistern – teambildende Aktivitäten absolviert werden. So präsentiert sich beispielsweise das – kostenfrei nutzbare – Programm „NATUR RESONANZ ÜBUNGEN MIT NATURESPONSE®“ als Outdoor-Rahmenprogramm, das sich mühelos in Tagungsordnungen einfügen lässt und Teilnehmern durch naturnahe Outdoorübungen ein „Wir-Gefühl“ vermittelt. Zum anderen punktet das Haus natürlich mit seinen umfassenden Kapazitäten: 52 Arbeitsräume stehen zur Verfügung – sie bieten jeweils Tageslicht, können jedoch bei Bedarf auch abgedunkelt werden. In allen Räumen steht eine technische Grundversorgung zur Nutzung parat, umfassenderer Bedarf an technischen Geräten kann zusätzlich bei der professionell agierenden Servicemannschaft geordert werden. Für ein kreatives Arbeitsumfeld und dem Trend der MICE-Branche folgend, stehen im Hotel auch zwei Kreativräume zur Verfügung, die den besonderen Ansprüchen an Erlebnisräume entsprechen. Darin kann in entspannter Atmosphäre gearbeitet werden – so als würde man mit Freunden auf der Altmühl unterwegs sein und bei einem Picknick am Ufer Projekte verfolgen und Ideen austauschen. Und auch moderne Veranstaltungsformate wie Barcamp, World Café, Design Thinking oder Fishbowl lassen sich aufgrund der umfassenden Tagungskapazitäten umsetzen. Das großzügige Freiareal um das Hotel herum erlaubt zudem bei trockenem Wetter, Arbeitssequenzen nach draußen zu verlegen. Im Casino mit der angeschlossenen Terrasse erwartet Tagungsteilnehmer eine leistungsstarke Küche mit regionalen Produkten. Die schnörkellos eingerichteten, wohnlichen 232 Einzel- und Doppelzimmer komplettieren das Angebot des ABG Tagungszentrums. *Thomas Kühn*

TAGUNG/EVENT

Besonders geeignete Tagungsformen:
Seminare, Konferenzen, Klausuren, Meetings

Besonders geeignete Eventformen:
Präsentationen, Großveranstaltungen, Vorträge

Räume:

Raumzahl:	52
Raumgrößen:	20 – 190 m^2
Kapazität:	bis 170 Pers.

HOTEL-KAPAZITÄTEN

im Umkreis von 15 km	500 Zimmer
Eigener Logisbereich	232 Zimmer

CATERING

gebunden

A 9: 17 km

Fern: Ingolstadt, 38 km
Nah: Kinding, 14,3 km

Nürnberg: 78 km
München: 104 km

DIE LOCATION ...

... ist eine von zwei Weiterbildungsdestinationen der Akademie Bayrischer Genossenschaften. Die naturnahe Lage, seine gute Erreichbarkeit sowie die vollständige Einrichtung und Ausstattung machen das Haus zu einer nachgefragten Adresse mitten in Bayern.

ABG Tagungszentrum

ABG Tagungszentrum

DAS BESONDERE

Die **transparente Architektur, die geradlinige Einrichtung, seine vollständige Ausstattung sowie die naturnahe Lage** machen das ABG Tagungszentrum zu einem Lern- und Weiterbildungsort, an dem besonders konzentriert und störungsfrei gearbeitet werden kann.

Neben der Möglichkeit, in unmittelbarer Nähe des Hauses die Tagungsagenda durch die Einbeziehung **zusätzlicher Programmpunkte** zu ergänzen und zu komplettieren, werden inhouse Freizeiteinrichtungen, z.B. ein Hallenbad, angeboten.

92339 BEILNGRIES
Leising 16
Tel. +49 8461 650-0
info@abg-tagungszentrum.de
www.abg-tagungszentrum.de

© slawik.com & photo-graphic-design.de

© slawik.com & photo-graphic-design.de

Zahlreiche Gebäude und Hinterlassenschaften in der Gegend um Bayreuth legen ein beredtes Zeugnis von der Schöpferkraft, dem Kunstsinn und der Lebensfreude der einst herrschenden hohenzollerschen Markgrafen ab. Sie wurden von der UNESCO zum besonders schützenswerten UNESCO-Weltkulturgut erklärt. Das Bayreuther Opernhaus und die Eremitage gehören ebenso dazu wie das Kloster Himmelkron. In diesen Kontext ordnet sich Schloss Falkenhaus ein. Zwischen 1719 und 1722 errichtet, diente es in erster Linie der markgräflichen Jagdleidenschaft – die Falknerei galt als besonders prestigeträchtige Jagdform. Es darf unterstellt werden, dass Schloss Falkenhaus der Ausgangspunkt der Jagdzüge war und dass das Anwesen als Rückzugsort nach erfolgreichen Unternehmungen genutzt wurde – wenig ist darüber bekannt. Viel prominenter hingegen ist die aktuelle Performance des Anwesens, gelegen mittelbar an der BAB 9, die München mit Berlin verbindet! Das Haus hat sich als besonders anspruchsvolle Tagungs- und Eventlocation positioniert. Zum einen finden regelmäßig Veranstaltungen, in deren Mittelpunkt die Pflege der individuellen Gesundheit steht, statt. Zudem begeistern anspruchsvolle Führungsseminare, bei denen die Pferde, Ponys und ein Esel des Schlosses eine zentrale Rolle spielen. Und natürlich können das Schloss und der Schlossbezirk auch von externen Veranstaltern – etwa für Meetings, Seminare und Dinnerveranstaltungen – angemietet werden! Besonderer Erwähnung bedarf der Schlosssaal, dessen edles Ambiente jeder Tagung und jedem Event einen besonders repräsentativen Rahmen verleiht. Eine technische Grundausstattung ist vorhanden, WLAN gewährleistet Internetempfang. Der „Lila Salon“ und die Bibliothek komplettieren das Raumportfolio, das von einer stimmungsvoll eingerichteten Bar komplettiert wird. Terrassen, Innenhöfe und die parkähnliche Umgebung des Schlosses können ebenfalls in Veranstaltungsplanungen einbezogen werden. Ein 11 Zimmer umfassender Logisbereich ergänzt das Angebotsportfolio des liebenswerten Schlosses Falkenhaus. Auf Schloss Falkenhaus wird großer Wert auf ein ressourcenschonendes Handeln im Einklang mit der Natur gelegt. Das komplette Anwesen ist zudem mit einem Grander®-Wasser-Belebungssystem ausgestattet. *Thomas Kühn*

Besonders liebenswert

TAGUNG/EVENT

Besonders geeignete Tagungsformen:
Seminare, Klausuren, Meetings

Besonders geeignete Eventformen:
Bankette, kulturelle Veranstaltungen, Vorträge, Incentives

Räume:

Raumzahl:	4
Raumgrößen:	20 – 60 m²
Kapazität:	70 Pers.
Präsentationsfläche:	
Indoor:	450 m²
Outdoor:	8.000 m²

HOTEL-KAPAZITÄTEN

im Umkreis von	
5 km	300 Zimmer
Eigener Logisbereich	11 Zimmer

CATERING

gebunden

A 9: 5 km

Fern: Bayreuth, 20 km
Nah: Bayreuth, 20 km

Nürnberg: 95 km

DIE LOCATION ...

... ein kleines, Anfang des 18. Jahrhunderts entstandenes Jagdschloss, das ursprünglich Ausgangspunkt sogenannter Beizjagden, also von Jagdausflügen mit Greifvögeln, vornehmlich Falken, war. Zwischen ausgedehnten Feldern, Wiesen und Wäldern gelegen, eignet sich das Anwesen insbesondere für die Durchführung störungsfreier Veranstaltungen, eine Reit- und Eventhalle steht zur Verfügung. Die Alleinlage gewährleistet die Einhaltung höchster Sicherheitsstandards.

© slawik.com & photo-graphic-design.de

Schloss Falkenhaus

SCHLOSS FALKENHAUS

DAS BESONDERE

Schloss Falkenhaus kann **exklusiv gemietet** werden; alle Räumlichkeiten – Terrassen, Innenhöfe und der Außenbereich – stehen Veranstaltern zur Verfügung.

Im Schlossstall stehen **besondere Coaches:** die Pferde können – nach besonderer Absprache – in den Ablauf, etwa von Führungskräftetrainings, einbezogen werden.

Die hochwertige **Einrichtung und Ausstattung** des Schlosses verleiht jeder Veranstaltung einen besonders repräsentativen Rahmen.

95460
BAD BERNECK
Falkenhaus 16, Nenntmannsreuth
Tel. +49 9273 9667298
events@schloss-falkenhaus.de
www.schloss-falkenhaus.de

95460

© AdobeStock

Anders als andere

Wenn ein Tagungszentrum sein 70. Jubiläum feiern kann, dann gibt es dafür gute Gründe: eine kontinuierlich hohe Qualität, gelebte herzliche Gastfreundschaft und ein permanentes Augenmerk auf dem Wohl der Gäste. Im kirchlichen Burkardushaus am Dom in Würzburg kommen noch weitere Punkte hinzu, die das Haus zu einem gefragten Tagungs- und Eventort machen: Es ist zum einen die ganz besondere Atmosphäre, die für Überraschung bei den Gästen sorgt. Ruhig, entspannt und natürlich auch besinnlich – vielleicht nennt man es besser spirituell – geht es hier zu; anders als in der trubeligen Atmosphäre eines Stadthotels und ideal für Unternehmen und Verbände, deren Mitarbeiter störungsfrei Abstand vom Alltag suchen und sich darauf konzentrieren möchten, an ihren Zielen zu arbeiten. Gleichzeitig beeindruckt das Tagungszentrum durch seine klare, sachliche Architektur mit Bauhauselementen, lichten Arbeitsräumen und bemerkenswerten Werken zeitgenössischer Kunst, die inspirieren und zur Auseinandersetzung mit „Gott und der Welt" einladen – eine gelungene Anknüpfung an die Tradition, dass bereits im Mittelalter der Dom ein Ort war, an dem „das Leben blühte", ein Ort der Diskussion, des Lernens und Wissens. Dafür stehen heute moderne und durch raumhohe Fenster lichtdurchflutete Säle und Tagungsräume zur Verfügung, barrierefrei zu erreichen und für alle didaktischen Methoden bestens ausgestattet. Bis zu 180 Personen können im Burkardushaus Konferenzen abhalten, Workshops und Seminare durchführen oder Empfänge und Feste feiern. Die Technik ist hochmodern, Clevertouch Whiteboards ermöglichen interaktives Arbeiten. Der große Kardinal Döpfner Saal mit Bühne und Flügel sowie ein weiterer Saal verfügen über eine Induktionsschleife, damit auch hörgeschädigte Personen optimal mitarbeiten können. Keine Frage, hier hat das Team um die Leiterin Maria Reuß einen echten Ort der Begegnung geschaffen. Gäste spüren, dass die freundliche Zuwendung nicht nur christlicher Auftrag ist, sondern gelebt wird, vom ersten Kontakt bis zum Miteinander bei Meetings und Konferenzen. Dazu passt die praktizierte Nachhaltigkeit: Knappe Ressourcen werden verantwortungsbewusst eingesetzt und in der Küche entstehen aus regionalen, ökologisch hochwertigen und fair gehandelten Waren leckere Gerichte für die Gäste. *Uta Müller*

TAGUNG/EVENT

Besonders geeignete Tagungsformen:
Seminare, Konferenzen, Kongresse, Meetings

Besonders geeignete Eventformen:
kulturelle Veranstaltungen, Präsentationen, Vorträge

Räume:

Raumzahl:	7
Raumgrößen:	32 – 175 m²
Kapazität:	180 Pers.
Präsentationsfläche:	80 m²

HOTEL-KAPAZITÄTEN

im Umkreis von

1 km	1.000 Zimmer
5 km	4.000 Zimmer
15 km	5.000 Zimmer
Eigener Logisbereich	22 Zimmer

CATERING

gebunden

A 3: 7 km
A 7: 10 km
A 81: 16 km

DB
Fern: Würzburg, 1,3 km
Nah: Würzburg, 1,3 km

Nürnberg: 100 km
Frankfurt: 120 km

DIE LOCATION ...

... ist ein inspirierendes Tagungszentrum mitten in Würzburg. Ideal für Tagesveranstaltungen im Zentrum der schönen Barockstadt. Kunst dient hier als nonverbaler Träger von Botschaften, die den Geist beflügeln wollen. Veranstalter genießen das hauseigene Catering mit frischen Produkten aus der Region.

Burkardushaus – Tagungszentrum am Dom

BURKARDUS HAUS
TAGUNGSZENTRUM AM DOM

DAS BESONDERE

Denkmalgeschützte Bauhaus-Architektur verbindet sich mit modernen Elementen und **beeindruckenden Kunstwerken** zu einem inspirierenden Miteinander.

Zentrale Lage in der Stadtmitte mit sehr schönem Vorplatz und **sehr ruhigen Veranstaltungsräumen** für störungsfreies Arbeiten.

Die Barock- und Weinstadt Würzburg bietet hervorragende Möglichkeiten für **attraktive Rahmenprogramme**.

97070 WÜRZBURG

Am Bruderhof 1
Tel. +49 931 38644000
info@burkardushaus.de
www.burkardushaus.de

Tagungs-Flaggschiff mit Postkartenblick

Wer in Würzburg tagt, packt meist die Top-Sehenswürdigkeiten ins abendliche Rahmenprogramm hinein. Wer im Congress Centrum Würzburg tagt, kann bereits tagsüber einen unvergleichlichen Blick darauf werfen: Ob Festung Marienberg, das „Käppele“ von Balthasar Neumann, der Main mit der Alten Mainbrücke oder die nahen Weinberge – das Congress Centrum bietet ein Panorama, das für sich allein schon eine äußerst inspirierende Veranstaltungsatmosphäre schafft. Im Inneren des Congress Centrums sorgt eine Vielzahl variabel kombinierbarer Räumlichkeiten und Säle für die optimale Durchführung verschiedenster Veranstaltungen und Events. Herzstück ist der großzügige Franconia-Saal, der mit Empore Platz für 1.600 Personen bietet. Mit seiner mobilen Rückwand lässt sich der Saal problemlos verändern, ebenso kann die Bühne variabel den Veranstaltungszwecken angepasst werden. Vor dem Saal befindet sich ein eindrucksvolles verglastes Foyer, das sich hervorragend für Ausstellungen oder Kaffeepausen eignet. Auf der gleichen Ebene liegt der Konferenzbereich mit fünf Tagungsräumen, die teilweise miteinander verbunden werden können. Nach einer Erweiterung und Modernisierung vor wenigen Jahren sind im neuen Teil des Congress Centrums in luftiger Höhe vier weitere Konferenzräume und großzügige Ausstellungsflächen entstanden, in denen mit Postkartenausblick auf die Hotspots Würzburgs gefeiert, getagt und gearbeitet werden kann. Modernes „Fachwerk“ stützt die breite Glasfront zum Main, eigens entworfene Schiebeläden sorgen für Sonnenschutz und optimale Lichtverhältnisse in den Räumen. Diese sind multifunktional nutzbar, lassen sich durch variable Trennwände nach Bedarf verbinden und münden in ein großes, lichtdurchflutetes Foyer, das ebenfalls in die Raumplanung einbezogen werden kann. Äußerst komfortabel ist, dass die Tagungsteilnehmer im direkt angeschlossenen Maritim Hotel nächtigen können. Weitere Hotels unterschiedlicher Kategorien befinden sich in Laufnähe. Der Hauptbahnhof und die schöne barocke Innenstadt liegen ebenfalls nur wenige Gehminuten vom Congress Centrum entfernt. *Uta Müller*

TAGUNG/EVENT

Besonders geeignete Tagungsformen:
Seminare, Konferenzen, Klausuren, Kongresse, Meetings

Besonders geeignete Eventformen:
Bankette, kulturelle Veranstaltungen, Präsentationen, Großveranstaltungen, Incentives, Messen

Räume:

Raumzahl:	10
Raumgrößen:	45 – 1.230 m²
Kapazität:	2.500 Pers.
Präsentationsfläche:	3.300 m²

HOTEL-KAPAZITÄTEN

im Umkreis von

1 km	3.500 Betten
5 km	5.600 Betten

CATERING

gebunden

A 3: 6 km
A 7: 9 km
A 81: 12 km

Fern: Würzburg, 1 km
Nah: Würzburg, 1 km

Nürnberg: 110 km
Frankfurt: 120 km

DIE LOCATION ...

... ist mitten in der Stadt, direkt am Main und mit einem unvergleichlichen Blick auf die Festung Marienberg gelegen. Mit dem Anbau und neuen Panorama-Konferenzbereich verdoppeln sich Ausstellungsflächen und Foyers auf 3.300 m² – und das mit bester Anbindung an Autobahn und Bahnhof.

Congress Centrum Würzburg

Congress Centrum Würzburg

DAS BESONDERE

Tagen in **zentraler Lage** mit **spektakulärem Ausblick.**

Congress-Team bietet **Services und Beratung** bei der Durchführung von Events.

3.300 m² Ausstellungsfläche bieten großzügig Platz für Präsentationen.

Sehr gute Erreichbarkeit mit Pkw, Bus und Bahn.

97070 WÜRZBURG

Am Congress Centrum
Tel. +49 931 372829
tagungen@wuerzburg.de
www.wuerzburg-b2b.de

© CTW_B. Knüttel

© CTW_A. Grasser

Meetings zwischen Meisterwerken

Es beherbergt Europas größte Sammlung konkreter Kunst nach 1945, den gesamten Nachlass der expressionistischen Bildhauerin Emy Roeder und zahlreiche Werke vom 19. Jahrhundert bis zur Gegenwart – das Museum im Kulturspeicher der Stadt Würzburg. Was es besonders attraktiv macht, ist, dass man inmitten der inspirierenden Kunstwerke hervorragend feiern und tagen kann. Dazu trägt zum einen das beeindruckende Ambiente des historischen Getreidespeichers direkt am Main bei, der aufwändig restauriert als Museum und außergewöhnliche Veranstaltungslocation 2002 wiedereröffnet wurde. Imposant sind die historischen Steinfassaden, die Fenster- und Torformen sowie die Holzbalken von 1904, die im 240 m² großen Foyer das zwölf Meter hohe gläserne Dach stützen. Hier können stilvolle Empfänge stattfinden, rauschende Hochzeitsfeste und festliche Bankette gefeiert oder entspannende Pausen zwischen Tagungen verlebt werden. Zum anderen bieten die modernen Betonkuben, die in das historische Gebäude eingebettet wurden, ein modernes Tagungsumfeld für Workshops, Vorträge und Meetings. Außer dem Foyer stehen drei Räume zur Verfügung: Im Erdgeschoss befindet sich der lichtdurchflutete Veranstaltungsraum mit modernem Equipment für bis zu 60 Personen mit Blick auf den Main mit Hafen und die Festung Marienberg. Im zweiten Obergeschoss können zwei der Ausstellungsräume für jeweils bis zu 150 Personen angemietet werden. Hier dienen bedeutende Werke der städtischen Kunstsammlung als nonverbale Vermittler von Botschaften, lassen Kommunikation und Reflexion entstehen. Skulpturen und Plastiken der Moderne säumen den Weg, wenn die Gäste zum Buffet, zum Pausenplausch oder bei einer Führung durch das Gebäude streifen. Die beiden Dachterrassen bieten einen phantastischen Panoramablick auf die Festung und die umliegenden Weinberge. Neben der Möglichkeit, den Caterer für die Veranstaltung frei zu wählen, lädt im Erdgeschoss das Café „Alter Ego" mit einer Prise Hafenwind zum Verweilen ein. Um den Veranstaltungstag perfekt ausklingen zu lassen, kann die historische Würzburger Altstadt mit ihren zahlreichen Sehenswürdigkeiten, engen Gassen und schönen Weinstuben besucht werden.

Uta Müller

TAGUNG/EVENT

Besonders geeignete Tagungsformen:
Seminare, Klausuren, Meetings

Besonders geeignete Eventformen:
Bankette, kulturelle Veranstaltungen, Präsentationen, Vorträge, Incentives

Räume:

Raumzahl:	4
Raumgrößen:	70 – 240 m²
Kapazität:	150 Pers.
Präsentationsfläche:	240 m²

HOTEL-KAPAZITÄTEN

im Umkreis von

1 km	3.500 Betten
5 km	5.600 Betten

CATERING

frei wählbar

A 3: 7 km
A 7: 10 km

Fern: Würzburg Hbf., 1,5 km
Nah: Würzburg Hbf., 1,5 km

Nürnberg: 110 km
Frankfurt: 120 km

DIE LOCATION ...

... ist ein inspirierender Veranstaltungsort, der Kunst, Tagungen und Festlichkeiten kreativ verbindet. Stadtnah, modern und außergewöhnlich präsentiert sich der Tagungstreff in einem ehemaligen restaurierten Getreidespeicher im Alten Hafen Würzburgs mit beeindruckender Architektur und moderner Tagungsinfrastruktur.

©CTW_A. Beslie

Museum im Kulturspeicher

Museum im Kulturspeicher

DAS BESONDERE

Die Verbindung von **historischer Architektur** mit **modernen Materialien** und **Kunst** schafft ein inspirierendes Umfeld für Tagungen und Events.

Veranstaltungen können wirkungsvoll **inmitten von Kunst in Szene gesetzt** werden.

Beste Verkehrsanbindung sowie ausreichende **Parkfläche** in der Nachbarschaft.

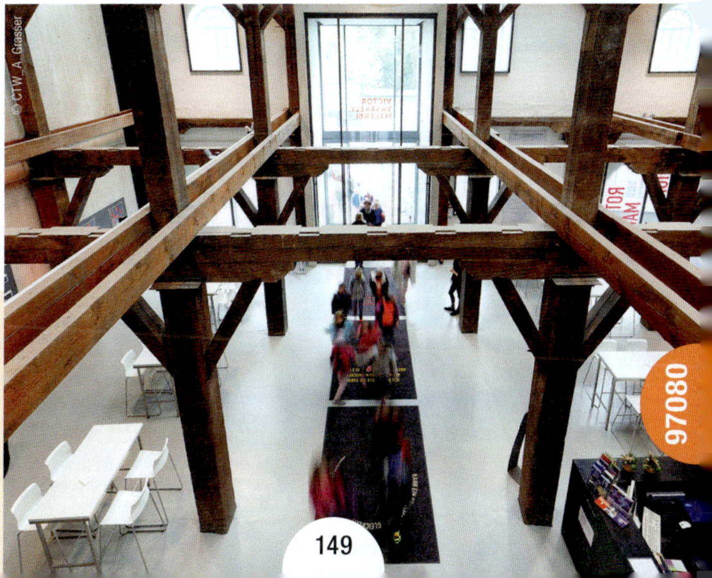

© CTW_A. Grasser

97080 WÜRZBURG
Oskar-Laredo-Platz 1
Tel. +49 931 372828
kulturspeicherva@stadt.wuerzburg.de
www.wuerzburg-b2b.de/mik-das-haus/

97080

Hoch über Würzburg

Würzburg genießt als Tagungsdestination einen anerkannt guten Ruf: Die zentrale Lage der Frankenmetropole sowie die Vielfalt der zur Verfügung stehenden Angebote haben wesentlich dazu beigetragen. Als eines der Veranstaltungs-Flaggschiffe gilt seit Jahren das Schlosshotel Steinburg. Hoch über der Stadt, inmitten alter Weinberge gelegen, zeugen zahlreiche Branchenpreise von der konstanten Leistungsstärke des Teams von Familie Bezold, die das Haus seit Jahren erfolgreich führt und kontinuierlich in seine Zukunft investiert hat. Und so präsentiert sich sowohl Touristen als auch Tagungsveranstaltern das Haus mit einer Fülle von „big points" – sowohl Touristen als auch Tagungsveranstaltern –, mit professionellen Serviceleistungen in allen Hotelbereichen, einem umsichtig agierenden Tagungsteam, das auf einen reichen Fundus modernster Tagungstechnik zurückgreifen kann, und einer weit über die Grenzen Würzburgs hinaus bekannten und geschätzten Küche, für die seit neuestem Küchenchef Philipp Müller verantwortlich zeichnet. Das große Renommee des Hauses schöpft auch aus seiner Vielfalt: Während sich die Veranstaltungsräume im Stammhaus traditionell-elegant präsentieren, hat sich die Erweiterung des Hotels im Jahr 2012 mit der Eröffnung des Refugiums als überlegte Investition erwiesen! Denn neben der Erweiterung der Kapazitäten, die den gestiegenen Bedarf decken, präsentiert sich das Refugium auch als stilistische Bereicherung – geradlinig, modern und ergonomisch gilt das Refugium als wohltuender Kontrast zur Neogotik des Schlosses, entspricht dem modernen Zeitgeist und bietet letztlich eine Vielzahl von Varianten für die Inszenierung unterschiedlicher Veranstaltungsformate! Sechs Räume sind es insgesamt, ein Plenum mit angeschlossener Bankettküche sowie Gruppenräumen und eine Kochschule, das „Culinarium", der Innenhof, das Foyer und die Außenbereiche stehen als Aktionsflächen zur Verfügung. Von besonderem Veranstalterinteresse sind die vier Terrassen, von denen man einen unvergleichlichen Blick über die Main-Stadt bis hin zur Festung Marienberg genießt. Hotel und Location sind mit dem GreenSign-Siegel ausgezeichnet; Veranstaltern wird neben kulinarischen Events auch ein vielfältiges Angebot an Rahmenprogrammen offeriert.

Thomas Kühn

TAGUNG/EVENT

Besonders geeignete Tagungsformen:
Seminare, Konferenzen, Meetings

Besonders geeignete Eventformen:
Bankette, kulturelle Veranstaltungen, Vorträge, Incentives

Räume:

Raumzahl:	11
Raumgrößen:	33 – 196 m^2
Kapazität:	3 – 160 Pers.
Präsentationsfläche:	160 m^2

HOTEL-KAPAZITÄTEN

im Umkreis von

5 km	5.500 Zimmer
Eigener Logisbereich	69 Zimmer

CATERING

gebunden

A 7: 6 km
A 3: 10 km
A 81: 13 km

Fern: Würzburg, 3 km
Nah: Würzburg, 3 km

Frankfurt: 100 km
Nürnberg: 110 km

DIE LOCATION ...

... eine historisierende Burg, die seit mehr als 100 Jahren an der Stelle einer im 13. Jahrhundert erbauten Anlage steht. Die weltberühmte Weinbergslage „Würzburger Stein" umgibt das hoch über Würzburg liegende Anwesen.

Schloss Steinburg

steinburg
Das Traumschloss auf dem Würzburger Stein

DAS BESONDERE

Die Steinburg vermittelt Besuchern ein **authentisches und ganzheitliches Verwöhnerlebnis:** Neben charaktervollen und modern ausgestatteten Veranstaltungsräumen besticht die Lage.

Hervorragende Küche sowie ein Sauna- und Schwimmbadbereich.

Exquisit: „SteinReich" – der **Weinkeller für exklusive Events.**

97080 WÜRZBURG

Reußenweg 2
Tel. +49 931 97020
hotel@steinburg.com
www.steinburg.com

In Zeiten starker Umbrüche suchen immer mehr Menschen nach Ursprünglichkeit, nach Besinnung und seelischer Entspannung. Das gilt auch für Unternehmen, deren Mitarbeiter in aller Ruhe neue Strategien entwickeln möchten. Deren Führungsriege sich in der Abgeschiedenheit eines Klosters mit aktuellen Herausforderungen auseinandersetzen will. Und die in einer ganz besonderen Atmosphäre erfolgreich feiern und Events durchführen möchte. Einen besseren Ort für solche Anliegen als das Exerzitienhaus Himmelspforten in Würzburg kann es kaum geben. Das ehemalige Zisterzienserinnen-Kloster wurde zu einem modernen Refugium umgebaut, geschmackvoll eingerichtet und künstlerisch äußerst inspirierend gestaltet – ein Ort der Begegnung mit sich, mit anderen Menschen und, wenn man will, auch mit Gott. Das Innere des Tagungshauses ist eine gelungene Verbindung von Geschichte und Moderne – genau so, dass das jahrhundertealte Gebäude gut zur Geltung kommt und trotzdem seine Funktion hervorragend erfüllt. Dazu tragen zehn Räume mit topmoderner Einrichtung und professioneller Tagungstechnik bei. Der große Burkardussaal bietet 150 Personen Platz. Im Bernardussaal mit einem schönen alten Deckengemälde finden bis zu 70 Personen die Möglichkeit zum Tagen und Feiern. Auch der würdevolle alte Kreuzgang des Klosters – ursprünglich ein Ort der Stille – eignet sich hervorragend sowohl für geschäftliche Präsentationen und Empfänge als auch für private Festlichkeiten, Hochzeiten und Geburtstage. Ergänzt wird das Angebot durch „himmlische" kulinarische Genüsse aus überwiegend regionalen, saisonalen und biologischen Zutaten. Das Exerzitienhaus achtet auf Nachhaltigkeit und Umwelt: Respekt vor der Schöpfung zeigt sich im achtsamen und umweltbewussten Handeln und Wirtschaften des ganzen Teams. Kunst spielt eine zentrale Rolle in dieser Symbiose aus Alt und Neu. Etwa 300 moderne Kunstwerke im ganzen Haus laden die Besucher immer wieder zum Verweilen, Betrachten und Nachdenken ein. Vielleicht ist es das, was Veranstaltungen hier so erfolgreich macht. Atmosphäre spüren, sich selbst näherkommen und wohlfühlen.

Uta Müller

Himmlische Location mitten in Deutschland

TAGUNG/EVENT

Besonders geeignete Tagungsformen:
Seminare, Konferenzen, Klausuren, Meetings

Besonders geeignete Eventformen:
Bankette, kulturelle Veranstaltungen, Präsentationen, Vorträge, Festlichkeiten

Räume:

Raumzahl:	10
Raumgrößen:	14 – 150 m²
Kapazität:	160 Pers.
Präsentationsfläche:	300 m²

HOTEL-KAPAZITÄTEN

im Umkreis von 5 km	5.500 Zimmer
Eigener Logisbereich	81 Zimmer

CATERING

gebunden

A 3: 5 km

Fern: Würzburg, 3 km
Nah: Würzburg, 3 km

Frankfurt: 100 km
Nürnberg: 100 km

DIE LOCATION ...

... ist eine historische Klosteranlage in Stadtrandlage von Würzburg mit einer hochmodernen Tagungsausstattung. Die künstlerische Gestaltung des Hauses und das kleine geistliche Zentrum mit Kreuzkapelle und Meditationsraum machen Himmelspforten zu einer ganz besonders inspirierenden Tagungslocation.

Exerzitienhaus Himmelspforten

Himmels
pforten

DAS BESONDERE

Das klösterliche Ambiente vermittelt **Ruhe und Gelassenheit** und sorgt damit für beste Arbeitsvoraussetzungen.

Hochmoderne Tagungstechnik lässt alle didaktischen Arbeitsformen zu.

Das Kloster bietet **hervorragende Möglichkeiten für Festlichkeiten und Feiern im besonderen Ambiente, festliche Konzerte und zur Besinnung.**

Verkehrsgünstige Lage durch nahen ICE-Bahnhof und direkten Autobahnanschluss.

97082 WÜRZBURG
Mainaustraße 42
Tel. +49 931 38668000
info@himmelspforten.net
www.himmelspforten.net

Raum für Ideen

Es ist repräsentativ, modern und dazu noch ein wahres Raumwunder – das Vogel Convention Center in Würzburg. Wer die kurz VCC genannte Location betritt, kann sich kaum vorstellen, dass hier früher Druckmaschinen lautstark ihre Arbeit verrichteten. Doch seit clevere Architekten im Jahr 2006 aus den ehemaligen Druckereihallen der Vogel Communication Group eine innovative Eventlocation machten, lassen sich dort auf über 4.000 m² Veranstaltungsfläche erfolgreiche Messen und Kongresse, Präsentationen und Bankette, Tagungen oder kulturelle Veranstaltungen durchführen. Das VCC-Areal besteht aus vier Einheiten mit jeweils eigenem Eingang, so dass mehrere Veranstaltungen parallel stattfinden können. Gleichzeitig sind die Bereiche im Inneren des Gebäudes flexibel kombinierbar – somit wird das VCC zu einem äußerst wandelbaren Podium für Events unterschiedlichster Art. Innovatives Herzstück ist der Multimedia-Eventraum „the Curve“: Mit modernster Technik und einer überdimensionalen konkaven Projektionsfläche führt er Gäste in individuelle visuelle und akustische Erlebniswelten. Seine Größe von 300 m² macht ihn zu einer idealen Raumlösung zwischen Eventhalle und Besprechungsraum. Unmittelbar angrenzend liegt die lichtdurchflutete und barrierefreie Shedhalle. Mit ihrer markanten Dachkonstruktion und jeder Menge Tageslicht wird sie häufig als Fest- und Kongresshalle genutzt. Innovative Beleuchtungstechnik sorgt hier für eine CI-konforme Ausleuchtung, modernste Beschallungssysteme garantieren eine hervorragende Akustik, ebenso wie in der großen Rotationshalle nebenan. Sie besticht mit modernster Licht-, Video- und Tontechnik sowie hochmoderner Wandakustik, ist also prädestiniert für Vorträge und musikalische Veranstaltungen. Interaktive Formate und hybride Events können hier, wie in allen Räumlichkeiten des VCC, problemlos durchgeführt werden. Für Seminare stehen zusätzlich acht Tagungsräume zur Verfügung, zudem gibt es auch einen Außenbereich mit 450 m². Das engagierte VCC-Team versteht sich als Full-Service-Eventagentur, deren Unterstützung über das Areal hinausgeht: Ob Catering, Dekoration, Mobiliar, Shuttledienste oder Messebau – jeder Kunde hat einen Ansprechpartner, der die erfolgreiche Umsetzung des Events sicherstellt.

Uta Müller

TAGUNG/EVENT

Besonders geeignete Tagungsformen:
Seminare, Konferenzen, Klausuren, Kongresse, Meetings

Besonders geeignete Eventformen:
Bankette, kulturelle Veranstaltungen, Präsentationen, Vorträge, Incentives, Messen

Räume:

Raumzahl:	11
Raumgrößen:	26 – 1.200 m²
Kapazität:	1.400 Pers.
Präsentationsfläche:	4.000 m²

HOTEL-KAPAZITÄTEN

im Umkreis von

5 km	5.500 Betten

CATERING

frei wählbar

A 3: 8 km
A 7: 11 km

Fern: Würzburg, 3 km
Nah: Würzburg, 3 km

Nürnberg: 110 km
Frankfurt: 118 km

DIE LOCATION ...

... ist verkehrsgünstig an den Autobahnen A 3, A 7 und A 81 gelegen. Es befindet sich 110 km vom internationalen Flughafen Frankfurt a.M., 110 km vom Flughafen Nürnberg und 140 km vom Flughafen Stuttgart entfernt. Ein engagiertes Team sowie erstklassige Veranstaltungs- und Filmtechnik machen vom Konzert über Jahreshauptversammlungen bis hin zu stimmungsvollen Events vor Ort, digital oder hybrid, alles möglich.

Vogel Convention Center

VCC Vogel Convention Center

DAS BESONDERE

Das VCC ist eine **ausgezeichnete Location für B2B-Live-Kommunikation.** Dabei kann das große Team des **Vogel Convention Center** das **gesamte Veranstaltungsmanagement** übernehmen – in Würzburg und deutschlandweit.

Die Kombination aus **Eventmanagement, langjähriger Erfahrung** sowie **hervorragender Technik** schafft beste Bedingungen für die Planung und Durchführung von Veranstaltungen.

320 Parkplätze, E-Tankstelle.

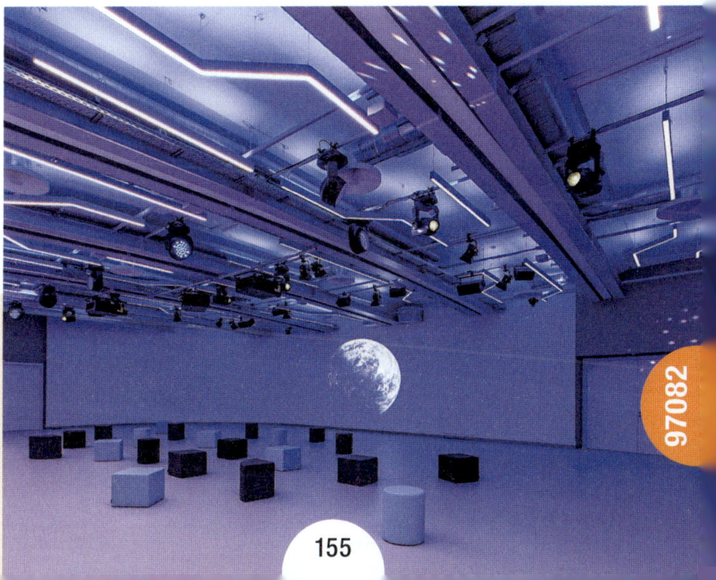

97082 WÜRZBURG
Max-Planck-Straße 7/9
Tel. +49 931 4187789
vcc@vogel.de
www.vcc-wuerzburg.de

© Mainfrankensle GmbH

© Mainfrankensäle GmbH

Modern und flexibel

Veitshöchheim kann als typisch gelten: nahe Würzburg gelegen, steht der circa 10.000 Einwohner zählende idyllische Weinort bei Touristen hoch im Kurs – Fahrgastschiffe verkehren auf dem Main, Straßen und Häuser im malerischen Ortskern sind gepflegt und man lässt es sich bei regionaler Küche gern gutgehen. Touristen wissen zudem das gut ausgebaute Fahrradnetz zu schätzen; das Schloss, einstiger Sommersitz der Würzburger Fürstbischöfe, prunkt mit seinem stilvollen Garten, der als einer der bedeutendsten Rokokogärten Europas gilt. Und so kann es nicht wundernehmen, dass auch Tagungs- und Eventveranstalter den Ort für sich entdeckt haben. Denn, und das macht die Weinstadt für Veranstalter so interessant, neben dem stimmigen Kontext offeriert Veitshöchheim mit den Mainfrankensälen eine moderne Tagungs- und Eventlocation! In den 70er Jahren errichtet, wurden sie, in unmittelbarer Nachbarschaft zu Schloss und Garten liegend, erst vor 10 Jahren komplett saniert und bieten heute ein hohes Maß an Flexibilität sowie umfassenden Veranstaltungskomfort für nahezu jedes Veranstaltungsformat. Als Herzstück gilt der Große Saal, der mit 685 m² Aktionsfläche variabel möbliert werden kann und mittels einer flexiblen Trennwand zwei unterschiedlich große Raumvarianten bietet. Das bedeutet, dass die Raumgröße der tatsächlichen Teilnehmerzahl und dem konkreten Flächenbedarf angepasst werden kann. Fünf Tagungsräume, ebenfalls teilweise miteinander kombinierbar, komplettieren das Raumportfolio der Location. Es versteht sich, dass alle Räume über Tageslicht verfügen und medientechnisch komplett ausgestattet sind. Veranstaltungstechniker und Eventmanager unterstützen Veranstalter von der Planung bis zur Umsetzung, die im Haus ansässige Tourist-Information informiert über Rahmenprogramme und hilft bei der Buchung von Hotelzimmern! Erwähnenswert ist, dass die Mainfrankensäle „Green Globe"-zertifiziert sind, darüber hinaus präsentiert sich das Haus barrierefrei. Von nicht unerheblicher Relevanz ist die Lage der Location: Circa 8 Kilometer von Würzburg entfernt, sind auch die Sehenswürdigkeiten der Mainmetropole auf kurzem Wege erreichbar. Und sollten die Hotelkapazitäten von Veitshöchheim nicht ausreichen, nehmen Veranstalter gern Shuttledienste in Anspruch. *Thomas Kühn*

TAGUNG/EVENT

Besonders geeignete Tagungsformen:
Seminare, Konferenzen, Klausuren, Kongresse, Meetings

Besonders geeignete Eventformen:
kulturelle Veranstaltungen, Präsentationen, Großveranstaltungen, Vorträge, Messen

Räume:

Raumzahl:	7
Raumgrößen:	61 – 685 m²
Kapazität:	920 Pers.
Präsentationsfläche:	762 m²

HOTEL-KAPAZITÄTEN

im Umkreis von

1 km	150 Zimmer
5 km	210 Zimmer
15 km	1.500 Zimmer

CATERING

gebunden

A 3: 15 km

Fern: Würzburg, 8 km
Nah: Veitshöchheim, 0,5 km

Frankfurt International: 120 km

DIE LOCATION ...

... ist ein im fränkischen Veitshöchheim gelegenes modernes Veranstaltungszentrum, das vor circa 10 Jahren komplett saniert wurde – dabei wurde der nachhaltigen Bewirtschaftung des Hauses allergrößte Beachtung geschenkt. Neben großzügigen Präsentationsflächen bieten die Mainfrankensäle einen teilbaren Saal mit einer fest installierten Bühne sowie ebenfalls teilweise kombinierbare, tagesbelichtete Tagungsräume.

Mainfrankensäle

MAINFRANKENSÄLE
Tagungs- und Veranstaltungszentrum
VEITSHÖCHHEIM

DAS BESONDERE

Die Mainfrankensäle präsentieren sich als modernes Tagungs- und Veranstaltungszentrum. Technisch bestens aufgestellt, unterstützt ein **Team erfahrener Veranstaltungstechniker und Eventmanager** bei der Umsetzung von Veranstaltungskonzeptionen.

Es gibt **zahlreiche Möglichkeiten** für die Gestaltung hochwertiger Rahmenprogramme; 400 Parkplätze stehen zur Verfügung.

Cateringleistungen können vom hauseigenen Restaurant sowie Cateringpartnern erbracht werden.

97209 VEITSHÖCHHEIM

Mainlände 1
Tel. +49 931 780900-0
info@mainfrankensaele.de
www.mainfrankensaele.de

97209

Vor den Toren Würzburgs

Die erste urkundliche Erwähnung von Gut Wöllried stammt aus der Mitte des 13. Jahrhunderts. Das Jahr 2014 markiert die größte Zäsur der jüngeren Geschichte: Wolfgang Roth, ein in der Region ansässiger Unternehmer und Landwirt, erwarb das Anwesen – umfangreiche Sanierungsarbeiten schlossen sich an. Das Gut fasziniert: Rund um den großflächigen Innenhof haben sich Gewerbe und Betriebe angesiedelt, für Tagungs- und Eventveranstalter stehen einzigartig schöne Räume zur Verfügung – historischer Anmutung ebenso wie modernen Charakters. Im Empfangsbereich finden Registrierungen, Get-together an der leistungsfähigen Bar und Präsentationspunkt für umfangreiche Buffets und Live-Cooking-Aktionen statt – der Funktionalität sind (nahezu) keine Grenzen gesetzt. Tagungsteilnehmer erreichen den sich anschließenden 130 m² großen Ulrichsaal auf kurzem Wege – ein modernes, tagesbelichtetes Refugium mit separater Terrasse, geeignet für Seminare und Meetings mit bis zu 80 Teilnehmern. Darüber hinaus kann auch der Alte Speicher mit seinen 3 Räumen und insgesamt 240 m² Aktionsfläche gebucht werden. Herz- und Glanzstück der Location ist jedoch die Festscheune. Sie besticht durch Großzügigkeit, technische Ausstattung und ihre einzigartige Raumanmutung. Allein die Decke misst 14 Meter, das Holzgebälk ist älter als 300 Jahre! Nahezu unbemerkt sind Techniktools verbaut: Anschlüsse verschwinden in unauffälligen Bodentanks, eine hochwertige Soundanlage ist installiert und es können unterschiedliche Lichtszenarien dargestellt werden. Das alles korrespondiert mit den original erhaltenen Gebäudestrukturen sowie der hellen Eichendielung. Es können modern und funktional gestaltete Außenflächen genutzt werden, ihre Überdachung sichert die wetterunabhängige Nutzungsmöglichkeit. Darüber hinaus stehen Künstlergarderoben zur Verfügung und der schöne Barockgarten kann in Veranstaltungsszenarien eingebunden werden – etwa für begleitende Präsentationen. Erst im Sommer 2024 ist die neue „Alte Brennerei“ nach umfassender Sanierung eröffnet worden: Unter dem historischen Kuppel- und Kreuzgewölbe können zahlreiche Veranstaltungsformate präsentiert werden.

Thomas Kühn

TAGUNG/EVENT

Besonders geeignete Tagungsformen:
Seminare, Konferenzen, Meetings

Besonders geeignete Eventformen:
Bankette, kulturelle Veranstaltungen, Präsentationen, Großveranstaltungen, Vorträge, Incentives, Messen

Räume:

Raumzahl:	8
Raumgrößen:	35 – 290 m²
Kapazität:	2.500 Pers.
Präsentationsfläche:	
Outdoor:	3.500 m²

HOTEL-KAPAZITÄTEN

im Umkreis von

1 km	100 Zimmer
5 km	1.000 Zimmer

CATERING

gebunden

A 7: 5 km

Fern: Würzburg, 6,5 km
Nah: Rottendorf, 2 km

Frankfurt: 110 km

DIE LOCATION ...

... ist ein im Jahr 1230 erstmals urkundlich erwähnter Gutshof, der – nach umfangreichen Sanierungsarbeiten – vielfältige Gestaltungsmöglichkeiten für Tagungs- und Eventveranstalter bietet. Dafür stehen die Festscheune mit freiliegendem Gebälk und 14 Metern Deckenhöhe, der lichtdurchflutete „Ulrichsaal“ sowie der Alte Speicher zur Verfügung. Veranstalter können aus verschiedenen Tagungspauschalen wählen.

Gut Wöllried

GUT WÖLLRIED

DAS BESONDERE

Gut Wöllried fasziniert durch das **gekonnt inszenierte Zusammenspiel historischer Architektur und moderner Gestaltungselemente** sowie seine hochwertige technische Ausstattung.

Lage und Konfiguration der Räume lassen eine **Vielzahl möglicher Veranstaltungsvarianten** zu, der große Innenhof kann in Veranstaltungskonzeptionen eingebunden werden.

Die **hauseigene Küche** garantiert die Frische aller servierten Speisen.

97228 ROTTENDORF

Gut Wöllried 13
Tel. +49 9302 903912-0
info@gut-woellried.de
www.gut-woellried.de

97228

© Foto Gerhard Hagen

Wenn von Deutschlands Top-Standorten für Veranstaltungen die Rede ist, darf Bad Kissingen nicht fehlen. Die Stadt besitzt ein beeindruckendes Ensemble historischer Bauten und wurde als Teil der „Great Spa Towns of Europe" in die UNESCO-Welterbeliste aufgenommen. Mehr noch: Deutschlands bekanntester Kurort ist ein moderner Ort der Kultur und Gesundheit geworden; faszinierend durch seine Kombination aus Tradition und Moderne, durch ein inspirierendes Ambiente und zahlreiche Möglichkeiten für innovative Veranstaltungen mitten in den Kuranlagen. Die 13 eindrucksvollen Säle, Räume und Salons des Gebäudeensembles Regentenbau, Arkadenbau und Wandelhalle sind miteinander verbunden, das bedeutet: kurze Wege, eine flexible Raumplanung und zahlreiche Gestaltungsmöglichkeiten für Events. Im prachtvollen Regentenbau kann tagsüber im berühmten Max-Littmann-Saal eine Kick-off-Veranstaltung stattfinden; abends trifft man sich zur Gala in der Wandelhalle – einem lichtdurchfluteten Meisterwerk, ideal auch für Messen, Präsentationen und Vorträge. Die beeindruckende Event-Location Kurgarten-Café bietet auf 400 m² einen wunderschönen Blick in den Kurgarten. Sie befindet sich im Arkadenbau, der durch vielfältige Nutzungsmöglichkeiten besticht: Der Rossini-Saal mit muschelförmiger Bühne eignet sich hervorragend für Vorträge, Symposien oder Konzerte, während die Salons inspirierende Orte für Seminare und Workshops sind. Eine bezaubernde Oase ist schließlich der Schmuckhof: Mit Brunnen, Laubengang und Statuen aus der griechischen und römischen Mythologie lädt er zu Pausen und Empfängen im Freien ein. Eine einzigartige Kulisse für Open-Air-Veranstaltungen bietet der weitläufige und architektonisch schön gestaltete Innenhof des historischen Luitpoldbades. Garant für das Gelingen aller Events ist das engagierte Team der Bayer. Staatsbad Bad Kissingen GmbH mit seinem Inhouse-Service „alles aus einer Hand". Es vermittelt auch zahlreiche Rahmenprogramme in Bad Kissingen und Umgebung, die die „Magie einer Auszeit" wunderbar abrunden. *Uta Müller*

Auszeit zwischen Tradition und Moderne

TAGUNG/EVENT

Besonders geeignete Tagungsformen:
Konferenzen, Kongresse

Besonders geeignete Eventformen:
Bankette, kulturelle Veranstaltungen, Großveranstaltungen, Galas, Incentives

Räume:

Raumzahl:	13
Raumgrößen:	max. 1.800 m²
Kapazität:	10 – 1.500 Pers.

HOTEL-KAPAZITÄTEN

im Umkreis von

1 km	1.000 Zimmer
15 km	1.700 Zimmer

CATERING

Verschiedene Anbieter zur Auswahl

A 7: 10 km
A 71: 15 km
A 70: 30 km

Fern: Würzburg Hbf., 63 km
Nah: Bad Kissingen Bhf., 1 km

Nürnberg: 140 km
Frankfurt: 140 km

DIE LOCATION ...

... ist eine zentral gelegene Tagungsstätte, die prachtvolle historische Eleganz mit moderner Tagungs- und Arbeitstechnik verbindet. Dementsprechend eignen sich die aufwändig restaurierten Räumlichkeiten besonders auch für festliche Anlässe.

Bayer. Staatsbad Bad Kissingen GmbH

Entdecke die Zeit.
BAD KISSINGEN

DAS BESONDERE

Prachtvolles historisches Ambiente für **exklusive Kongresse und Tagungen** in einer der Great Spa Towns of Europe.

Kurze Wege und eine **gute Infrastruktur** beziehen die Innenstadt und Umgebung Bad Kissingens mit ein.

Hochkarätige **Kulturprogramme, Wellnessangebote** sowie vielseitige Outdoor- und **Freizeitmöglichkeiten** runden die Tagung stimmungsvoll ab.

© Foto Dominik Marx

97688

97688 BAD KISSINGEN
Im Luitpoldpark 1
Tel. +49 971 8048-274 oder -276
tagen@badkissingen.de
www.bad-kissingen.de/tagen

© Kurverwaltung

© Kurverwaltung

Mit seiner umfangreichen Kurinfrastruktur ist Bad Mergentheim nicht nur ein beliebtes Heilbad, sondern auch eine attraktive Tourismusdestination. Der idyllisch wirkende Ort liegt zentral im Main-Tauber-Kreis, einer Region, die ihre wirtschaftliche Attraktivität den hier ansässigen Unternehmen, allein 17 davon sind Weltmarktführer in ihrem Segment, verdankt. Die verkehrsgünstige Anbindung an das umgebende Autobahnnetz ist ein deutlicher Standortvorteil. In diesem Kontext positioniert sich das Bad Mergentheimer Kurhaus als hochwertige und multifunktionale Veranstaltungslocation. Inmitten des Kurparks und unweit der Altstadt gelegen, verfügt es über sechs hochwertig ausgestattete Veranstaltungsräume. Zwischen 41 m² und 410 m² groß können sie nach individuellen Kundenwünschen für Veranstaltungen mit bis zu 550 Teilnehmern kombiniert werden, Pausensequenzen und anspruchsvolle Buffets werden in separaten Räumen offeriert. Die Raumstruktur erlaubt auch die Inszenierung von Messen, die von Ausstellungen, Präsentationen und Vorträgen begleitet werden. Moderne Technik erlaubt darüber hinaus die Darstellung einer großen Bandbreite von Veranstaltungsformaten – Seminare, Konferenzen, Klausuren und Meetings sind ebenso durchführbar wie eine Vielzahl von Eventformaten und rein digitaler Veranstaltungsformate. Ein erfahrenes Team steht externen Tagungs- und Eventdienstleistern zur Seite und komplettiert das Angebotsportfolio des Kurhauses. Teil der Serviceleistungen sind auch die Vermittlung von Hotelkapazitäten und die Organisation von Rahmenprogrammen. Spektakulär präsentiert sich das Umfeld des Bad Mergentheimer Kurhauses: Mit nur einem Schritt aus der minimalistischen und klaren Bauhausarchitektur des Kurhauses hinaus treten Gäste hinein in eine der schönsten Parkanlagen Deutschlands. Attraktionen wie die mehrmals am Tag stattfindenden Wasserspiele, der Gradierpavillon mit dem Solewasser der Paulsquelle oder der japanische Garten lassen Pausensituationen zu tatsächlichen Auszeiten und einem Genuss für alle Sinne werden. Empfehlenswert ist es, eine der drei wirkkräftigen Trinkquellen zu probieren. Das Kurhaus Bad Mergentheim empfiehlt sich als professionell geführte und stilvolle Veranstaltungslocation inmitten einer atemberaubenden Landschaft. *Thomas Kühn*

Positionierung deutlich konturiert!

TAGUNG/EVENT

Besonders geeignete Tagungsformen:
Seminare, Konferenzen, Klausuren, Meetings

Besonders geeignete Eventformen:
Bankette, kulturelle Veranstaltungen, Präsentationen, Großveranstaltungen, Vorträge, Messen

Räume:

Raumzahl:	6
Raumgrößen:	41 – 410 m²
Kapazität:	550 Pers.
Präsentationsfläche:	832 m²

HOTEL-KAPAZITÄTEN

im Umkreis von

1 km	864 Zimmer

CATERING

frei wählbar

A 7: 19 km
A 81: 19 km

Fern: Würzburg, 45 km
Nah: Bad Mergentheim, 1 km

Stuttgart: 120 km
Frankfurt/Main: 135 km

DIE LOCATION ...

... ist ein aus den 20er Jahren stammendes Kurhaus, das im Herzen des Kurparks und unweit der Altstadt liegt. Perfekte Veranstaltungsbedingungen bieten 6 sehr gut ausgestattete Tagungsräume. Die Schönheit schlichter Bauhausarchitektur sowie die Funktionalität des Gebäudes machen es zu einer idealen Veranstaltungslocation.

© Kurverwaltung

Kurhaus Bad Mergentheim

Bad Mergentheim Kurverwaltung

DAS BESONDERE

Die Lage: Bad Mergentheim ist verkehrsgünstig von allen großen Oberzentren Süddeutschlands aus erreichbar, das Kurhaus profitiert von seiner Lage unmittelbar am Kurpark, Parkplätze stehen in ausreichender Zahl zur Verfügung.

Die Ausstattung: Das Haus präsentiert sich architektonisch-faszinierend und technisch hervorragend, die Bestuhlung gewährleistet ermüdungsfreies Sitzen und unterschiedliche Raumvarianten lassen sich durch flexible Trennwände darstellen.

© Kurverwaltung

97980
BAD MERGENTHEIM

Lothar-Daiker-Straße
Tel. +49 7931 965-0
info@kur-badmergentheim.de
www.bad-mergentheim.de

97980

Das WaldResort am Nationalpark Hainich vereint alle Vorzüge eines perfekten Tagungsortes in sich: Unmittelbar am Rande des Nationalparks Hainich gelegen, dominieren Natur und Natürlichkeit – uralte Bäume wiegen ihre Kronen leise im Wind, farbenfrohe Orchideen sind zu entdecken und zu jeder Tageszeit erklingt ein vielstimmiges Vogelorchester. Eine landschaftliche Idylle, die von kulturellen und historischen „big points" ergänzt wird: Die Wartburg, Gotha und Eisenach sowie die Wirkungsstätten von Bach und Luther sind auf kurzen Wegen erreichbar und garantieren Tagungsgruppen die unkomplizierte Organisation hochwertiger und anspruchsvoller Rahmenprogramme. Kern des Resorts sind 26 Ferienhäuser; jeweils unterschiedlich groß, bieten sie bis zu 4 Personen ein hohes Maß an Aufenthaltsqualität. Ohne Frage – ein „Plus" für Veranstalter, denen an der Entwicklung von Teamqualitäten gelegen ist – das Zusammenwohnen auf Zeit schafft Nähe und birgt Potential! Fürs konzentrierte Arbeiten indes stehen fünf – unterschiedlich große – Tagungsräume zur Verfügung: Jeweils tagesbelichtet bieten sie neben ergonomischer Möblierung ein hohes Maß an technischem Komfort; optional können Tagungsteile in die grüne Umgebung verlagert werden. Gastronomische Vielfalt wird im „Haus der Kulinarik", dem nicht öffentlichen Restaurant des Resorts, erfahren. Dessen Küche schöpft einerseits aus der Reichhaltigkeit thüringischer Traditionen und präsentiert sich andererseits, je nach Veranstalterwunsch, kreativ. Einer besonderen Erwähnung wert sind die zahlreichen naturnahen Rahmen- und Begleitprogramme, die das Team des Resorts offeriert: Neben geführten und moderierten Kräuterwanderungen durch den Nationalpark erfreut sich das Waldbaden großer Beliebtheit; die Shinrin-Yoku-Methode stellt auf die parallele körperliche und seelische Heilung ab und hat ihre Wurzeln in Japan. Das Resort-Konzept verantwortet Jürgen Dawo, ein erfolgreicher Bauunternehmer, dem es gelungen ist, der vielfältigen thüringischen Tagungslandschaft eine überaus liebenswürdige weitere Facette hinzuzufügen: Das WaldResort Hainich ermöglicht konzentriertes Arbeiten inmitten einer einzigartigen und bewusst erlebbaren Natur. *Thomas Kühn*

... und danach zum Waldbaden!

TAGUNG/EVENT

Besonders geeignete Tagungsformen:
Seminare, Klausuren, Meetings

Besonders geeignete Eventformen:
Präsentationen, Vorträge, Incentives

Räume:

Raumzahl:	5
Raumgrößen:	28 – 115 m^2
Kapazität:	50 Pers.

HOTEL-KAPAZITÄTEN

Eigener Logisbereich

Ferienhäuser: 26
à 1–4 Teilnehmer

CATERING

gebunden

UNSTRUT-HAINICH OT WEBERSTEDT

A 38: 45 km
A 71: 43 km
A 4: 36 km

DB
Fern: Erfurt, 65 km; Gotha, 30 km
Nah: Bad Langensalza, 11 km

Erfurt: 65 km

DIE LOCATION ...

... ist ein unweit Eisenachs und der Wartburg gelegenes Resort am Nationalpark Hainich. Es gilt als Deutschlands erstes Regenerations-Resort nach dem Vorbild des japanischen Waldbadens. Neben Erholungssuchenden bietet das Resort Seminar-, Klausur- und Meetinggästen exzellente Arbeitsbedingungen inmitten der Natur des UNESCO-Weltnaturerbes.

WaldResort am Nationalpark Hainich

WaldResort
am Nationalpark Hainich

DAS BESONDERE

Das Resort vereint unter seinem Dach **exzellente Arbeitsbedingungen** und bietet in unmittelbarer Nähe eine große Zahl **attraktiver Rahmen- und Begleitprogramme.**

Die besondere Stärke des Resorts, mithin seines Teams, besteht in der Vermittlung **einzigartiger Naturerlebnisse.**

Das Resort bietet neben den Voraussetzungen für klassische Tagungen auch die für **alternative Formate,** beispielsweise für Yoga und Meditation.

99991
UNSTRUT-HAINICH
OT WEBERSTEDT

Am Hainich 11
Tel. +49 36022 18810
info@waldresort-hainich.de
www.waldresort-hainich.de

Hotelempfehlungen

Auch Hotels sind oftmals in der Lage, für ungewöhnliche Herausforderungen ihrer Tagungskunden überraschende Lösungen zu bieten. Gerade die erfahrenen Veranstaltungsabteilungen der Tagungshotels stehen Ihnen mit Rat und Tat zur Seite, wie Sie auch in einem Hotel „besondere Erlebnisse" inszenieren können. Die aufgelisteten Häuser sind ausnahmslos Mitglieder im Projekt „TOP250 Germany – Die besten Tagungshotels in Deutschland". Mit diesem Qualitätslabel haben sich die Häuser einem mehrstufigen Prüfungsverfahren unterzogen und können für sich in Anspruch nehmen, zu den Besten der Branche zu gehören. Auf den folgenden Seiten stellt sich postalisch aufsteigend eine Auswahl hervorragender Tagungshotels vor!

Hotel Neustädter Hof

08340 Schwarzenberg/Erzgebirge • Grünhainer Str. 24
Tel. +49 3774 1250
E-Mail: info@neustaedterhof.de
www.neustaedterhof.de
Ansprechpartner: Daniel Frisch

Hotel Neustädter Hof
SCHWARZENBERG/ERZGEB.

HOTEL

Tagung

Tagungskapazität: 96 Personen
Tagungsräume: 4
Ausstellungsfläche: 210 m²

Zimmer:
18 EZ, 50 DZ, 3 Juniorsuiten, 1 Superior-Suite

Tagen in der „Perle des Erzgebirges"

In den 90er Jahren wurde das 1910 errichtete Gebäude des Neustädter Hofs komplett saniert und durch einen Neubau ergänzt, die Zimmerzahl damit deutlich erhöht. Und so knüpft das Traditionshaus heute an seine besondere Geschichte an und beherbergt neben Individualgästen, die Schwarzenberg als „Perle des Erzgebirges" besuchen, auch Tagungsgruppen. Die finden in vier – teilweise miteinander kombinierbaren und technisch gut ausgestatteten – Räumen Platz und Raum für verschiedene Veranstaltungsformate. Der Wintergarten mit großen Fensterfronten begeistert bis zu 20 Teilnehmer für besonders intensives Arbeiten. Gastronomisch bietet das Hotel eine bodenständig-regionale Küche mit internationalen Akzenten. In den warmen Sommermonaten stehen die Freiluft-Lounge sowie der Biergarten am gemächlich dahinfließenden Schwarzwasser zur Verfügung.

Landgut Stober

14641 Nauen OT Groß Behnitz • Behnitzer Dorfstraße 27–31
Tel. +49 33239 20440 • Fax +49 33239 204468
E-Mail: info@landgut-stober.de
www.landgut-stober.de
Ansprechpartnerin: Sabrina Rose

LANDGUT STOBER

HOTEL

Tagung

Tagungskapazität: 750 Personen
Tagungsräume: 30
Ausstellungsfläche: 597 m²

Zimmer:
169 EZ, 108 DZ, 23 Suiten

Nachhaltiges Handeln und soziale Verantwortung!

Wer das Landgut Stober durch das imposante rote Backsteinportal mit den alten Sandsteinskulpturen betritt, besucht einen historischen Ort und ein faszinierendes Stück deutscher Geschichte. Das alte Logierhaus, die Ställe, die Brennerei, der Kornspeicher, hohe alte Bäume am Ufer des Groß Behnitzer Sees. Das Landgut Stober ist ein authentischer Ort, der Geschichte atmet: Er erzählt von August Borsig, Alexander von Humboldt oder Richard von Weizsäcker. Ein Kulminationspunkt der Inspiration, von Energie, Tradition und Moderne – ein Industriedenkmal mitten in der Natur, mit Park und See und nahe Berlin. Ein Ort, der durch soziales Engagement, Gemeinwohlökonomie und familiäre Gastfreundschaft überwältigt. Ein Ort, an dem Tagungen und Meetings exzellent und erfolgreich sind. Es ist ein magischer Ort.

Paulinenhof

14806 Bad Belzig • Kuhlowitzer Dorfstraße 1
Tel. +49 33841 4408-0
E-Mail: info@paulinenhof.de
www.paulinenhof.de

PAULINENHOF

HOTEL

Hauptstadtnahes Schmuckstück

Tagung

Tagungskapazität: 180 Personen
Tagungsräume: 7

Zimmer:
13 EZ, 27 DZ

Knapp eine Autostunde von Berlin entfernt präsentiert sich der Paulinenhof – ein ehemaliger Vierseithof im klassischen Sinne. Sieben großzügige, helle Räume mit professioneller Tagungstechnik und einem weiten Blick durch bodentiefe Fenster in die Natur stehen Tagungsgruppen uneingeschränkt zur Verfügung. Neben einem sehr schönen Wellnessbereich mit einem 17-m-Schwimmbad und 4 Saunen erwartet Sie auch ein großzügiger Fitnessbereich. Außerdem ist ein Kino mit 26 Sitzplätzen für visuelle und audiovisuelle Präsentationen im Angebot. In zwei Restaurantbereichen kredenzt die Küche Bodenständig-Regionales. Die 40 Zimmer in unterschiedlichen Kategorien sind geradlinig strukturiert und mit edlen Materialien eingerichtet. Das junge Paulinenhof-Team erfüllt mit viel Engagement und Professionalität alle großen und kleinen Veranstalterwünsche.

Hotel Am Schloss Ahrensburg

22926 Ahrensburg • Am Alten Markt 17
Tel. +49 4102 8055
E-Mail: verkauf@hotel-am-schloss.de
www.hotel-am-schloss.de
Ansprechpartnerin: Tatjana Viol

hotel am schloss. ahrensburg ***

HOTEL

Nah an Hamburg flexibel tagen

Tagung

Tagungskapazität: 80 Personen
Tagungsräume: 6
Ausstellungsfläche: 150 m²

Zimmer:
8 EZ, 14 DZ Standard, 50 DZ Comfort, 2 Familienzimmer, 2 Juniorsuiten, 2 Appartements

Auf der Grenze zwischen Hamburg und Schleswig-Holstein präsentiert sich das Hotel Am Schloss Ahrensburg. Tagende können dort auf eine ruhige Lage bauen und auf ein entspanntes Hotelambiente, das mit Einrichtungspfiff, munteren Farbakzenten und einer Prise Eleganz für sich einnimmt. Den Tagungsräumen sind zumeist begrünte und möblierte Außenterrassen angeschlossen. In zwei separaten Besprechungsräumen, einer davon im besonders ansprechenden Boardroom-Look, können darüber hinaus Präsentationsbildschirme genutzt werden. Angenehm: Mit der Kaminlounge „Edelweiß" wurde ein exklusives Break-out- und Pausenrefugium geschaffen – abends kann dieser gemütliche Bereich auch zum gemeinschaftlichen Ausklingen des Tagungstages reserviert werden. Oder es bietet sich die Ahrensburger Innenstadt fußläufig für einen kurzen Abstecher an.

HOTELCAMP REINSEHLEN

29640 Schneverdingen • Camp Reinsehlen 1
Tel. +49 5198 9830 • Fax +49 5198 98399
E-Mail: veranstaltung@campreinsehlen.de
www.campreinsehlen.de
Ansprechpartner: Helko Riedinger

HOTELCAMP REINSEHLEN

HOTEL

Einzigartige Naturlage – unendliche Möglichkeiten

Tagung

Tagungskapazität: 728 Personen
Tagungsräume: 13
Ausstellungsfläche: 1.200 m²

Zimmer:
91 DZ

Unberührte Natur, großzügige, vielfältig nutzbare Freiflächen und ganz unterschiedliche Tagungsräume bieten zahllose Möglichkeiten für Großveranstaltungen und Tagungen ebenso wie für Seminare und Workshops. Dafür sorgt nicht nur die absolut ruhige Alleinlage, umgeben von 25 ha geschützter Heidelandschaft, auch die Architektur unserer großzügigen Anlage ist einzigartig. Viele Gäste fühlen sich beim Blick aus den Lodge-Zimmern an die einmalige Weite der afrikanischen Savanne erinnert. Diese ungestörte Aussicht bieten natürlich auch unsere Mehr-Blick-Zimmer. Es ist der besondere Mix aus direktem Naturerlebnis und zeitgemäßem Hotelkomfort inklusive einer qualitätsbewussten kreativen Küche, der aus Ihrem Aufenthalt im Camp Reinsehlen ein Erlebnis mit Erinnerungswert macht.

Renthof Kassel

34117 Kassel • Renthof 3
Tel. +49 561 5086668-0
E-Mail: info@renthof-kassel.de
www.renthof-kassel.de
Ansprechpartnerin: Jasmin Ohlendorf

RENTHOF KASSEL
HOTEL · RESTAURANT
BAR · EVENTLOCATION

HOTEL

Tradition überraschend neu interpretiert

Tagung

Tagungskapazität: 200 Personen
Tagungsräume: 6

Zimmer:
8 EZ, 38 DZ, 4 Suiten,
4 Maisonettes

Der Renthof ist ein Haus in historischen Mauern aus dem Jahre 1298. Tagungen und Kundenveranstaltungen erleben hier ein hohes Niveau. Flexible Raumkonzepte und eine moderne technische Ausstattung in ganz unterschiedlichen Räumlichkeiten machen das Haus flexibel einsetzbar. Bereits ab zwei Personen kann die Tagungssuite begeistern, für mehr als 100 Personen können Tagungskonzepte in der Alten Brüderkirche umgesetzt werden, dem ältesten hochgotischen Baudenkmal Kassels. Lichtdurchflutet sorgt sie in vielen Arten von Veranstaltungen für einen besonderen Erlebnischarakter. Das gilt auch für jedes der 55 Zimmer und Suiten. Sie sind alle ein Unikat in Grundriss und Einrichtung.
Die Event-Experten entwickeln gemeinsam mit den Kunden das richtige Tagungs- und Veranstaltungsmodell, inklusive einiger Erlebnistipps für die Umgebung.

GenoHotel Baunatal

34225 Baunatal • Schulze-Delitzsch-Straße 2
Tel. +49 5601 9786000
E-Mail: tagung@genohotel-baunatal.de
www.genohotel-baunatal.de
Ansprechpartnerin: Corinna Rolle

GenoHotel
BAUNATAL

HOTEL

Campus-Charakter für moderne Veranstaltungsformate

Tagung

Tagungskapazität: 110 Personen
Tagungsräume: 24
Ausstellungsfläche: 250 m²

Zimmer:
144 EZ/DZ, 9 Juniorsuiten

Mitten in Deutschland erwartet Gäste ein ungezwungener Campus-Charakter. Die einzelnen Gebäude umgeben eine parkähnliche Grünfläche mit sonnigen Wiesen und schattigen Plätzen. Sonnenliegen und Loungemöbel stehen bereit für Gruppenarbeiten oder Outdoor-Pausen. Alle Tagungsräume punkten mit viel Licht durch bodentiefe Fenster und Ausblick ins Grüne sowie ihrer professionellen Ausstattung. Der größte Raum bietet eine 4,50 Meter hohe, einseitige Trapez-Verglasung, beste Akustik und Lichttechnik. Überdies ist das Haus mit seinen insgesamt 24 Tagungsräumen spezialisiert auf partizipative Veranstaltungsformate – erkennbar auch an der hohen Kompetenz des Veranstaltungsteams. Ein architektonisch markanter Rundbau beheimatet das Restaurant und darüber das Bistro mit Bar, Lounge-Ecken und umlaufender Terrasse mit Blick auf die Höhenzüge des Kasseler Umlandes.

Flux – Biohotel im Werratal

34346 Hann. Münden • Buschweg 40
Tel. +49 5541 9980
E-Mail: info@flux-biohotel.de
www.flux-biohotel.de
Ansprechpartnerin: Annette Rothweiler

FLUX
BIOHOTEL IM WERRATAL
Alles fliesst

HOTEL

Tagen mit Bio-Kompetenz

Tagung

Tagungskapazität: 100 Personen
Tagungsräume: 4
Ausstellungsfläche: 150 m²

Zimmer:
36 DZ, 3 EZ

Seit vielen Jahren konsequent auf Nachhaltigkeit ausgerichtet, hat der Name „Flux" als Synonym für „alles fließt" zwei Bedeutungen: Direkt vor dem Haus fließt die Werra vorbei, im Haus sollen dafür die Gedanken fließen. Das charmante 39-Zimmer-Domizil hat seinen Standort ziemlich genau in der Mitte zwischen Göttingen und Kassel, nahe der A 7. Die zwei autarken Klausurbereiche – nach Feng-Shui-Kriterien gestaltet – ermöglichen zwei Tagungsgruppen, ein ungestörtes Eigenleben zu entfalten und dabei neben Seminar- und Gruppenarbeitsraum auch einen eigenen Gartenbereich exklusiv zu nutzen. Davon abgesehen, hat die nähere Umgebung einiges Team-Potenzial: etwa Achtsamkeits-Ausflüge mit der „Waldfee" oder eine Brauerei-Besichtigung im Fachwerk-Juwel Hann. Münden – im Sommer haben Gruppen besonderen Spaß am gemeinsamen Skulpturen-Schnitzen beim Ice-Carving.

Landhaus Bärenmühle

35110 Ellershausen • Zufahrt über Lengeltalstraße
Tel. +49 6455 75904-0
E-Mail: info@baerenmuehle.de
www.baerenmuehle.de
Ansprechpartnerin: Alexandra Schmidt

Landhaus Bärenmühle

HOTEL

Kreative Stille

Tagung

Tagungskapazität: 80 Personen
Tagungsräume: 3

Zimmer:
16 DZ, 5 Einzelzimmer,
1 Appartement 5 Minuten entfernt

Völlige Stille in einer unberührten Natur, dazu ein stilvolles Ambiente in einem sorgfältig restaurierten Fachwerk-Ensemble – das ist die Bärenmühle. Vier Hektar eigenes Land im schönen Lengeltal gehören zum Hotel. Naturerlebnisse und Outdoortrainings lassen sich hier wunderbar direkt vor Ort in die Tagung einbinden. Seit dem Sommer 2024 gibt es zudem einen großzügigen Tagungsraum mit bestem Equipment und bodentiefen Fenstern zum malerischen Innenhof. Auf Wunsch haben Gästegruppen das gesamte Anwesen für sich allein. Sie wohnen in einem der 21 individuell und stilvoll eingerichteten Landhauszimmer und entspannen sich nach getaner Arbeit entweder im Wald, im Saunahäuschen mit Schwimmteich oder im Garten. Die feine Landküche des Hauses interpretiert regionale Spezialitäten mit französischem Esprit.

Göbel's Hotel Rodenberg

36199 Rotenburg a.d. Fulda • Heinz-Meise-Straße 96–98
Tel. +49 6623 4349-0
E-Mail: bankett@goebels-rodenberg.de
www.goebels-rodenberg.de
Ansprechpartnerin: Marion Wiegand

GÖBEL HOTELS

HOTEL

Multitalent im Herzen Deutschlands

Tagung

Tagungskapazität: 300 Personen
Tagungsräume: 25
Ausstellungsfläche: 200 m^2

Zimmer:
35 EZ, 143 DZ, 12 Suiten

Das Hotel – hoch über dem Tal der Fulda und Rotenburg gelegen – bietet einerseits 9 Tagungsräume im Haupthaus. Weitere Kapazitäten finden sich im angeschlossenen Gästehaus „Pergola" sowie in der Göbel Hotels Arena. Letztere besticht durch ihre Multifunktionalität. Sportveranstaltungen wie auch Events, Messen und Kongresse mit bis zu 2.750 Teilnehmern können inszeniert werden. Die kompetent agierende Veranstaltungsabteilung offeriert Abendevents und sportliche Rahmenveranstaltungen – u.a. auch in Kooperation mit regionalen, externen Anbietern. „Die Rodenberg Alm" präsentiert sich als stilvolle alpenländische Eventlocation, geeignet für Gruppen mit bis zu 90 Tagungsgästen. Wellnessfans kommen in Göbel's Hotel Rodenberg ebenfalls auf ihre Kosten im üppig ausgestatteten „Rodenberg SPA", einer Erlebniswelt auf 1.400 m^2.

hôtel villa raab

36304 Alsfeld • Altenburger Straße 60
Tel. +49 6631 911470
E-Mail: info@villa-raab.de
www.villa-raab.de
Ansprechpartnerin: Daniela Pietsch

hôtel villa raab

HOTEL

Spannende Kontraste

Tagung

Tagungskapazität: 80 Personen
Tagungsräume: 3

Zimmer:
38 DZ, 2 Suiten

Wer Geschmack findet an einer Kombination aus verspieltem Jugendstil, moderner Designstärke und kreativer Heimatküche, sollte in das hôtel villa raab in Alsfeld kommen. Nur drei Kilometer von der A 5 entfernt sind dort für Workshops und Seminare dazu zwei entspannte Sphären mit allem erforderlichen Zubehör vorhanden. Da wäre zunächst die Beletage der Jugendstilflair verströmenden Villa, wo zwei Arbeitsräume mitsamt Balkonen und Gartenblick bereitstehen. Im Kontrast dazu bietet nebenan der moderne KupferCube ein unverschnörkeltes und fast vollverglastes Meetingambiente mit großer angeschlossener Freiterrasse und Blick auf die Villa. Abends lädt das Restaurant „tante mathilde" dazu ein, sich im gemütlichen Ambiente dreier Salons auf Entdeckungsreise in eine handwerkliche und neu interpretierte hessische Küche zu begeben.

hôtel schloss romrod

36329 Romrod • Alsfelder Straße 7
Tel. +49 6636 9181-0
E-Mail: info@schloss-romrod.com
www.schloss-romrod.com
Ansprechpartnerin: Daniela Pietsch

hôtel schloss romrod

HOTEL

Malerisches Schlosserlebnis

Tagung

Tagungskapazität: 110 Personen
Tagungsräume: 6
Ausstellungsfläche: 500 m^2

Zimmer:
1 EZ, 24 DZ, 7 kleine DZ,
1 Suite, 6 Juniorsuiten

Schloss Romrod, ein ehemaliges Jagdschloss der hessischen Landgrafen, hat sich seinen mittelalterlichen Burgcharakter nach qualitätvoller Restaurierung noch sichtlich bewahrt, so dass Seminare, Klausuren, aber auch Teambuildings und Firmenevents hier einen sehr malerischen Umdrehungspunkt erhalten. Tagungsgruppen, die ein abgeschirmtes Eigenleben führen wollen, empfiehlt sich zudem die „alte hôfreite". Es handelt sich um die früheren Stallungen des Schlosses, in denen jetzt wie in einer „Wohngemeinschaft" zusammengearbeitet, gewohnt und gechillt werden kann. Aber auch der beeindruckende Schloss-Innenhof und ein uriger Gewölbekeller locken zu gesellig-kulinarischen Runden. Unterstützt wird man dabei von „Schlossgeistern", die sich als Veranstaltungsprofis und leidenschaftliche Gastgeber um sämtliche Eventualitäten kümmern.

re.vita NATUR & TAGUNGSRESORT

37431 Bad Lauterberg • Sebastian-Kneipp-Promenade 56
Tel. +49 5524 83041
E-Mail: tagung@revita-hotel.de
www.naturresort-revita.de
Ansprechpartner: Lars Hauswald

re.vita
tagung . kongress . workshop . events
kompetenz seit 1977

HOTEL

DAS TAGUNGSRESORT IN DER MITTE DEUTSCHLANDS

Tagung

Tagungskapazität: 450 Personen
Tagungsräume: 21

Zimmer:
248 DZ, 12 Suiten

Unser NATUR & TAGUNGSRESORT hat sich in Firmenkreisen einen hervorragenden Namen erworben. Neben herzlicher Gastfreundschaft, verbunden mit professionellem Know-how, anspruchsvoller Ausstattung und außergewöhnlicher vielseitiger Kulinarik sowie unserem 3.000 m^2 großen re.vitaBADEhaus trägt auch die Lage unseres Hauses zu Ihrer rundum gelungenen Veranstaltung bei. Unser NATUR & TAGUNGSRESORT liegt in der Mitte Deutschlands eingebettet in grünen Wäldern und bietet einen optimalen Ausgangspunkt für zahlreiche Teambuildings sowie Events!

DAS Seela Braunschweig

38104 Braunschweig • Messeweg 41
Tel. +49 5313 7001166
E-Mail: tagung@heimat-liebe-hotels.de
www.das-seela.de
Ansprechpartnerin: Tatjana Viol

DAS seela.
BRAUNSCHWEIG
hotel • restaurant • bar • events

HOTEL

Natur und Historie am Rande Braunschweigs

Tagung

Tagungskapazität: 120 Personen
Tagungsräume: 7

Zimmer:
26 EZ, 26 DZ, 2 Juniorsuites

Das Seela Braunschweig ist außerhalb der Stadtgrenze umgeben von einem Naturschutzgebiet und einer alten Klosteranlage. Seine Tagungsbedingungen präferieren Veranstalter, die neben stimmigen räumlichen Möglichkeiten besonderen Wert auf ein intaktes Verhältnis von Preis und Leistung legen. Sieben Tagungsräume stehen zur Wahl, der größte, Schloss Richmond + Dankwarderode, bietet 150 m^2 Aktionsfläche für bis zu 70 Tagende, üppiges Tageslicht und mediale Ausstattung, u.a. einen Laserbeamer mit 6.000 Lumen. Das Team der Veranstaltungsabteilung kooperiert mit einer externen Veranstaltungsagentur und bietet eine große Zahl auch kommunikationsfördernder und teamgeiststärkender Rahmen- und Begleitprogramme an, die wahlweise Veranstaltungsteile unterstützen und von kurzer Dauer sind oder tagesfüllend eigenständige Programmpunkte darstellen.

Harz Hotel & Spa Seela

38667 Bad Harzburg • Nordhäuser Str. 5
Tel. +49 5322 796-0
E-Mail: bankettleitung@harz-hotel-spa.de
www.harz-hotel.spa.de
Ansprechpartnerin: Tatjana Viol

harz hotel & spa seela. bad harzburg

HOTEL

Faszination Harz

Tagung

Tagungskapazität: 60 Personen
Tagungsräume: 3
Ausstellungsfläche: ca. 120 m²

Zimmer:
18 EZ, 101 DZ, 1 Suite

Der Harz ist wegen seiner zentralen Erreichbarkeit wie auch seines hohen Freizeit- und Erlebniswerts für Tagungen prädestiniert. Von dieser Entwicklung profitiert auch das am Rande von Bad Harzburg gelegene Harz Hotel & Spa Seela. Drei Tagungsräume stehen zur Verfügung: zum einen der multifunktional nutzbare Festsaal, der insgesamt ca. 120 m² Nutzfläche bietet, dann der ca. 50 m² große Raum „Heimatliebe", der insbesondere für Seminare, Meetings und Klausuren geeignet ist, und der Raum „Zwölfender". Die aufgerufenen Tagungspauschalen schonen insbesondere das Budget kostenbewusster Veranstalter, „Add-ons" können je nach Bedarf dazugebucht werden. Gastronomisch weiß das Haus mit Regionalem im Restaurant zu beeindrucken. Für stimmungsvoll-informelle Abende, nach getaner Arbeit, lassen Sie den Abend in unserer Hotelbar mit Cocktails ausklingen.

Mintrops Stadt Hotel Margarethenhöhe

Mintrops Stadt Hotel Margarethenhöhe

45149 Essen • Steile Straße 46
Tel. +49 201 4386-0
E-Mail: info@stadt.mm-hotels.de • www.mintrops-stadthotel.de
Ansprechpartnerin: Nicole Döring

HOTEL

Industriekultur, frisch interpretiert

Tagung

Tagungskapazität: 100 Personen
Tagungsräume: 8
Ausstellungsfläche: 60 m²

Zimmer:
33 DZ, 1 Suite, 2 Appartements, 6 Juniorsuiten

Auf der denkmalgeschützten Margarethenhöhe gehen in diesem Hotel Historie und Moderne eine kühne Verbindung ein. Außergewöhnliche Dekorationen wie „rostiger Stahl" greifen die Industriegeschichte auf und werden von kräftigen Farben und moderner Kunst frech kontrastiert. Die beiden größten Tagungsräume, „Markt" und „Leben", haben Zugang zum zur Marktseite gelegenen Balkon, die hohen Rundbogenfenster lassen viel Licht herein. Besondere Bankettveranstaltungen und Meetings in kleinerer Runde finden häufig im original erhaltenen „Margarethe-Krupp-Zimmer" statt. Die Gästezimmer sind in verschiedenen Stilrichtungen individuell, schick und gemütlich eingerichtet. Die Küche bezieht viele Produkte aus eigenem Bio-Landbau. Direkt nebenan liegt die eigene professionelle Kochschule, in der sowohl Teamkochen als auch Küchenpartys stattfinden.

Mintrops Land Hotel Burgaltendorf

Mintrops Land Hotel Burgaltendorf

45289 Essen • Schwarzensteinweg 81
Tel. +49 201 5717-10
E-Mail: info@land.mm-hotels.de
www.mintrop-hotels.de
Ansprechpartnerin: Nicole Döring

HOTEL

Am Rande von Essen – mitten in der Natur

Tagung

Tagungskapazität: 160 Personen
Tagungsräume: 9
Ausstellungsfläche: 100 m²

Zimmer:
25 EZ, 16 DZ, 9 Juniorsuiten, 3 Suiten

Mintrops Landhotel liegt am Ortsrand von Essen-Burgaltendorf, umgeben vom eigenen weitläufigen Garten und Ackerland. Der 2019 angebaute Tagungspavillon „Pipapo" begeistert schon allein durch seine 6 Meter hohe Fensterfront. Sein zurückhaltendes Design entfaltet im Zusammenspiel mit diesem Natur-Ausblick eine motivierende Kraft. Im Garten ist spontanes Outdoor-Arbeiten ebenso möglich wie Grill-Events, Bogenschießen oder das Finden neuer Ideen an den Spiel-Stationen des „Merlinspfades". Die hochgelobte, frische Küche bedient sich dabei der eigenen Bio-Landwirtschaft. Pflücken, Probieren und Teamkochen sind beliebte Rahmenprogramme. Zum Wohlbefinden auf ganzer Linie trägt neben den sehr schönen und mit Pfiff eingerichteten Gästezimmern und Suiten auch der kleine und feine „Jungbrunnen" mit Schwimmbad, Sauna und Hydrojet-Massageliege bei.

Hotel Weissenburg

48727 Billerbeck • Gantweg 18
Tel. +49 2543 75-0 • Fax +49 2543 75-275
E-Mail: team@hotel-weissenburg.de
www.hotel-weissenburg.de
Ansprechpartner: Theodor Niehoff/Adam Majer

HOTEL

Das Tagungshotel mit der familiären Atmosphäre

Tagung

Tagungskapazität: 300 Personen
Tagungsräume: 20
Kongresssäle: 3
Ausstellungsfläche: 250 m²

Zimmer:
15 EZ, 75 DZ, 3 Suiten,
6 Juniorsuiten

Inmitten der Hügellandschaft der Baumberge liegt die idyllische Weissenburg. Oben am Hang, mit Blick auf den Erholungsort Billerbeck und umgeben von einem parkähnlichen Garten, pflegt die Familie Niehoff die Tradition des Hotels und verbindet westfälische Gastlichkeit mit modernem Komfort. In insgesamt 20 Konferenzräumen für bis zu 300 Personen, ausgestattet mit modernster Präsentations- und Konferenztechnik, bieten wir Ihnen alle Möglichkeiten, Ihr Seminar, Ihre Schulung, Ihren Workshop zu einem vollen Erfolg werden zu lassen. Eine freundliche Atmosphäre und helle Räume mit großen Fenstern gehören in allen Seminarräumen zum Standard. Teilweise verfügen die Tagungsräume über direkte Zugänge in unserem schönen Garten. Gerne organisieren wir Ihre Meetings und stehen Ihnen dabei tatkräftig zur Seite.

Landhotel Kallbach

52393 Hürtgenwald • Simonskall 24–26
Tel. +49 2429 94440
E-Mail: info@kallbach.de
www.kallbach.de
Ansprechpartnerin: Manuela Baier

HOTEL

In der Ruhe liegt die Kraft

Tagung

Tagungskapazität: 120 Personen
Tagungsräume: 6

Zimmer:
8 EZ, 41 DZ, 3 Suiten,
4 Appartements

Das Landhotel Kallbach ist ein idyllisch gelegenes Juwel für Tagende, die neben den Vorzügen eines Vier-Sterne-Superior-Hotels einen Quell der Ruhe und Inspiration suchen – gepaart mit einer niveauvollen und zugleich familiären Atmosphäre. Die modernen Tagungsräume gruppieren sich um ein schönes Pausenfoyer, sie sind technisch sehr gut ausgestattet und haben zum Teil eigene Terrassen mit Ausblick ins Grüne. Am Rande des Gartens mit großer Liegewiese befindet sich direkt am Kallbach-Ufer ein Lagerfeuerplatz, der von Tagungsgruppen gern genutzt wird. Oberhalb des Hotels, im Hang, kann zudem eine rustikale Berghütte für gemütliche Abende gebucht werden. Wer nach einer ausgiebigen oder auch kurzen Wanderung durch Wald und Gegend noch mehr Ruhe sucht, entspannt sich im schicken Wellnessbereich mit Schwimmbad und Sauna.

Gut Heckenhof Hotel & Golfresort an der Sieg

53783 Eitorf • Heckerhof 5
Tel. +49 2243 923232 • Fax +49 2243 923233
E-Mail: hotel@gut-heckenhof.de
www.gut-heckenhof.de

HOTEL

Tagen im Grünen, das ist unsere Devise

Tagung

Tagungskapazität: 100 Personen
Tagungsräume: 12
Ausstellungsfläche: 200 m²

Zimmer:
45 DZ, 27 EZ, 6 Juniorsuiten

Eingebettet in das Landschaftsschutzgebiet Siegaue liegt das Hotel & Golfresort Gut Heckenhof in Eitorf an der Sieg, im idyllischen Bergischen Land zwischen Köln und Bonn. Die 78 Zimmer entsprechen qualitativ dem 4-Sterne-Standard. Sie sind auf insgesamt fünf Häuser verteilt und verfügen jeweils über einen eigenen Balkon oder Terrasse. 12 moderne Veranstaltungsräume unterschiedlicher Größe bieten den richtigen Rahmen für Ihr Meeting, Ihr Seminar oder Incentive. Verbinden Sie kreatives Arbeiten mit Entspannung und sportlichen Aktivitäten inmitten einer traumhaften Golfanlage. Der Flughafen Köln/Bonn, der ICE-Bahnhof Siegburg/Bonn sowie die A 3 sind schnell zu erreichen.

Ringhotel Katharinen Hof

59423 Unna • Bahnhofstraße 49
Tel. +49 2303 920-0
E-Mail: katharinenhof@riepe.com
www.riepe.com/unna
Ansprechpartnerin: Nadine Riemer

HOTEL

Allerbeste Innenstadtlage

Tagung

Tagungskapazität: 140 Personen
Tagungsräume: 7
Ausstellungsfläche: 70 + 100 m²

Zimmer:
25 EZ, 70 DZ, 4 Suiten

Die Erreichbarkeit mit allen Verkehrsmitteln ist hier wahrlich unschlagbar, denn nicht nur vier Autobahnen, auch der Dortmunder Flughafen liegt nur wenige Kilometer entfernt. Die klimatisierte Tagungsebene umfasst zwei nebeneinanderliegende Bereiche mit insgesamt sieben teilweise kombinierbaren Räumen und eigenen, zentralen Pausenfoyers. Sechs der sieben Räume haben bodentiefe Fensterfronten und eigene Terrassenzugänge. Trotz der zentralen Lage tagt und schläft man ruhig im Haus, die Gästezimmer sind allesamt komfortabel und großzügig. Zur Erholung steht ein kürzlich renovierter, sehr schöner und tagesheller Wellnessbereich mit drei Saunen, schickem Ruheraum, Massage und Fitnessraum zur Verfügung. Das Restaurant „Camillo" begeistert mit integrierter Bar und Showküche sowie zwei auch exklusiv zu nutzenden Wintergärten.

Hotel Haus Delecke

59519 Möhnesee • Linkstraße 10–14
Tel. +49 2924 809-0
E-Mail: tagung@haus-delecke.de
www.haus-delecke.de
Ansprechpartnerin: Andrea Steyer

HOTEL

Entspanntes Tagen mit Seeblick

Tagung

Tagungskapazität: 100 Personen
Tagungsräume: 6
Ausstellungsfläche: 185 m²

Zimmer:
14 EZ, 20 DZ, 5 Juniorsuiten

Die wunderschöne Lage des Hotels Haus Delecke direkt am Ufer des Möhnesees bietet viele Möglichkeiten zur Tagungs- wie auch Freizeitgestaltung. In den letzten Jahren wurde das ehemalige Rittergut umfassend modernisiert. Drei moderne Veranstaltungsräume liegen im Haupthaus, davon bietet einer einen grandiosen Blick auf den See. Zwei weitere befinden sich in der Dependance, wo auch ein Teil der Gästezimmer ist. Die rustikale Tenne des Anwesens bietet im Dach einen 250 m² großen außergewöhnlichen Raum mit offenem Gebälk und Holzboden sowie im Erdgeschoss darunter eine flexibel gestaltbare 185-m²-Fläche, die „Deele", z.B. für begleitende Ausstellungen. Die Remise beherbergt eine coole Eventlocation, die durch ihre Flexibilität in Sachen Ambiente, Beleuchtung und Möblierung punktet. Von der Restaurant-Alternative über die After-Work-Party bis hin zum Event lässt sie sich den verschiedensten Bedürfnissen anpassen.

Parkhotel Stuttgart Messe-Airport

70771 Leinfelden-Echterdingen • Filderbahnstraße 2
Tel. +49 711 63344-0
E-Mail: veranstaltung@parkhotel-stuttgart.de
www.parkhotel-stuttgart.de
Ansprechpartnerin: Elisa Rolke

HOTEL

Eine Top-Adresse für Veranstaltungen im Südwesten

Tagung

Tagungskapazität: 256 Personen
Tagungsräume: 19
Ausstellungsfläche: 148 m²

110 EZ, 84 DZ, 8 Juniorsuiten,
2 Suiten, 16 Appartements

Dieses Haus gilt als sehr beliebtes Tagungshotel im Großraum der baden-württembergischen Landeshauptstadt – und auch nur eine S-Bahn-Station vom Flughafen und der Messe entfernt. Die Bedingungen, die Veranstalter von Seminaren, Konferenzen und Events in Leinfelden-Echterdingen vorfinden, sind exzellent! Das Hotel offeriert insgesamt 19 Tagungsräume – ebenerdig gelegen, teilweise miteinander kombinierbar und mit moderner Kommunikations- und Präsentationstechnik ausgestattet. Der Panoramasaal im Dachgeschoss gilt als besonders hochwertige Location, der Ausblick reicht bei schönem Wetter bis zum Stuttgarter Fernsehturm. Unmittelbar an das Hotel angeschlossen, präsentiert sich das Echterdinger Brauhaus als stilvoll eingerichtete Lokalität, die wie geschaffen ist für stimmungsvoll ausklingende Abende – mit selbstgebrautem Bier und hausgemachten schwäbischen Spezialitäten.

DEKRA Congresshotel & DEKRA Congress Center Wart

CONGRESS HOTEL WART

72213 Altensteig/Wart • Wildbader Straße 28
Tel. +49 7458 771-0
E-Mail: Sales.DCCW@DEKRA.com/de • www. dekra-congresshotel.com/de
Ansprechpartner: Jan von Schaper

HOTEL

Das Tagungscenter mitten im Schwarzwald

Tagung

Tagungskapazität: 1.500 Personen
Tagungsräume: 20
Ausstellungsfläche: 400 m²

Zimmer:
124 EZ, 43 DZ

Nur 50 km von Stuttgart entfernt, bietet dieses Haus im Schwarzwald eine einzigartige Kombination aus moderner Ausstattung und natürlicher Ruhe – angereichert durch das ausgezeichnete Nachhaltigkeitskonzept. Das speziell für geschäftliche Anlässe konzipierte Hotel & Congress Center zeichnet sich durch seine technisch hochwertig ausgestatteten insgesamt 20 Tagungsräume aus für sehr viele, unterschiedliche Veranstaltungsformate. 167 Zimmer ermöglichen Veranstaltern, auch mit umfangreichen Teilnehmergruppen vor Ort unterzukommen. Die anregende Landschaft des Schwarzwaldes bietet zusätzlich einen idealen Rahmen für Outdoor-Aktivitäten und Teambuilding-Maßnahmen, ob geführte Wanderungen, Radtouren oder entspannende Spaziergänge in der Natur. Kulinarisch setzt das Hotel auf saisonale, regionale Gerichte und eine ausgezeichnete Weinkarte.

Hotel am Remspark

HOTEL AM REMSPARK

73525 Schwäbisch Gmünd • Remspark 1
Tel. +49 7171 7988200
E-Mail: event@hotelamremspark.de
www.hotelamremspark.de
Ansprechpartner: Benjamin Schöll

HOTEL

Business-Hideaway zwischen Remstal und Ostalbkreis

Tagung

Tagungskapazität: 100 Personen
Tagungsräume: 5
Ausstellungsfläche: 250 m²

Zimmer:
4 EZ, 97 DZ, 4 Suiten

Das preisgekrönte Gebäude des Hotels am Remspark spiegelt mit der unverwechselbar silbernen Fassade das Stadtbild und die Tradition des Silberschmiedegewerbes von Schwäbisch Gmünd wider. Insgesamt warten 101 Zimmer und 4 Junior-Suiten vor allem auf Business-Gäste. Für Tagungen und Workshops stehen fünf Konferenzräume auf 200 m² mit modernster Technik und Panoramafenstern mit Blick in den Remspark zur Verfügung. Eine eigene Sonnenterrasse lässt dabei Pausen im Freien gestalten. Das Panorama Restaurant „Charles“ im 7. Stock lockt ebenso mit fantastischer Aussicht wie auf gleicher Ebene die Panorama Bar „Hi“. Und nicht nur für das gesellige Beisammensein der Tagungsgruppe, sondern auch besondere Kundenevents bietet die Rooftop Bar im 8. Stock mit 360°-Blick über Stadt, Park und Berge ein atemberaubendes Erlebnis.

NaturKulturHotel Stumpf

★★★★
NaturKultur Hotel Stumpf
Alles im Grünen Bereich.

74867 Neunkirchen • Zeilweg 16
Tel. +49 6262 92290
E-Mail: info@hotel-stumpf.de
www.hotel-stumpf.de
Ansprechpartner: Albert Stumpf

HOTEL

Landleben trifft Stadtkultur

Tagung

Tagungskapazität: 80 Personen
Tagungsräume: 6
Ausstellungsfläche: 125 m²

Zimmer:
7 EZ, 36 DZ, 2 Suiten, 2 Juniorsuiten

Das NaturKulturHotel Stumpf schafft es, zwei unterschiedliche Welten miteinander zu vereinbaren: zum einen wie ein klassisches Landhotel, ruhig und abgeschieden im Odenwald gelegen. Ideal, um weitab von betrieblicher Hektik Teambildung voranzutreiben. Zum anderen glänzt es wie ein urbanes Hideaway, das mit Ausstattung und Ambiente luxuriöse Akzente setzt. Ein separates Tagungszentrum mit vier Räumen, Zugang zum schönen Garten und dem lernfördernd gestalteten Pausenbereich bildet den professionellen Rahmen für effektives und entspanntes Arbeiten. Der direkt angrenzende Seminargarten ist ideal für aktives Tagen im Freien oder Outdoor-Incentives, um Lernerfolge zu festigen. Der gemeinsame Tipi-Bau mit anschließendem Barbecue steht bei den Teilnehmern ebenso hoch im Kurs wie beispielsweise Bogen- oder Eisstockschießen, Bubble-Soccer oder Kanufahrten auf dem nahen Neckar.

Parkhotel Pforzheim

75175 Pforzheim • Deimlingstraße 32–36
Tel. +49 7231 161-0
E-Mail: info@parkhotel-pforzheim.de
www.parkhotel-pforzheim.de
Ansprechpartnerin: Sarina Astrath

PARK HOTEL PFORZHEIM

HOTEL

Tagen über den Dächern von Pforzheim

Tagung

Tagungskapazität: 238 Personen
Tagungsräume: 20
Ausstellungsfläche: 300 m^2

23 EZ, 181 DZ, 4 Suiten

Das Parkhotel Pforzheim neben dem CongressCentrum ist die ideale Adresse für Tagungen und Events. In 20 tageslichtdurchfluteten, klimatisierten Räumen für bis zu 238 Personen finden Ihre Veranstaltungen den perfekten Rahmen. Ab Dezember 2024 steht der neue Tagungsraum „VISION" im 5. Obergeschoss bereit – mit beeindruckendem Blick und einer umlaufenden Terrasse für entspannte Pausen. Unsere Eventplaner sorgen für Ihren Veranstaltungserfolg. 208 moderne in 2024 renovierte Zimmer bieten komfortable Übernachtungen, und unser Wellnessbereich hoch über den Dächern Pforzheims lädt zum Entspannen ein. Der nahegelegene Gasometer mit dem 360°-Panorama „Amazonien" von Yadegar Asisi bietet eine spektakuläre Location für exklusive Abendveranstaltungen mit bis zu 450 Personen.

Hotel St. Elisabeth

78476 Allensbach-Hegne • Konradistraße 1
Tel. +49 7533 9366-2000
E-Mail: info@st-elisabeth-hegne.de
www.st-elisabeth-hegne.de
Ansprechpartnerin: Isabelle Alder

STIFTUNG KLOSTER HEGNE
Hotel St. Elisabeth

HOTEL

Klösterlich tagen mit Blick auf den Bodensee

Tagung

Tagungskapazität: 150 Personen
Tagungsräume: 8
Ausstellungsfläche: 250 m^2

24 EZ, 60 DZ

Traditionell haben sich Klöster – neben ihrer religiösen Aufgabe – als Orte des Arbeitens, des Forschens sowie der Kunst verstanden. Das im Jahr 2006 auf dem Klostergelände errichtete Gästehaus wurde zu einem modernen Hotel entwickelt, das für Tagungsveranstalter wie geschaffen für die Arbeit kleiner und mittelgroßer Tagungsgruppen ist. Helles Holz dominiert die Optik, bodentiefe Fenster gewähren neben viel Tageslicht auch einen atemberaubenden Blick auf den Bodensee! Tagende finden sowohl im Haus Gesprächsinseln für den informellen Gedankenaustausch als auch in dem wundervollen Park, der das Haus umgibt. Darüber hinaus sind Einrichtungen des Klosters, etwa die Turnhalle des Marianums oder auch die Lehrküche für Kochevents, nutzbar. Die Hotelküche produziert – wie könnte es anders sein – Frisches und Saisonales der Bodenseeregion.

schiller's Hotel & Restaurant

82140 Olching • Nöscherstraße 20
Tel. +49 8142 4730
E-Mail: meeting@hotel-schiller.de
www.hotel-schiller.de
Ansprechpartner: Harald Schöffler

schiller's HOTEL

HOTEL

Ein grünes Umfeld – so nah an Münchens City

Tagung

Tagungskapazität: 50 Personen
Tagungsräume: 5

Zimmer:
16 EZ, 35 DZ

Nahe den angrenzenden Amperauen erwartet die Gäste ein familiengeführtes Tagungs- und Businesshotel – nur 20 Minuten mit der S-Bahn vom Münchner Zentrum entfernt. Fünf moderne Tagungsräume auf verschiedenen Ebenen werden allen Anforderungen an kreatives und konzentriertes Arbeiten gerecht: Mit modernster Tagungs- und Präsentationstechnik versehen, bieten sie Platz für bis zu 50 Personen und verschiedenste Veranstaltungsformate. Das grüne Umfeld am Fluss und die ruhige Lage laden dazu ein, im Sommer draußen zu arbeiten und die Abende auf der schönen Hotelterrasse zu verbringen. Partneragenturen sorgen für tolle Team-Events, wie Bogenschießen, Naturrallyes oder Floßbau; wer Gas geben möchte, findet die größte Kartbahn Europas gleich in der Nähe. Sehr beliebt bei den Gästen ist die gute Küche des Hotels mit vielen kulinarischen Rahmenprogrammen.

Hotel am Badersee

82491 Grainau Zugspitzdorf • Am Badersee 1–5
Tel. +49 8821 821-0 • Fax +49 8821 821-292
E-Mail: mice@hotelambadersee.de
www.hotelambadersee.de
Ansprechpartner: Miceabteilung

HOTEL AM BADERSEE
ZUGSPITZDORF GRAINAU

HOTEL | **BEGEISTERN**

Tagung

Tagungskapazität: 200 Personen
Tagungsräume: 22
Kongresssaal: 1
Ausstellungsfläche: 300 m²

Zimmer:
82 EZ, 52 DZ, 2 Suiten

Das zertifizierte Tagungs- und Green Hotel im Zugspitzdorf Grainau bei Garmisch-Partenkirchen besticht nicht nur durch seine einzigartige Lage am Badersee mit Blick auf die Zugspitze, sondern begeistert Tagungsplaner und -gäste durch seine vielfältigen Möglichkeiten. Ob Kreativworkshops in den „Wald"-Tagungsräumen oder in einer Original-Zugspitzgondel, Tagen unter freiem Himmel, partizipierende Veranstaltungsformate wie World Café, Design Thinking, Barcamps etc. oder Standard-Tagungs-Set-ups – so viel Vielfalt finden Sie nur in einem Hotel: dem Hotel am Badersee.

WESTERHAM – Die Akademie

83620 Feldkirchen-Westerham • Von-Andrian-Straße 5
Tel. +49 8063 91-0
E-Mail: westerham@ihk-akademie-muenchen.de
www.ihk-akademie-muenchen.de/westerham
Ansprechpartnerin: Elisabeth Heidenthaler

WESTERHAM
DIE AKADEMIE

HOTEL | **AUSSERGEWÖHNLICH. AUSGEZEICHNET. NACHHALTIG.**

Tagung

Tagungskapazität: 200 Personen
Tagungsräume: 25
Kongresssaal: 1
Ausstellungsfläche: 52 m²

Zimmer:
90 EZ, 6 DZ

Die IHK Akademie Westerham ist der perfekte Lernort für Ihre Veranstaltung. Hier finden Sie Ruhe für neue Gedanken, Komfort ohne Ablenkung und Inspiration, um Perspektiven zu verändern. Direkt vor den Toren Münchens – inmitten der Natur des Voralpenlandes – gibt es genügend Raum für Individualität: Egal, ob klassische Bestuhlung oder mit Sitzsäcken, im Seminarraum oder auf der 8 Meter hohen TeamPlattform, analog oder mittels modernster Technik auch hybrid oder digital – alles ist möglich! 96 Hotelzimmer, 25 Seminarräume bis 250 m², Niederseilgarten, hoher Teamparcours, Schwimmbad, Sauna, Fitnessraum und Bierstüberl: Für diese exquisiten Tagungsbedingungen ist die Akademie Westerham ein Teil der Kooperation „Exzellente Lernorte".

Schlosshotel Neufahrn

84088 Neufahrn • Schlossweg 2
Tel. +49 8773 709-0
E-Mail: message@schlosshotel-neufahrn.de
www.schlosshotel-neufahrn.de
Ansprechpartner: Johannes Kolbinger

Schlosshotel
Neufahrn

HOTEL | **Tagen mit Erlebnis**

Tagung

Tagungskapazität: 100 Personen
Tagungsräume: 5
Ausstellungsfläche: 420 m²

Zimmer:
54 DZ

Das 500 Jahre alte Schlosshotel Neufahrn ist eine aufwändig restaurierte zweigeschossige Vierflügelanlage um einen wunderschönen Innenhof in der Nähe von Landshut. Während vieles im Schloss mittelalterlich bleiben darf, ist das Anwesen in seinen Funktionen vollkommen modernisiert. In fünf repräsentativen historischen Tagungsräumen kann auf dem neuesten Stand der Technik gearbeitet werden. Die Räume im Erdgeschoss haben Zugang zu einer Terrasse, auf der im Sommer mit Blick in den Garten kreative Ideen verfolgt werden können. Die großen Säle in der Arkadenetage sind auch gefragte Bankettäume und bieten festlichen Events einen beeindruckenden historischen Rahmen. Viel Spaß fürs Team bringen zünftige Rittergelage in den historischen Kellerräumen des Schlosses oder die Ritterolympiade im nachgebauten historischen Dorf im Garten.

Parkhotel Schmid

86477 Adelsried • Augsburger Straße 28
Tel. +49 8294 2910
E-Mail: veranstaltungen@parkhotel-schmid.de
www.parkhotel-schmid.de
Ansprechpartnerin: Daniela Zwerger

PARKHOTEL SCHMID
ADELSRIED

HOTEL

Multifunktionstalent im Grünen

Tagung

Tagungskapazität: 200 Personen
Tagungsräume: 7
Ausstellungsfläche: 200 m^2

29 EZ, 65 DZ

Insgesamt bietet das Parkhotel Schmid sieben hervorragend ausgestattete Tagungsräume, Tageslicht und High-Speed-Internet verstehen sich als Selbstverständlichkeit, alle Steuerungsfunktionen erfolgen via hochmoderne KNX-Technik. Schon das neugestaltete Foyer ist ein kommunikativer „Hot Spot" zwischen Tagungsteilen, weil sich Seminargäste anlässlich von Tagungspausen hier treffen, um sich auszutauschen. Gleichermaßen kann es – aufgrund einer flexiblen Abtrennung – für Gruppenarbeitssequenzen genutzt werden. Der sich an das Hotel anschließende Park kann in Veranstaltungskonzeptionen einbezogen werden. In summa: Die Nähe zur BAB 8, vielfältige und naturnahe Tagungsmöglichkeiten, eine anspruchsvolle Frischeküche, der wohnliche Logisbereich sowie professionell agierende Servicemitarbeiter begeistern Trainer und Tagungsteilnehmer gleichermaßen.

i-Park Hotel ****

97234 Reichenberg • Georg-Heinrich-Appl-Straße 9
Tel. +49 9334 3749650
E-Mail: info@i-ph.com
www.i-ph.com
Ansprechpartnerin: Susan Morgenstern

i-PARK HOTEL
by FR CATERING ****

HOTEL

Viele Möglichkeiten im Zentrum Deutschlands

Tagung

Tagungskapazität: 200 Personen
Tagungsräume: 4

Zimmer:
54 DZ, 8 EZ, 3 Suiten und
2 Handicap

Modern, schnörkellos und bestens ausgestattet präsentiert sich das klassische Tagungs- und Businesshotel vor den Toren der schönen Barockstadt Würzburg mitten im Grünen und in direkter Nähe zum i-Park Klingholz, einem Innovations- und Gewerbestandort mit herrlicher Parklandschaft. Vier Tagungsräume stehen zur Verfügung, drei davon auch mit direktem Zugang zur Terrasse. Sie können je nach Platzbedarf flexibel für große und kleine Gruppen genutzt werden, Foyer und Tagungsräume im Erdgeschoss sind mit Paletten befahrbar, so dass eine mögliche Ausstellungsfläche in der Lobby gut erreichbar ist. Die Grünfläche mit über 6.000 m^2 hinter der Hotelterrasse ist prädestiniert für Outdoor-Aktivitäten, rauschende Feste oder Ausstellungen. Ausflüge nach Würzburg, Weinproben oder sportliche Outdoor-Aktivitäten in der näheren Umgebung sind ebenfalls beliebt.

Rahmenprogramme

Ob nun eine teambildende Maßnahme oder einfach nur abendliche Erholung: die sogenannten Rahmenprogramme sind aus vielen Business-Zusammenkünften meist nicht mehr wegzudenken.

Foto: Harz Hotel & Spa Seela (oben); Hotel Neustädter Hof (unten)

War es für früher einfach der gemütliche Abschluss eines Seminartages, werden immer öfters ganz gezielt Incentive-Maßnahmen gebucht, um der Botschaft der Tagung oder dem Auftrag des Workshops noch ein „Erlebnis-Element“ hinzugeben. Dabei ist von Locations, Hotels oder ihren Partneragenturen immer mehr Kreativität gefragt, egal ob indoor oder outdoor. Lassen Sie sich auf den Folgeseiten inspirieren, wie solche Rahmenprogramme aussehen könnten. Wir präsentieren auch zur einundzwanzigsten Ausgabe einen Sonderteil „Rahmenprogramme“, in dem sich Agenturen, Dienstleister, Locations wie auch Hotels mit abwechslungsreichen Ideen vorstellen können. Die Rahmenprogramme auf den nachfolgenden Seiten sind postalisch aufsteigend sortiert. Entdecken Sie bei jedem Programmangebot, für welche Gruppengrößen es buchbar ist. Auch haben wir es bestimmten Kategorien zugeordnet, die Ihnen den Charakter des jeweiligen Angebotes auf den ersten Blick verdeutlichen soll.

Diese und weitere Rahmenprogramme präsentieren wir Ihnen auch auf www.toptagungslocations.de. Hier erleichtert Ihnen die Suche nach Schlagworten, Postleitzahlen oder Kategorien, das passende Angebot zu finden.

RAHMENPROGRAMM

Faszination Bergwerk im Erzgebirge

In der Perle des Erzgebirges können Sie in unseren modern ausgestatteten Tagungsräumen Ihre Veranstaltung zum einzigartigen Erlebnis machen! Genießen Sie unsere kulinarischen Highlights, auch im – idyllisch am Fluss gelegenen – Biergarten. Möchten Sie ein besonderes Incentive erleben? Wie wäre es mit einer Fahrt in der Dampfeisenbahn oder einer Erkundung der heimischen Bergwerke? Auch können Sie Räucherkerzen traditionell selbst herstellen!

Hotel Neustädter Hof
08340 Schwarzenberg/Erzgebirge
www.neustaedterhof.de

Teilnehmer: 10 – 100
Kategorie: Erholung, Incentive
Wo: Indoor/Outdoor

RAHMENPROGRAMM

Filmabend im Paulinenhof Kino

Verbringen Sie einen unvergesslichen Filmabend im hauseigenen Kino des Paulinenhofs. Ausgestattet mit bester Ton- und Bildtechnik sowie 26 gemütlichen Kinosesseln, bietet das Kino alles, was es für einen entspannten Ausklang des Tagungstages braucht.
Selbstverständlich können Sie das Kino auch in Ihre Tagung, z.B. für Präsentationen, Vorträge oder Diskussionsrunden, einbauen.

Paulinenhof
14806 Bad Belzig
www.paulinenhof.de

Teilnehmer: 1 – 26
Kategorie: Teambildung
Wo: Indoor

RAHMENPROGRAMM

EscapeRoom „Flucht aus dem Schloss“

Nichts für schwache Nerven ist dieses Event in unserem Jagdschloss Hubertusstock. Nur mit einer Taschenlampe, Storybook und einem Funksprechgerät werden die Teilnehmer in einem Raum eingeschlossen. Dort muss anhand verschiedener Gegenstände und kniffliger Rätsel innerhalb einer Stunde ein Geheimcode ermittelt werden. Dies geht nur im Team mit viel Gelassenheit und Ruhe.

Ringhotel Schorfheide I Tagungszentrum der Wirtschaft
16247 Joachimsthal
www.tagungs-zentrum.de

Teilnehmer: 6 – 45
Kategorie: Incentive, Abendevent
Wo: Indoor

Siehe S. 38

RAHMENPROGRAMM

Hamburg erkunden

Vom Hotel am Schloss Ahrensburg aus erreicht man die Innenstadt von Hamburg bequem und schnell. Mit der Bahn ist man in etwa 30 Minuten im Herzen der Hansestadt. Dort erwarten Besucher zahlreiche Highlights, wie z.B. Hafenrundfahrten, die einen eindrucksvollen Blick auf den Hamburger Hafen, die Elbphilharmonie und die Speicherstadt bieten. Gerne beraten wir Sie hierzu persönlich!

Hotel Am Schloss Ahrensburg
22926 Ahrensburg
www.hotel-am-schloss.de/tagung-hamburg

Teilnehmer: bis 80
Kategorie: Erholung, Teambuilding
Wo: Indoor/Outdoor

RAHMENPROGRAMM

Das etwas andere Tagungshotel

Raus aus der Stadt, rein in die Natur, und das in kurzer Zeit. Bei schönem Wetter am Teich tagen, im Wald grillen, Bachläufe als neue Lebenswege finden. Wir halten das, was wir versprechen, und möchten, dass Sie sich bei uns rundherum wohlfühlen.
Wir sind keine Blender, sondern versuchen Ihren Wünschen so nah wie möglich zu kommen.
Wir als Team stehen hinter unserem Haus und hinter Ihnen als unseren Gästen. Wir sind da, aber Sie merken es nicht.

Zur Kloster-Mühle
27419 Groß Meckelsen/Sittensen
www.kloster-muehle.de

Teilnehmer: 1 – 110
Kategorie: Teambildung, Abendevent
Wo: Indoor/Outdoor

Präsentationsmöglichkeiten

Wenn Sie sich künftig auch im Buch und Internet mit Ihrem Rahmenprogramm präsentieren wollen, dann nehmen Sie mit uns Kontakt auf.

Die Vorbereitungen für das Geschwisterprodukt „Die besten Tagungshotels in Deutschland“ (Erscheinung Mai 2025) – in dem auch ein Sonderteil Rahmenprogramme erscheinen wird – haben ebenso begonnen wie für die 22. Ausgabe des Buches „Besondere Tagungs- und Eventlocations“.

Sie erreichen uns unter:

repecon Medien- und PR-Konzeptionen,
Sedanstraße 23,
97082 Würzburg,
Tel. +49 931 4607860,
Fax +49 931 46079499,
E-Mail: info@toptagungslocations.de

Quizine

Das Quiz mit Biss

A Was ist Quizine?

Quizine ist ein kurzweiliges, interessantes und innovatives Dinnerevent in Kombination mit einem Menü - ein Quiz mit Biss.

B Für was eignet sich Quizine?

Ob für private Feierlichkeiten oder Firmenveranstaltungen aller Art. Spaß und Kommunikation stehen dabei im Vordergrund.

C Wann und wo findet Quizine statt?

Immer und überall - wann und wo Sie wollen. Gerne unterstützen wir Sie bei der Locationauswahl. Besuchen Sie uns auf www.quizine.de.

D Was bietet Quizine?

Nebst Technik, wie iPads und Beamer, sorgen wir für Moderatoren. Weiterhin können die Spielfragen passend zur Firma und Abteilung individualisiert werden.

Deutschlandweit möglich!

www.quizine.de

RAHMENPROGRAMM

Bei uns wird Ihre Tagung zum Event!

Begeistern Sie Ihre Gäste mit einer Aktivität und fördern Sie so den Teamgeist. Wir unterstützen Sie mit individuellen Konzepten. Wie wäre es z.B. mit einem Rennen auf unserer Mega-Carrera-Bahn, einem Flug in unserem Flugsimulator einer Boeing 737-800 oder einem gemütlich rustikalen Abend im Tipi-Zelt am offenen Feuer? Gern senden wir Ihnen weitere Anregungen zu. Wir freuen uns auf Ihre Anfrage!

HOTEL PARK SOLTAU GmbH
29614 Soltau
www.hotel-park-soltau.de

Teilnehmer: 5 – 200
Kategorie: Teambildung, Incentive, Abendevent
Wo: Indoor/Outdoor

Siehe S. **48**

RAHMENPROGRAMM

GLÜCK als geheime Zutat für Ihren Erfolg

Nutzen Sie unsere kostenfreien TAGOA Überraschungen wie Barbecue yourself, Brain the Box – löse Victorias Secret, Boßeln, Geocaching, Bürogolf, Kickerturnier, Billardabend u.v.m.
Bei Buchung einer Vollpensionspauschale sind unsere TAGOA Üs für Sie kostenfrei – GLÜCK gehabt. Bei Tagesveranstaltungen Preis auf Anfrage.

Parkhotel Bilm im Glück am Stadtrand Hannovers
31319 Sehnde
www.parkhotel-bilm.de

Teilnehmer: 8 – 50
Kategorie: Teambildung, Abendevent
Wo: Indoor/Outdoor

RAHMENPROGRAMM

Campusgolf – treffsicher zum Erfolg

Stärken Sie die Dynamik Ihres Teams auf eine innovative und spielerische Art. „Campusgolf“ regt das kreative Denken an und ist eine ideale Ergänzung zu den inhaltlichen Schwerpunkten Ihrer Tagung. Der Parcours wird individuell aufgebaut und so kann man in- oder outdoor die Treffsicherheit unter Beweis stellen. Über Treppen und Rampen, in den Fahrstuhl, zwischen Tagungstischen oder auf der Wiese im Innenhof – Ball und Gedanken haben Freiraum.

GenoHotel Baunatal
34225 Baunatal
www.genohotel-baunatal.de

Teilnehmer: 15 – 40 (mehr auf Anfrage)
Kategorie: Teambildung
Wo: Indoor/Outdoor

RAHMENPROGRAMM

Genusstasting

Bieten Sie Ihren Mitarbeitern ein Rahmenprogramm der kulinarischen Art. Unsere gehobene und frische Küche verwöhnt Sie mit einem 4-Gänge-Genussmenü passend zum gewählten Tasting, während Matthias Dreyer von „Dreyers Tasterei“ Ihnen mit seinem Fachwissen zu Spirituosen und Wein einen neuen Einblick gibt. Egal ob Gin, Rum, Whisky oder Wein – Sie verbringen einen wunderbaren und geselligen Abend.

Parkhotel Emstaler Höhe
34308 Bad Emstal
www.emstaler-hoehe.de

Teilnehmer: 15 – 50
Kategorie: Teambildung, Abendevent
Wo: Indoor/Outdoor

RAHMENPROGRAMM

Frische Energien im Reich der Stille

Ihr Team braucht frische Luft und einen nachhaltigen Push? Wir empfehlen Ihnen einen Luxus, der immer rarer wird in unserer Zeit: den Luxus der Stille! In der Abgeschiedenheit der Bärenmühle, wo nur der Bach plätschert und die Vögel zwitschern, lässt sich dieser Luxus eindrucksvoll erleben. Bei einer Yoga-Lektion im Grünen, Barfuss im taufrischen Gras, bei einer Fackeltour durchs abendliche Wiesental – Stille pur als Energiespender!

Romantik Hotel Landhaus Bärenmühle
35110 Ellershausen
www.baerenmuehle.de/

Teilnehmer: 3 – 21 (mehr auf Anfrage)
Kategorie: Teambildung, Incentive
Wo: Indoor/Outdoor

RAHMENPROGRAMM

Exklusives Wein-Erlebnis zu eurem Dinner

Lasst euer Dinner im hôtel villa raab zu einem besonderen Geschmackserlebnis werden und taucht in die Welt der Weine ein. Unsere Sommelière wird eure Gaumen mit einer kleinen, aber feinen Auswahl an Weinen überraschen und begeistern. Das Weinwissen unserer Sommelière ist atemberaubend und nur zu gerne hört man sich die großartigen Geschichten und Anekdoten an, die hinter den köstlichen Rebsorten stecken.

hôtel villa raab
36304 Alsfeld
www.villa-raab.de

Teilnehmer: 7 – 45
Kategorie: Teambildung
Wo: Indoor

RAHMENPROGRAMM

Cocktail-Contest für euer Team

Die Barprofis von hôtel schloss romrod vermitteln euch die Grundlagen der Cocktailkunst und stellen euch das nötige Equipment vor. Anschließend geht's an die Praxis, die ersten Cocktails werden vorgestellt und gemixt. Dann seid ihr gefragt! Ihr schließt euch in Gruppen zusammen. Eure Aufgabe? Den perfekten Cocktail kreieren. Probieren und Genießen sind natürlich erwünscht! Am Ende des Events wird der Gewinner-Cocktail des Abends gekürt.

hôtel schloss romrod
36329 Romrod
www.schloss-romrod.com

Teilnehmer: 6 – 26
Kategorie: Abendevent
Wo: Indoor

RAHMENPROGRAMM

Erlebnisse, die verbinden!

Im re.vita NATUR & TAGUNGSRESORT wird Ihre Tagung zum besonderen Erlebnis: Ob ein glamouröser Casino-Abend im Hotel, Tastings in der Echter Nordhäuser Traditionsbrennerei, ein Ausflug in die historische Grube Samson, ein Dinner mit Panoramablick & Seilbahnfahrt auf dem Hausberg Bad Lauterberg oder eine Zeitreise durch die Schierker Feuerstein-Apotheke – wir gestalten Ihre unvergesslichen Events, die Teamgeist und Motivation stärken!

re.vita NATUR & TAGUNGSRESORT
37431 Bad Lauterberg
www.naturresort-revita.de

Teilnehmer: 10 – 250
Kategorie: Erholung, Teambuilding
Wo: Outdoor

RAHMENPROGRAMM

Teamevents

Im „Das Seela Braunschweig" können Tagungsgruppen ihr Seminar um ein besonderes Teamevent erweitern. In Zusammenarbeit mit unserem Partner bieten wir vielfältige Aktivitäten (in- und outdoor) an, die für Spaß und Teamgeist sorgen. Gerne beraten wir Sie hierzu persönlich!

Das Seela Braunschweig
38104 Braunschweig
www.das-seela.de/tagungen

Teilnehmer: 5 – 50
Kategorie: Teambildung
Wo: Indoor/Outdoor

RAHMENPROGRAMM

In den Baumwipfeln

Vom Harz Hotel & Spa Seela aus haben Sie die großartige Möglichkeit, die Perspektive zu wechseln. In unmittelbarer Nähe zum Hotel befindet sich der Baumwipfelpfad Harz, der tolle Ausblicke in die Natur bietet. Gerne beraten wir Sie hierzu persönlich!

Harz Hotel & Spa Seela
38667 Bad Harzburg
www.harz-hotel-spa.de/tagen

Teilnehmer: 10 – 20
Kategorie: Erholung, Teambildung
Wo: Outdoor

RAHMENPROGRAMM

Rahmenprogramme & Incentives im Harz

Unsere ruhige naturnahe Lage im schönen Harz bietet beste Voraussetzungen für Ihre Freizeitgestaltung. Sehenswerte Ausflugsziele finden Sie in unmittelbarer Nähe.
Kremserfahrt durch unsere schöne Ilsenburger Umgebung inkl. Vesper oder Fahrt mit der Harzer Schmalspurbahn zum Brocken oder geführte Wanderungen mit einem Ranger des Nationalpark Hochharz oder Fahrt nach Wernigerode mit Stadtführung und Schlossbesichtigung oder ...

Landhaus Zu den Rothen Forellen
38871 Ilsenburg
www.rotheforelle.de

Teilnehmer: 10 – 120
Kategorie: Teambildung, Incentive
Wo: Outdoor

RAHMENPROGRAMM

Der Ort für natürliche Lösungen

Raus aus dem Alltag, rein ins Abenteuer: Entdecken Sie eine einzigartige Team-Experience in unserer weitläufigen Gartenanlage, umgeben von malerischen Wiesen und Feldern. Von spannenden Rettungsübungen über kreativen Floßbau mit echter Jungfernfahrt bis hin zum Bau und Start einer eigenen Modellrakete – bei uns kennt der Teamgeist keine Grenzen. Erleben Sie unvergessliche Momente, die zusammenschweißen und lange nachwirken werden.

Mintrops Land Hotel Burgaltendorf
45289 Essen
www.mintrops-landhotel.de

Teilnehmer: 6 – 80
Kategorie: Teambildung, Incentive
Wo: Indoor/Outdoor

RAHMENPROGRAMM

Seifenkistenrennen – Das Power Teamevent

Zusammenarbeit, Kreativität und technisches Geschick sind gefragt. Wer baut die coolste Seifenkiste und wer gibt beim anschließenden Seifenkistenrennen am meisten Gas und fährt als Erstes ins Ziel? Nur gemeinsam im Team schaffen es die Teilnehmer, das große Seifenkisten-Teamevent für sich zu behaupten. Ob als Teambuilding oder als Rahmenprogramm: Dieses Seifenkistenrennen mit anschließender Siegerehrung ist für jeden Anlass perfekt geeignet.

GenoHotel Forsbach
51503 Rösrath-Forsbach
www.genohotel-forsbach.de

Teilnehmer: 20 – 50
Kategorie: Teambildung
Wo: Indoor/Outdoor

RAHMENPROGRAMM

Landhotel Kallbach: Natur & Erlebnis

Unser Landhotel bietet ein vielfältiges Rahmenprogramm: Adventure Golf, Fitnessraum, Games Lounge, Sauna & Wellness, Fackelwanderung, Lagerfeuerplatz, Themen-Wanderungen, Rangertouren im Nationalpark, exklusive Buchung von Kallbach's Berghütte (ab 10 Personen) sowie die Möglichkeit von Weihnachts- und Firmenfeiern.

******Superior Landhotel Kallbach**
52393 Hürtgenwald
www.kallbach.de

Teilnehmer: 1 – 80
Kategorie: Erholung, Teambildung, Abendevent
Wo: Indoor/Outdoor

RAHMENPROGRAMM

Eventbausteine, made at Hockenheimring!

Action, Adrenalin, Spaß – ein Incentive direkt am Hockenheimring ist immer ein Highlight. Nach Ihren Wünschen stellen wir Ihnen ein individuelles Eventprogramm zusammen, das zur Teilnehmerzahl, zur geplanten Dauer der Veranstaltung und zum finanziellen Rahmen passt: Insider-Führung, Elektro-Kartbahn, Formel-1-Pitstop, Race-Room Challenge, Schüsselauto, Drifttaxi, Elektro-Bobbycar-Race u.v.m.! Lassen Sie sich überraschen und mitreißen! locations@hockenheimring.de

Hockenheim-Ring GmbH
68766 Hockenheim
www.hockenheimring.de

Teilnehmer: 20 – 500
Kategorie: Teambildung, Abendevent, Incentive
Wo: Indoor/Outdoor

Siehe S. **88**

RAHMENPROGRAMM

Schmiede das Eisen, solange es heiß ist!

In der Kunstschmiede von Professor Heiner Zimmermann entsteht eine gemeinschaftliche Skulptur Ihres Teams, welche die Vision der Firma oder Abteilung visualisiert. Die Gruppe plant und erstellt dabei das einzigartige Kunstwerk. Mit Hammer, Feuer und Amboss sind hier schon fast 500 Teamskulpturen entstanden. Zum Abschluss genießen Sie die tolle Atmosphäre der Kunstschmiede bei einem leckeren Maultaschenbüffet.

Hotel Schönbuch
72124 Pliezhausen
www.teamschmiede.com

Teilnehmer: 4 – 25
Kategorie: Teambildung, Incentive
Wo: Indoor

RAHMENPROGRAMM

BIG BOTTLE PARTY

Genießen Sie in entspannter Atmosphäre erlesene Weine aus großen Flaschen und ausgewählte Grillköstlichkeiten. Freuen Sie sich auf stilvolle Musik, anregende Gespräche und einen besonderen Abend. Dieses Event unterstützt und fördert den Teamgeist. Unser Sommelier berät Sie gerne. Mögliche Themen: Weine der Mittelmeerküste, VDP-Verkostung und Weine Frankreichs. Natürlich gibt es auch vegane und vegetarische Spezialitäten vom Grill.

DEKRA Congress Center &
DEKRA Congresshotel Wart
72213 Altensteig
www.dekra-congresshotel.com

Teilnehmer: 10 – 400
Kategorie: Teambildung, Abendevent
Wo: Indoor

RAHMENPROGRAMM

WWW – Wald, Weleda, Wein

Wald – Wackelige Hängebrücken, schwankende Kletterelemente und rasante Seilrutschen – am Weleda Garten gelegen, lädt der Waldseilgarten Wetzgau zu spannenden „Höhenausflügen" ein.
Weleda – Staunen, Entdecken, Riechen. Entdecken Sie im Rahmen einer Führung das vielfältige Areal von Feldern, Beeten, Gewächshäusern, Insektenhotel, biologischer Kläranlage und vielem mehr.
Wein – Genießen Sie die „Hidden Champion Weine" aus dem Remstal.

Hotel am Remspark
73525 Schwäbisch Gmünd
www.hotelamremspark.de

Teilnehmer: 5 – 100
Kategorie: Teambildung, Incentive
Wo: Indoor/Outdoor

RAHMENPROGRAMM

Tipi-Bau-Workshop

Sie suchen die ganz besondere Teamherausforderung in einer unvergesslichen Atmosphäre? Dann bauen Sie sich doch Ihr eigenes Tipi. Unter Anleitung unseres Tipispezialisten erlernen Sie die Kunst des Tipibaus. Eine genaue Planung und die Koordination im Team sind Grundvoraussetzungen für einen erfolgreichen Aufbau. Nach getaner Arbeit sitzen Sie gemeinsam in Ihrem Tipi und genießen ein leckeres Barbecue am Lagerfeuer und angeregte Gespräche.

NaturKulturHotel Stumpf
74867 Neunkirchen
www.hotel-stumpf.de

Teilnehmer: 10 – 80
Kategorie: Teambildung, Abendevent
Wo: Outdoor

RAHMENPROGRAMM

Kultur und Natur am Bodensee

Auch interessante Ausflüge können einen Ausgleich zur Tagung verschaffen. Die Bodensee-Region bietet in nächster Nähe eine Vielzahl von Sehenswürdigkeiten. Fördern Sie den Teamgeist Ihrer Tagungs- oder Seminarbesucher mit individuellen Teambuilding-Maßnahmen, wie bspw.

- Outdoor-Events mit unseren Eventagenturen
- Stadtführung Konstanz, Reichenau oder auf der Blumeninsel Mainau
- Weinprobe beim Winzer u.v.m.

Hotel St. Elisabeth
78476 Allensbach-Hegne
www.st-elisabeth-hegne.de

Teilnehmer: 12 – 120
Kategorie: Erholung, Incentive
Wo: Outdoor

RAHMENPROGRAMM

WESTERHAM Erlebnis mit Ergebnis

TeamTraining – TeamEntwicklung – TeamErlebnis: Vielfältige Möglichkeiten für Ihre Trainings, Workshops und Events bietet Ihnen die IHK Akademie Westerham. Egal, ob indoor im Seminarraum, outdoor im eigenen Niederseilgarten oder auf der 8 m hohen TeamPlattform: Wir verbinden Spaß und Emotionen mit einem nachhaltigen Transfer in Ihren Unternehmensalltag. Westerhamer Team-Trainings – der Erfolg ist messbar.

Westerham – die Akademie
83620 Feldkirchen-Westerham
www.ihk-akademie-muenchen.de/westerham

Teilnehmer: 6 – 120
Kategorie: Teambildung, Abendevent
Wo: Indoor/Outdoor

RAHMENPROGRAMM

Ritterolympiade

Die Ritterolympiade auf Schloss Neufahrn findet im historischen Dorf im Schlossgarten statt und bietet Spaß und Spannung! Gestärkt mit einem Schluck „Zielwasser" müssen folgende Disziplinen gemeistert werden: Axtwerfen, Bogenschießen, Hufeisenwerfen, Erbsenspucken, Nüsseknacken u.v.m. Im Anschluss empfiehlt sich ein rustikales Ritteressen im Gewölbekeller! Weitere Events wie Bayernolympiade, Kegeln auf der Holzkegelbahn und Themendinner machen Ihren Aufenthalt zu einem unvergesslichen Erlebnis.

Schlosshotel Neufahrn e.K.
84088 Neufahrn i.NB
www.schlosshotel-neufahrn.de

Teilnehmer: 10 – 200
Kategorie: Teambildung, Abendevent
Wo: Indoor/Outdoor

RAHMENPROGRAMM

TAGEN WIE NAPOLEON

Entdecken Sie das Tagungshotel Alte Posthalterei – wo bereits Napoleon die inspirierende Atmosphäre für strategische Erfolge nutzte. Sein Zitat nach der Tagung: Hier sind die Weichen für 100% Erfolg gestellt!
Profitieren Sie von diesem besonderen Ort – der Geschichte und moderne Tagungstechnik vereint – um auch Ihre Ideen und Strategien zum Erfolg zu führen.
Für weitere Informationen melden Sie sich unter: +49 8291 858220!

Hotel Alte Posthalterei
86441 Zusmarshausen
www.posthalterei.com

Teilnehmer: 2 – 120
Kategorie: Teambildung, Abendevent
Wo: Indoor

RAHMENPROGRAMM

Tagen mit Erlebnis

Wir bieten Ihnen zahlreiche Möglichkeiten für Gruppenaktivitäten. Erleben Sie gemeinsam mit Ihren Teamkollegen, Freunden oder Ihrer Familie tolle und unvergessliche Momente. Nehmen Sie Ihre Teilnehmer mit auf einen Berggipfel oder direkt zum größten See Deutschlands? Vielleicht soll es doch lieber ein Brauerei Besuch sein oder Sie finden heraus, wie die Löcher in den Käse kommen.

Hotel "edita"
88175 Scheidegg
www.hotel-edita.com

Teilnehmer: 5 – 350
Kategorie: Erholung, Teambildung
Wo: Indoor/Outdoor

RAHMENPROGRAMM

Kultur und Natur an der Iller

Auch interessante Ausflüge können einen Ausgleich zur Tagung verschaffen. Die Region um Kloster Bonlanden bietet in nächster Nähe eine Vielzahl von Sehenswürdigkeiten. Fördern Sie den Teamgeist Ihrer Tagungs- oder Seminarbesucher mit individuellen Teambuilding-Maßnahmen wie bspw.

- Outdoor-Events mit unseren Eventagenturen
- Stadtführungen in Memmingen, Kempten oder Ulm
- Krippenmuseumsführung im Kloster

Tagungszentrum Bonlanden
88450 Berkheim-Bonlanden
www.kloster-bonlanden.de

Teilnehmer: 12 – 120
Kategorie: Erholung, Incentive
Wo: Indoor/Outdoor

RAHMENPROGRAMM

Im Herzen des Meteorkraters

Auf dem Steinhirt, dem Zentralhügel des Steinheimer Beckens, gibt die Berghütte Kraterblick auf 569 m einen fantastischen Ausblick auf den Meteorkraterrand. Die lichtdurchflutete Berghütte mit großem Außengelände und Terrasse ist Treffpunkt und Impulsgeber für Firmen-Events und Workshops. Fackelwanderungen mit Glühweinempfang am Feuerkorb im Winter, Grill-Event mit Cocktailbar im Sommer, Team-Buildings in freier Natur. Brotback-Workshops am Holzofen. Hütten-Feeling PUR!

Hotel sKreuz – Steinheim
89555 Steinheim
www.skreuz.de

Teilnehmer: 25 – 80
Kategorie: Erholung, Teambildung, Abendevent, Incentive
Wo: Indoor/Outdoor

RAHMENPROGRAMM

Riesen.Eventküche: Ihr Team-Erlebnis

Ob Team-Koch-Event, Chefs Table, Flying Dinner oder Küchenparty: Die Verbindung aus einer ehrlichen, geradlinigen Restaurantküche und vielen besonderen, ästhetischen Elementen schaffen ein besonderes Flair, das Lust macht, selbst die Kochlöffel zu schwingen. Besonderes Highlight ist die Zubereitung eines 3-Gang-Menüs in Teamarbeit. Angeleitet von einem Profikoch zaubern Sie Ihr eigenes kulinarisches Erlebnis.

Hotel Riesengebirge
90616 Neuhof
www.hotel-riesengebirge.de

Teilnehmer: 8 – 50
Kategorie: Teambildung, Abendevent, Incentive
Wo: Indoor

RAHMENPROGRAMM

Mitten in Deutschland, im Herz der Stadt

Das Best Western Premier Hotel Rebstock in Würzburg vereint Historie und modernen Komfort – ideal für erfolgreiche Tagungen und Events. Mit bestens ausgestatteten Konferenzräumen, zentraler Lage und einem mit einem Michelin-Stern ausgezeichneten Restaurant bietet das Hotel den perfekten Rahmen für professionelle Meetings und kulinarischen Genuss mitten in der Residenzstadt.

Hotel Rebstock
97070 Würzburg
www.rebstock.com

Teilnehmer: 10 – 130
Kategorie: Teambildung, Incentive
Wo: Indoor

RAHMENPROGRAMM

Mit Weitsicht im Grünen ...

Das WaldResort am Nationalpark Hainich bietet eine einzigartige Kombination aus Lernen und Naturerfahrungen. Ergänzen Sie Ihre Veranstaltung mit einer Resilienz- oder Urwaldwanderung. Entdecken Sie Waldbaden als Weg zur Stressbewältigung. Eine erfrischende Kneipp-Einheit oder eine morgendliche Meditation bereichert Ihre Tagung. Als Team-Event kochen und essen Sie gemeinsam in der Kräuterküche und lernen viel über heimische Wildkräuter.

WaldResort –
Am Nationalpark Hainich GmbH
99991 Unstrut-Hainich
www.waldresort-hainich.de

Teilnehmer: 5 – 50
Kategorie: Erholung, Teambildung, Abendevent, Incentive
Wo: Indoor/Outdoor

Siehe S. **164**

Präsentationsmöglichkeiten

Wenn Sie sich künftig auch im Buch und Internet mit Ihrem Rahmenprogramm präsentieren wollen, dann nehmen Sie mit uns Kontakt auf.

Die Vorbereitungen für das Geschwisterprodukt „Die besten Tagungshotels in Deutschland" (Erscheinung Mai 2025) – in dem auch ein Sonderteil Rahmenprogramme erscheinen wird – haben ebenso begonnen wie für die 22. Ausgabe des Buches „Besondere Tagungs- und Eventlocations".

Sie erreichen uns unter:

repecon Medien- und PR-Konzeptionen,
Sedanstraße 23,
97082 Würzburg,
Tel. +49 931 4607860,
Fax +49 931 46079499,
E-Mail: info@toptagungslocations.de

Register nach **Bundesland**

PLZ	Ort / Name	Kurzcharakteristik / Kapazität	Seite	Seminar	Konferenz	Klausur	Kongress	Meeting	Event
BADEN-WÜRTTEMBERG									
68766	**Hockenheim** **Hockenheimring**	**Die Location ...** ... ist zum einen eine traditionsreiche Rennsportarena. Darüber hinaus gilt das Areal jedoch auch als Tagungs- und Eventcenter mit exzellenten Premiumqualitäten. Die Rahmenbedingungen korrespondieren mit den Umweltstandards: Der Hockenheimring ist mit der Zertifizierung nach dem Standard DIN EN ISO 14001:2015 in den Bereichen Motorsport und Großveranstaltungen sowie Eventmanagement ausgezeichnet worden. Dies spiegelt sich auch in der Zertifizierung für Energiemanagement nach DIN EN ISO 50001:2018 wider, welche die Rennstrecke seit Anfang des Jahres besitzt. **20 – 2.000 Personen**	88	●	●			●	●
68766	**Hockenheim** **Porsche Experience Center Hockenheimring**	**Die Location ...** ... ist ein im Jahr 2019 eröffnetes „Porsche Experience Center" unmittelbar am Motodrom des Hockenheimrings gelegen. Es verfügt über 16 teilweise flexible Räume unterschiedlicher Anmutung und Größe sowie ein unkompliziert online buchbares Restaurant. Veranstaltern bietet sich die Möglichkeit, nachhaltige Tagungserlebnisse mit einzigartigen Rahmen- und Begleitprogrammen zu verbinden sowie gleichermaßen Teamevents mit Premiumcharakter zu inszenieren. **600 Personen**	90	●	●		●	●	●
68789	**St. Leon-Rot** **HARRES**	**Die Location ...** ... ist ein Mitte der 80er Jahre erbautes multifunktionales Veranstaltungszentrum, das neben einer Vielzahl flexibler Veranstaltungsflächen auch über ein Restaurant, eine Kegelbahn sowie eine für Veranstaltungen nutzbare Sporthalle verfügt. Die hauseigene Eventagentur unterstützt bei der Planung und Organisation von Tagungen und Events fachkundig. **1.400 Personen**	92	●	●		●	●	●
70806	**Kornwestheim** **Das K – Kultur- und Kongresszentrum**	**Die Location ...** ... ist eine im Jahr 2013 eröffnete Event- und Tagungslocation inmitten des Kornwestheimer Kulturkarrees. Das K überzeugt durch seinen multifunktionalen Ansatz und stellt mit der integrierten Stadtbücherei und dem Restaurant eine Plattform für Veranstaltungen der Wirtschaft, Politik, Kultur und Gesellschaft dar. **1.200 Personen**	94	●	●		●	●	●
70825	**Korntal-Münchingen** **Stadthalle Korntal**	**Die Location ...** ... ist eine in den 80er Jahren errichtete Stadthalle. Sie gilt als ästhetisch besonders anspruchsvolle Location mit architektonischen Besonderheiten. Der Schiller- und der Mörikesaal eignen sich insbesondere für die Durchführung von Tagungen und Events mit einer großen Teilnehmerzahl. Zwei weitere Räume können noch dazugebucht werden. **705 Personen**	96	●	●			●	●
71063	**Sindelfingen** **Mercedes-Benz Kundencenter Sindelfingen**	**Die Location ...** ... ein Erlebnisraum. Architektonisch anspruchsvoll konzipiert, haben Gäste die Möglichkeit bei einem Blick hinter die Kulissen an der Entstehung von Automobilen teilzuhaben, ihr erworbenes Fahrzeug in Empfang zu nehmen, Collection- und Zubehör-Produkte zu erwerben oder die hauseigene Gastronomie zu genießen. Darüber hinaus bietet das Kundencenter besonders hochwertig eingerichtete barrierefreien Tagungsräume sowie zwei Kinos. Stattfindende Tagungen erfahren ihre besondere Ergänzung durch die Verbindung von Markenerlebnissen mit Arbeitsprozessen. **100 Personen**	98	●	●			●	●
71638	**Ludwigsburg** **Reithaus Ludwigsburg**	**Die Location ...** ... ist Teil der ursprünglichen Reinhardtkaserne, die Ende des 19. Jahrhunderts in Ludwigsburg, unweit der Residenz, errichtet wurde. Ursprünglich als Reithalle genutzt, präsentiert sich die Location seit Mitte der 90er Jahre als multifunktionales Veranstaltungskleinod. **700 Personen**	100		●				●

Register nach **Bundesland**

PLZ	Ort / Name	Kurzcharakteristik / Kapazität	Seite	Seminar	Konferenz	Klausur	Kongress	Meeting	Event
BADEN-WÜRTTEMBERG									
72764	**Reutlingen** **Stadthalle Reutlingen GmbH**	**Die Location ...** ... ist die erste Stadthalle in Deutschland mit 100 % erfüllter „Green-Globe"-Kriterien. Neben umfassenden Tagungs- und Eventkapazitäten ist das Haus bekannt als (über-)regional positioniertes, ressourcenschonendes Veranstaltungszentrum. **3.200 Personen**	102	●	●		●	●	●
72766	**Reutlingen** **Achalm Hof**	**Die Location ...** ... ist eine unmittelbar neben der Bundesstraße, die Reutlingen mit Metzingen verbindet, gelegene Destination, die ihre Ursprünge im Jahr 2016 hat: Auf den Grundmauern eines ehemaligen Landwirtschaftsbetriebes wurden zwei Locations, die charmant wirkende Eventscheune sowie die gemütliche Almhütte, errichtet. Unterschiedliche Raumgrößen gewährleisten die Umsetzung vielfältiger Veranstaltungsformate. **400 Personen**	104	●				●	●
74078	**Heilbronn** **redblue, INTERSPORT Deutschland eG**	**Die Location ...** ... ist die größte Tagungs- und Eventlocation in der Region Heilbronn-Franken. Räume unterschiedlicher Größe und Anmutung bieten bis zu 4.000 Teilnehmerinnen und Teilnehmern Raum und Platz für eine Vielzahl unterschiedlichster Veranstaltungsformate. Die Flexibilität der Räume setzt Planern (fast) keine Grenzen. **4.000 Personen**	106				●		●
74172	**Neckarsulm** **Audi Forum Neckarsulm**	**Die Location ...** ... ist als Teil des Audi-Standorts Neckarsulm eine einzigartige, mehr als 10.000 m^2 große Projektionsfläche der facettenreichen Markenwelt des Automobilherstellers Audi. Veranstaltern stehen in einer faszinierenden und hochmodernen Architektur Räume und Flächen für Tagungen und Events zur Verfügung, die in Verbindung mit dem Markenerlebnis von besonderer Nachhaltigkeit sind. **200 Personen**	108	●	●			●	●
74389	**Cleebronn/ Tripsdrill** **Erlebnispark Tripsdrill**	**Die Location ...** ... ist Teil des ersten Freizeitparks Deutschlands, des Erlebnisparks Tripsdrill. Integriert in den Erlebnisbereich „Karle Kolbenfresser", steht – exklusiv – die gesamte obere Etage eines Fabrikgebäudes Tagungsgruppen zur Verfügung. Ein umlaufender Balkon sowie ein weiterer, kleiner Tagungsraum können ebenfalls in Planungen einbezogen werden. Als einzigartige Attraktion bietet sich Parkgästen die Übernachtung in Baumhäusern an. **12 – 120 Personen**	110	●				●	●
74889	**Sinsheim** **Technik Museum Sinsheim**	**Die Location ...** ... das Technik Museum Sinsheim präsentiert mehr als 3.000 Exponate auf einer Hallenfläche von 30.000 m^2; es verfügt über ein großes Freigelände sowie eine multifunktionale Veranstaltungshalle mit integrierter Flight-Deck-Bar, ein IMAX 3D Kino sowie verschiedene Restaurants. **500 Personen**	112	●	●			●	●
75172	**Pforzheim** **TurmQuartier Pforzheim**	**Die Location ...** ... ist ein Raumensemble unter der Dachmarke TurmQuartier Pforzheim. Insgesamt zwölf Räume vereinen sich zu einer funktionalen Einheit von Tagungs- und Eventräumen mit zahlreichen begleitenden Gestaltungsvarianten. Die innerstädtische Lage, die Nähe zum Bahnhof und die ganzheitliche Servicebetreuung tragen zu Veranstaltungserfolgen bei. **330 Personen**	114	●	●			●	●

Register nach **Bundesland**

PLZ	Ort / Name	Kurzcharakteristik / Kapazität	Seite	Seminar	Konferenz	Klausur	Kongress	Meeting	Event
BADEN-WÜRTTEMBERG									
75175	**Pforzheim** **Gasometer Pforzheim**	**Die Location ...** ... ist ein im Jahr 1912 errichteter Gasometer, der im Jahre 2014 zu einer Eventlocation umgebaut wurde: Sowohl im ergänzenden Funktionsgebäude als auch im Innern des Gasometers können Veranstaltungen durchgeführt werden. Aktuell präsentiert das Gasometer das dritte Panoramabild des Künstlers Y. Asisi. Es bietet einen Rundumblick auf die Akropolis der antiken Stadt Pergamon. **500 Personen**	116						●
76275	**Ettlingen** **Buhlsche Mühle**	**Die Location ...** ... ist ein am Rande der Ettlinger Altstadt gelegenes Industriedenkmal. Ursprünglich eine Papiermühle, wurde das Anwesen aufwändig um- und ausgebaut und im Jahr 2005 als Tagungs- und Ausstellungszentrum eröffnet. Neben Veranstaltungsräumen bietet das Anwesen auch Ausstellungsräume sowie Gästeappartements. Dem Management der Mühle ist nachhaltiges Wirtschaften eine Herzensangelegenheit – in allen Bereichen; Verträge mit Kooperationspartnern werden unter Beachtung von Nachhaltigkeitsbelangen abgeschlossen. **199 Personen**	118	●				●	●
77694	**Kehl-Sundheim** **Die Orangerie**	**Die Location ...** ... ein in 8 Jahren gewachsenes Areal in Kehl nahe Straßburg. Auf dem Gelände einer ehemaligen Spedition wurde neben Restaurants, einer Sauna- und Wellnesslandschaft und einem Indoor-Spiel- & Kletterpark auch eine Eventlocation errichtet, die als multifunktional nutzbare Location beeindruckende Raumparameter bietet und deren Architektur an klassische Orangeriebauten erinnert. Ein ebenfalls auf dem Areal befindliches 4-Sterne-Hotel bietet darüber hinaus vier modern eingerichtete und ausgestattete Tagungsräume. **300 Personen**	120	●	●			●	●
77977	**Rust** **Europa-Park Confertainment**	**Die Location ...** ... Deutschlands größter Freizeitpark, der auf einem 95 Hektar großen Gelände in 17 europäischen Themenbereichen spannende Action und farbenprächtige Inszenierungen für Jung und Alt präsentiert. Mit über 6 Millionen Besuchern im Jahr zählt Deutschlands größter Freizeitpark zu den beliebtesten Ausflugszielen der Nation. Zu erleben sind die Restaurant-Weltneuheit Eatrenalin, Wasserspaß in der Rulantica Wasserwelt und YULLBE, das ultimative VR-Erlebnis. **max. 5.000 Personen"**	122	●			●		●
97980	**Bad Mergentheim** **Kurhaus Bad Mergentheim**	**Die Location ...** ... ist ein aus den 20er Jahren stammendes Kurhaus, das im Herzen des Kurparks und unweit der Altstadt liegt. Perfekte Veranstaltungsbedingungen bieten 6 sehr gut ausgestattete Tagungsräume. Die Schönheit schlichter Bauhausarchitektur sowie die Funktionalität des Gebäudes machen es zu einer idealen Veranstaltungslocation. **550 Personen**	162	●	●	●		●	●
BAYERN									
82431	**Kochel am See** **Georg-von-Vollmar-Akademie e.V.**	**Die Location ...** ... ist ein eingetragener Verein, der sich der politischen Erwachsenenbildung verpflichtet sieht; insbesondere der Vermittlung demokratischer Grundrechte kommt eine besondere Bedeutung bei. Der historische Teil der Akademie, Schloss Aspenstein, wird durch einen modernen Gebäudekomplex, der u.a. den Logisbereich beherbergt, ergänzt. **75 Personen**	124	●	●	●		●	●

Register nach **Bundesland**

PLZ	Ort / Name	Kurzcharakteristik / Kapazität	Seite	Seminar	Konferenz	Klausur	Kongress	Meeting	Event
BAYERN									
82499	**Wallgau** **Parkhotel Wallgau mit Golf-Alm**	**Die Location ...** ... ist ein mit viel Hingabe betriebenes, familiengeführtes Urlaubshotel mit zugehöriger Eventlocation „Golf-Alm" in einer der beliebtesten Reiseregionen Bayerns, zwischen Karwendelgebirge, Walchensee, Garmisch-Partenkirchen und dem Geigenbauort Mittenwald. MICE-Gäste erfreuen sich im Raumensemble „Kavalierstube mit Galerie" sowie in der „Max und Moritz Bar" eines Tagungsumfelds, das „erfrischend anders" ist. **80 Personen**	126	●	●	●		●	●
84036	**Landshut** **ta.la tagungs-zentrum landshut**	**Die Location ...** ... ist aus der ursprünglichen Sparkassenakademie Bayern, der zentralen Bildungseinrichtung der Sparkassenfinanzgruppe Bayerns, hervorgegangen. Das ta.la bietet mehr als 50 Tagungsräume sowie eine technisch sehr hochwertig ausgestattete Aula. Umfassende Sport- und Freizeitangebote auf dem Gelände des Zentrums sowie kurze Wege in die sehenswerte Landshuter Altstadt ermöglichen die Gestaltung einer Vielzahl attraktiver Freizeitprogramme. Die Location führt Nachhaltigkeitszertifikate. **450 Personen**	128	●	●	●	●	●	●
85469	**Walpertskirchen** **Bungalow & Garten Hallnberg**	**Die Location ...** ... ist eine neu entstandene Veranstaltungsdestination, die die bestehenden Angebote von Landhotel Hallnberg auf sinnvolle und ergänzende Art komplettiert. Der Event-Bungalow bietet neben umfassenden technischen Lösungen auch flexible Bestuhlungsmöglichkeiten und ist klimatisiert. Für Rahmenprogramme und Teambuildings kann der 100 m^2 große neue Garten genutzt werden. **50 Personen**	130	●		●		●	●
86159	**Augsburg** **Messe Augsburg**	**Die Location ...** ... das in den späten 80er Jahren entstandene, zwischenzeitlich ergänzte und erweiterte Messegelände im Süden der Stadt Augsburg. Der drittgrößte bayrische Anbieter seiner Art beeindruckt mit sehr großzügig bemessenen Aktionsflächen, die vornehmlich für Messen und Großveranstaltungen genutzt werden. Darüber hinaus steht ein Kongress- und Tagungscenter für bis zu 400 Tagende zur Verfügung. **8.500 Personen**	132		●		●	●	●
87659	**Hopferau** **Schloss zu Hopferau**	**Die Location ...** ... ist ein von Ritter Sigmund von Freyberg-Eisenberg errichtetes Schloss, das als ältestes Deutschlands gilt. Seine Geschichte ist mit großen Namen verbunden: Georg Halbich war lange Zeit Besitzer, Paul Segisser und Konrad Zuse prominente Bewohner auf Zeit. Im Jahr 2011 erwarb die in Schwäbisch Hall ansässige BERA GmbH das Anwesen und betreibt es als Veranstaltungslocation und Hotel. **40 Personen**	134	●		●		●	●
87700	**Memmingen** **Stadthalle Memmingen**	**Die Location ...** ... ist eine in den 80er Jahren errichtete Stadthalle, unmittelbar in der Memminger Altstadt sowie an den Stadtpark angrenzend gelegen. Die charakteristische Architektur der Stadthalle orientiert sich an Ortstypischem und fügt sich harmonisch in die Umgebung. Das in den 80er Jahren errichtete Maximilian-Kolbe-Haus kann mit seinen Kapazitäten ergänzend in Anspruch genommen werden – es befindet sich in unmittelbarer Nähe zur Stadthalle und grenzt an den Stadtpark. **990 Personen**	136	●	●			●	●

Register nach **Bundesland**

PLZ	Ort / Name	Kurzcharakteristik / Kapazität	Seite	Seminar	Konferenz	Klausur	Kongress	Meeting	Event
BAYERN									
90616	**Neuhof an der Zenn** **Gutshof Neun**	**Die Location ...** ... ist ein Ort für neues Arbeiten und Lernen, ein so genannter New Work Campus. Dieser inspirierende Ort der Begegnung eignet sich sowohl für Workshops, Meetings sowie Teamarbeit und Co-Creation als auch für Firmen-Events und rauschende Feste. Natur und seine besondere Geschichte treffen auf modernes Design und eine professionelle Arbeitsausstattung, die agiles, interaktives Arbeiten unterstützt. **80 Personen**	138	●	●	●		●	●
92339	**Beilngries** **ABG Tagungszentrum**	**Die Location ...** ... ist eine von zwei Weiterbildungsdestinationen der Akademie Bayrischer Genossenschaften. Die naturnahe Lage, seine gute Erreichbarkeit sowie die vollständige Einrichtung und Ausstattung machen das Haus zu einer nachgefragten Adresse mitten in Bayern. **bis 170 Personen**	140	●	●	●		●	●
95460	**Bad Berneck** **Schloss Falkenhaus**	**Die Location ...** ... ein kleines, Anfang des 18. Jahrhunderts entstandenes Jagdschloss, das ursprünglich Ausgangspunkt sogenannter Beizjagden, also von Jagdausflügen mit Greifvögeln, vornehmlich Falken, war. Zwischen ausgedehnten Feldern, Wiesen und Wäldern gelegen, eignet sich das Anwesen insbesondere für die Durchführung störungsfreier Veranstaltungen, eine Reit- und Eventhalle steht zur Verfügung. Die Alleinlage gewährleistet die Einhaltung höchster Sicherheitsstandards. **70 Personen**	142	●		●		●	●
97070	**Würzburg** **Burkardushaus – Tagungszentrum am Dom**	**Die Location ...** ... ist ein inspirierendes Tagungszentrum mitten in Würzburg. Ideal für Tagesveranstaltungen im Zentrum der schönen Barockstadt. Kunst dient hier als nonverbaler Träger von Botschaften, die den Geist beflügeln wollen. Veranstalter genießen das hauseigene Catering mit frischen Produkten aus der Region. **180 Personen**	144	●	●		●	●	●
97070	**Würzburg** **Congress Centrum Würzburg**	**Die Location ...** ... ist mitten in der Stadt, direkt am Main und mit einem unvergleichlichen Blick auf die Festung Marienberg gelegen. Mit dem Anbau und neuen Panorama-Konferenzbereich verdoppeln sich Ausstellungsflächen und Foyers auf 3.300 m² – und das mit bester Anbindung an Autobahn und Bahnhof. **2.500 Personen**	146	●	●	●	●	●	●
97080	**Würzburg** **Museum im Kulturspeicher**	**Die Location ...** ... ist ein inspirierender Veranstaltungsort, der Kunst, Tagungen und Festlichkeiten kreativ verbindet. Stadtnah, modern und außergewöhnlich präsentiert sich der Tagungstreff in einem ehemaligen restaurierten Getreidespeicher im Alten Hafen Würzburgs mit beeindruckender Architektur und moderner Tagungsinfrastruktur. **150 Personen**	148	●		●		●	●
97080	**Würzburg** **Schloss Steinburg**	**Die Location ...** ... eine historisierende Burg, die seit mehr als 100 Jahren an der Stelle einer im 13. Jahrhundert erbauten Anlage steht. Die weltberühmte Weinbergslage „Würzburger Stein" umgibt das hoch über Würzburg liegende Anwesen. **3 – 160 Personen**	150	●	●			●	●
97082	**Würzburg** **Exerzitienhaus Himmelspforten**	**Die Location ...** ... ist eine historische Klosteranlage in Stadtrandlage von Würzburg mit einer hochmodernen Tagungsausstattung. Die künstlerische Gestaltung des Hauses und das kleine geistliche Zentrum mit Kreuzkapelle und Meditationsraum machen Himmelspforten zu einer ganz besonders inspirierenden Tagungslocation. **160 Personen**	152	●	●	●		●	●

Register nach **Bundesland**

PLZ	Ort / Name	Kurzcharakteristik / Kapazität	Seite	Seminar	Konferenz	Klausur	Kongress	Meeting	Event
BAYERN									
97082	**Würzburg** **Vogel Convention Center**	**Die Location ...** ... ist verkehrsgünstig an den Autobahnen A 3, A 7 und A 81 gelegen. Es befindet sich 110 km vom internationalen Flughafen Frankfurt a.M., 110 km vom Flughafen Nürnberg und 140 km vom Flughafen Stuttgart entfernt. Ein engagiertes Team sowie erstklassige Veranstaltungs- und Filmtechnik machen vom Konzert über Jahreshauptversammlungen bis hin zu stimmungsvollen Events vor Ort, digital oder hybrid, alles möglich. **1.400 Personen**	154	●	●	●	●	●	●
97209	**Veitshöchheim** **Mainfranken-säle**	**Die Location ...** ... ist ein im fränkischen Veitshöchheim gelegenes modernes Veranstaltungszentrum, das vor circa 10 Jahren komplett saniert wurde – dabei wurde der nachhaltigen Bewirtschaftung des Hauses allergrößte Beachtung geschenkt. Neben großzügigen Präsentationsflächen bieten die Mainfrankensäle einen teilbaren Saal mit einer fest installierten Bühne sowie ebenfalls teilweise kombinierbare, tagesbelichtete Tagungsräume. **920 Personen**	156	●	●	●	●	●	●
97228	**Rottendorf** **Gut Wöllried**	**Die Location ...** ... ist ein im Jahr 1230 erstmals urkundlich erwähnter Gutshof, der – nach umfangreichen Sanierungsarbeiten – vielfältige Gestaltungsmöglichkeiten für Tagungs- und Eventveranstalter bietet. Dafür stehen die Festscheune mit freiliegendem Gebälk und 14 Metern Deckenhöhe, der lichtdurchflutete „Ulrichsaal" sowie der Alte Speicher zur Verfügung. Veranstalter können aus verschiedenen Tagungspauschalen wählen. **2.500 Personen**	158	●	●			●	●
97688	**Bad Kissingen** **Bayer. Staatsbad Bad Kissingen GmbH**	**Die Location ...** ... ist eine zentral gelegene Tagungsstätte, die prachtvolle historische Eleganz mit moderner Tagungs- und Arbeitstechnik verbindet. Dementsprechend eignen sich die aufwändig restaurierten Räumlichkeiten besonders auch für festliche Anlässe. **10 – 1.500 Personen**	160		●		●		●
BRANDENBURG									
15754	**Kolberg** **360° by teamgeist**	**Die Location ...** ... ist ein im August 2024 eröffneter Outdoorcampus. Die unmittelbare Nähe zu Berlin sowie die faszinierend schöne Natürlichkeit des Dahme-Seengebietes sind wesentliche Standortvorteile der Location, die von den erfahrenen Veranstaltungsprofis der Teamgeist GmbH betrieben wird. **200 Personen**	36	●		●	●	●	●
16247	**Joachimsthal** **Jagdschloss Hubertusstock**	**Die Location ...** ... ist zum einen das aus dem späten 19. Jahrhundert stammende Jagdschloss Hubertusstock, die ehemalige offizielle Jagdresidenz deutscher Staatsoberhäupter, zum anderen das am Ufer gelegene Bootshaus. Während sich das Schloss historisch-authentisch präsentiert, begeistert das Bootshaus mit seiner unverstellten Naturnähe. **90 Personen**	38	●		●			●
16231	**Bernau bei Berlin, OT Birkholz** **Gut Leben Landresort**	**Die Location ...** ... ist ein knapp 200 Jahre alter Vierseithof, nördlich von Berlin gelegen. Das Anwesen steht unter Denkmalschutz und wurde in den vergangenen Jahren liebevoll und aufwändig saniert und umgebaut – naturnah und nach ökologischen Grundsätzen. Die Location präsentiert sich heute als historisches Zeugnis, gleichermaßen aber auch als hochmoderne und funktionale Veranstaltungslocation und bietet unter anderem neben einem kleinen Logisbereich ein weitläufiges Außengelände. Ein Standesamt ist eingerichtet. **150 Personen**	40	●	●	●		●	●

Register nach **Bundesland**

PLZ	Ort / Name	Kurzcharakteristik / Kapazität	Seite	Seminar	Konferenz	Klausur	Kongress	Meeting	Event
BRANDENBURG									
16798	**Fürstenberg/ Havel** **Storchenhof Blumenow**	**Die Location ...** ... ist aus dem ehemaligen Gutshof Blumenow hervorgegangen. Die Geschichte des Ortes reicht allerdings bis weit in das 14. Jahrhundert zurück. Nach umfangreichen Renovierungs- und Sanierungsarbeiten präsentiert sich die Location als hochmodernes Veranstaltungszentrum, das seine Faszination insbesondere aus seiner ruhigen und störungsfreien Lage am Rande eines Naturschutzgebietes schöpft. **80 Personen**	42	●		●		●	●
BREMEN									
27568	**Bremerhaven** **Klimahaus Bremerhaven**	**Die Location ...** ... ist Bestandteil der Bremerhavener Havenwelten. Die Wissens- und Erlebniswelt bietet Tagungs- und Eventveranstaltern die Möglichkeit, traditionelle Tagungsräume und/oder Teile der Ausstellung für die Umsetzung hochattraktiver Veranstaltungskonzeptionen zu nutzen. Das erfahrene und ausgezeichnete Klimahaus-Veranstaltungsteam berät Veranstalter individuell. **10 - 800 Personen**	46	●		●		●	●
HESSEN									
35037	**Marburg** **Erwin-Piscator-Haus**	**Die Location ...** ... ist ein multifunktionales, stadtzentral gelegenes Veranstaltungszentrum. Nach umfangreichen Sanierungsarbeiten wurde es im Jahr 2016 neu eröffnet. Unter seinem Dach offerieren regionale, überregionale und kulturelle Träger ihre Angebote. **1.400 Personen**	54		●			●	●
36199	**Rotenburg a. d. Fulda** **Göbel Hotels Arena**	**Die Location ...** ... ist eine mit dem Göbel's Hotel Rodenberg verbundene multifunktionale Mehrzweckhalle, die über ein breit gefächertes Raumangebot, unter anderem über eine 2.000 m^2 große Veranstaltungsfläche, verfügt. Die Arena ist in das Servicekonzept des Hotels integriert. **2.750 Personen**	56	●	●		●	●	●
36251	**Bad Hersfeld** **Schilde-Halle Bad Hersfeld**	**Die Location ...** ... ist eine mehr als 100 Jahre alte Fabrikhalle, die – urban in Bad Hersfeld gelegen – aufwändig saniert wurde und seit Sommer 2012 als besondere Veranstaltungslocation zur Verfügung steht. Industrieller Charme und modernste Technik sind deren USPs. **1.200 Personen**	58	●	●			●	●
60327	**Frankfurt am Main** **FIFTY HEIGHTS**	**Die Location ...** ... ist ein Veranstaltungsraum in der über separate Fahrstühle erreichbaren 50. Etage des Tower 185 in der Frankfurter Innenstadt. Nutzbar sind zum einen eine lichthelle und technisch bestens ausgestattete Veranstaltungsfläche indoor sowie zwei voneinander unabhängig nutzbare Außenterrassen mit jeweils knapp 400 m^2 Nutzfläche. **120 Personen**	74	●		●		●	●
61462	**Königstein im Taunus** **Haus der Begegnung**	**Die Location ...** ... ist ein in den 50er Jahren errichtetes Veranstaltungshaus im Ortszentrum von Königstein im Taunus, das vor wenigen Jahren umfassend saniert wurde, die ursprüngliche Architektur ist dabei erhalten geblieben. Heute präsentiert sich das Haus der Begegnung als moderne Veranstaltungslocation mit einem umfassenden Raumangebot, das mehrfach öffentlich ausgezeichnet wurde. **600 Personen**	76	●	●		●	●	●

Register nach **Bundesland**

PLZ	Ort / Name	Kurzcharakteristik / Kapazität	Seite	Seminar	Konferenz	Klausur	Kongress	Meeting	Event
HESSEN									
63263	**Neu-Isenburg** **Max Green**	**Die Location ...** ... ein in sich geschlossenes Tagungszentrum im Verwaltungssitz des Genoverbandes e.V. in Neu-Isenburg nahe Frankfurt. Die 10 ebenerdig gelegenen Tagungsräume unterschiedlichen Zuschnitts werden von einer Pausenfläche, die auch für Präsentationen genutzt werden kann, ergänzt. Die grüne Umgebung kann in Veranstaltungskonzeptionen eingebunden werden. **250 Personen**	78	●	●	●		●	●
63450	**Hanau** **Congress Park Hanau**	**Die Location ...** ... ist ein multifunktionales Kongress-Centrum, das im Jahr 2003 eröffnet wurde: Der Neubau integriert die historische Bausubstanz der ursprünglichen Stadthalle und verbindet ästhetisch wertvoll Alt mit Neuem. Umfassend vorhandene Kapazitäten gewährleisten nicht nur die Darstellung einer Vielzahl von Veranstaltungsformaten, sondern ermöglichen auch den parallelen Ablauf mehrerer zeitgleich stattfindender Tagungen und Events. **1.011 Personen**	80	●	●		●	●	●
64589	**Stockstadt am Rhein** **Coreum**	**Die Location ...** ... ist eine unabhängige Plattform der Bau-, Materialumschlag- und Recyclingbranche, die sich der Aus-, Fort- und Weiterbildungseinrichtung widmet. Die Location bietet neben einer Reihe von Infrastruktureinrichtungen auch Veranstaltungsflächen sowie hervorragend ausgestattete Tagungsräume. Es steht nicht nur das Forum mit 5.500 m², sondern auch eine Außenfläche von 120.000 m² zur Verfügung. Ein weitläufiges Außengelände mit einem nutzbaren Maschinenpark sowie ein Hotel komplettieren das Angebot. **850 Personen**	82	●	●	●	●	●	●
NIEDERSACHSEN									
29614	**Soltau** **Böhmesaal**	**Die Location ...** ... ist ein Multifunktionssaal, integraler Bestandteil des Hotels Park Soltau. Mit hochwertiger Präsentations- und Kommunikationstechnik ausgestattet, bietet er auf 380 m² Platz und Raum für maximal 300 Teilnehmer (Reihenbestuhlung). Große Fensterfronten öffnen den Blick in den angrenzenden Böhmewald und schaffen einen nahezu fließenden Übergang in die grüne Umgebung des Hotels. **300 Personen**	48	●	●				●
30519	**Hannover** **Designhotel + Congress-Centrum WIENECKE XI.**	**Die Location ...** ... ist eine zum Designhotel WIENECKE XI. gehörende 1.000 m² große Multifunktionshalle, die 2008 eingeweiht wurde. Sie besticht durch die Vielzahl der vorhandenen Gestaltungsvarianten. 2010 wurde auf dem Gelände das Hostel Bed'nBudget – Low-Budget-Logisofferten – eröffnet. Die Location präsentiert sich nachhaltig: u.a. Gästen stehen 10 EQ smarts fortwo zur Verfügung, eine Photovoltaikanlage produziert Strom, die Beleuchtung wird energieeffizient gesteuert und zahlreiche Maßnahmen zur Ressourcenreduzierung wurden ergriffen. **1.600 Personen**	50		●		●		●
NORDRHEIN-WESTFALEN									
32549	**Bad Oeynhausen** **Schloss Ovelgönne**	**Die Location ...** ... ist ein 1740 erbautes Wasserschloss in der Kurstadt Bad Oeynhausen und gehört zu den ältesten Adelssitzen im Kreis. Zwischen 2014 und 2017 umfassend saniert, kann es vollumfänglich für Tagungen und Events genutzt werden. Der Schlossgarten sowie ein sich anschließender Sportplatz können in Veranstaltungsplanungen einbezogen werden. Die Location verfügt über eine zeitgemäße und moderne Technikausstattung und ist behindertengerecht. **500 Personen**	52	●	●			●	●

ÜBERSICHT

Alle Tagungs- und Eventlocations im Überblick

1. Die **schwarzen Nummern** in der Karte entsprechen den Seitenzahlen, auf denen die Locations im Buch ausführlich beschrieben werden.
2. Außerdem zeigen die **roten Nummern** die Seitenzahlen unserer Hotelporträts.